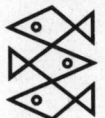

Können Abtreibungen seelisch krank machen? Immer wieder hört und liest man, daß Frauen, die ihre unerwünschte Schwangerschaft abbrechen lassen, schwere seelische Folgen drohen. Das Risiko einer gefühlsmäßigen Irritation besteht tatsächlich, doch es ist nicht schicksalsbedingt. Meist werden die seelischen Schwierigkeiten, die die Frauen »danach« beklagen, durch eine Vielzahl von Faktoren provoziert.

Depressionen, Schuldgefühle und das Absinken der Selbstachtung wären vermeidbar, würden Mutterschaft einerseits und das Nein zum Kind andererseits nicht unter ideologischen und moralischen Aspekten zu Weltanschauungsfragen hochstilisiert. Entgegen anderslautenden Gerüchten haben nur wenige Frauen nach einer Abtreibung – vorübergehend – seelische Beschwerden. Den meisten bleibt die Zeit »davor« viel frischer und grausamer im Gedächtnis haften – die Zeit der Angst, der Konflikte, des Zeitdrucks, des Entscheidungszwangs, der Organisation. Neben den Ursachen, Hintergründen und Auswirkungen problematischer Verarbeitung geht es in diesem Buch auch um Fragen, die größere Zusammenhänge aufzeigen: etwa nach dem Schicksal unerwünschter Kinder oder nach der Alternative Adoption statt Abtreibung. Eine Auseinandersetzung mit der Geschichte der Familienplanung macht deutlich, warum die Abtreibung als Selbstbestimmungsrecht der Frau so schwer durchsetzbar ist.

Maja Langsdorff ist freie Journalistin und Autorin. Sie lebt in Stuttgart, schreibt für Zeitungen und Zeitschriften, arbeitet als Dozentin in der Erwachsenenbildung und engagiert sich für Frauenfragen. Im Fischer Taschenbuch Verlag erschien ihr Buch ›Die heimliche Sucht, unheimlich zu essen‹ (Bd. 12792).

Maja Langsdorff

Kleiner Eingriff – großes Trauma?

Schwangerschaftskonflikte,
Abtreibung und die seelischen Folgen

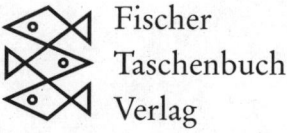

Fischer
Taschenbuch
Verlag

Die Frau in der Gesellschaft
Herausgegeben von Ingeborg Mues

Aktualisierte Neuausgabe
Veröffentlicht im Fischer Taschenbuch Verlag GmbH,
Frankfurt am Main, April 1996

© Fischer Taschenbuch Verlag GmbH, Frankfurt am Main 1996
Gesamtherstellung: Clausen & Bosse, Leck
Printed in Germany
ISBN 3-596-12839-0

Gedruckt auf chlor- und säurefreiem Papier

Inhalt

Für Rainer

und alle Frauen, die mich in der Arbeit
an diesem Buch unterstützt
und bestärkt haben

Vorwort

»Der Schutz des ungeborenen Lebens ist eigentlich
ein Schutz der Männer und ihrer Vorherrschaft
über die Frauen.«
Margarete Mitscherlich, Psychoanalytikerin

Dieses Buch behandelt ein Politikum. Es geht darin um die Frage, ob, und wenn ja, warum Frauen nach einem Schwangerschaftsabbruch seelisch krank werden können.

Da sich aber die Probleme von Frauen nach Schwangerschaftsabbrüchen nicht losgelöst von politischen, gesellschaftlichen, kirchlichen, moralischen und wirtschaftlichen Einflüssen betrachten lassen, behandelt dieses Buch mehr als nur die Frage: Unter welchen Bedingungen entscheidet sich eine Frau gegen ein Kind, und warum verkraftet sie es dann später nicht?

Im Unterschied zu anderen psychischen oder psychosomatischen Problemen sind die seelischen Schwierigkeiten, die Frauen nach einer Abtreibung beeinträchtigen können, in aller Regel gesellschaftlich bedingt oder zumindest durch eine Vielzahl von Faktoren provoziert. Sie wären wohl in den meisten Fällen abwendbar oder zu verhindern, wenn mit der Abtreibungsfrage anders umgegangen würde. Manche Depression, manches Schuldgefühl und Absinken der Selbstachtung wären vermeidbar, würden Mutterschaft einerseits und das »Nein« zum Kind andererseits nicht unter ideologischen und ethischen Aspekten zu Weltanschauungsfragen hochstilisiert. Um es vorwegzunehmen: Allen Gerüchten zum Trotz führen Abtreibungen nicht zwangsläufig zu psychischen Schwierigkeiten. Die große Mehrheit der Frauen, die ich gesprochen habe, hatte nach ihrem Schwangerschaftsabbruch gar nicht oder nur sehr vorübergehend mit seelischen Problemen zu kämpfen. Diesen Frauen ist die Zeit davor viel frischer und grausamer im Gedächtnis haftengeblieben – die Zeit der Angst, der Konflikte, des Zeitdrucks, des Entscheidungszwangs, der Organisation. Davon zeugen die meisten der authentischen Berichte im 10. Kapitel dieses Buches.

Meine Untersuchungen deuten darauf hin, daß Frauen nur unter ganz bestimmten Voraussetzungen Probleme mit der Verarbeitung einer Abtreibung bekommen. Es sind Probleme, die mit verdrängten Kinderwünschen, mit Zwängen von außen oder mit moralischem Druck zu tun haben. Frauen, die schon Kinder geboren haben, die »aus Vernunft« abtreiben oder deshalb, weil sie sich psychisch oder physisch einem (weiteren) Kind nicht gewachsen fühlen, bekommen eher seelische Probleme als andere. Besonders Frauen, zu deren Lebensgefühl und Selbstverständnis Mutterschaft und Mutterrolle gehören, verarbeiten das Abbruchereignis schwerer, ebenso Frauen, die sich ohnehin schon in einer Lebenskrise befanden, als sie ungeplant schwanger wurden.

Abtreibungen lösen Depressionen und andere seelische Erkrankungen aber nicht aus – sie akzentuieren und verstärken bereits vorhandene Schwierigkeiten und / oder spiegeln die Schwierigkeiten von Frauen wider, sich über verlogene, verklemmte und überkommene Wertvorstellungen hinwegzusetzen, um frei, selbstverantwortlich und verantwortungsbewußt über sich selbst und das in ihnen keimende Leben zu bestimmen.

Wenn der moralische Zeigefinger zugunsten des »ungeborenen Kindes« erhoben wird, dann stehen dahinter nicht generell hehre humanistische Ziele. Unter der Flagge des Lebensschutzes werden Frauen als Mörderinnen diffamiert und Interessen von Staat und Kirche verfolgt. Es wird Hilfe statt Strafe propagiert, doch Hilfe wird noch viel zu klein geschrieben.

Deshalb handelt dieses Buch nicht nur von den Ursachen, Hintergründen und Auswirkungen problematischer Verarbeitung. Es widmet sich auch den Fragen, die größere Zusammenhänge aufzeigen: etwa der nach dem Schicksal unerwünschter Kinder oder nach der immer wieder angebotenen Alternative Adoption statt Abtreibung. Es wird auch die Geschichte der Familienplanung nachgezeichnet, denn sie macht überdeutlich, warum die Abtreibung als Selbstbestimmungsrecht der Frau so schwer durchsetzbar ist.

In den Diskussionen um die Abtreibungsfrage geht es in der Gegenwart zwar vorrangig um den Schutz des ungeborenen Lebens (und wer schützt das geborene?). Doch ob Frauen abtreiben dürfen oder nicht, das war immer schon eine Frage der jeweiligen Bevölkerungs-

und Familienpolitik. Brauchte man(n) Arbeitskräfte und Soldaten, war Abtreibung, ja sogar Verhütung, verpönt, verboten, strafbar. Wollte man(n) der Geburt unerwünschter Erben oder dem Anwachsen »minderwertiger« Rassen vorbeugen, wurden Zwangsabtreibung und Sterilisation verordnet. Der Bauch der Frau war stets fremdbestimmt. Er stand und steht fast immer im Dienste von bevölkerungspolitischen und Machtinteressen. Die Feministin und ehemalige Bundestagsabgeordnete der Grünen Verena Krieger bringt es auf den Punkt: »Der seit Jahrhunderten währende Kampf um den Zugriff auf die menschliche Reproduktion ist zugleich ein Kampf um gesellschaftliche Machtverhältnisse.«[1]

Aus dieser Sicht ist es kein Zufall, wenn Frauen nach einer Abtreibung seelische Probleme bekommen. Hinter der Behauptung, Abtreibungen machten seelisch krank, steht Politik. Schon die heftigen Diskussionen um die Einführung der Abtreibungspille RU 486 in Deutschland sprechen eine deutliche Sprache: Der schonende Schwangerschaftsabbruch ist gesellschaftlich nicht unbedingt erwünscht. Überspitzt formuliert: Wenn Frauen sich erdreisten, das werdende Leben in ihrem Bauch töten zu lassen, dann sollen sie es auch zu spüren bekommen – Strafe muß sein.

Es sind nicht viele Frauen, die seelisch Schaden nehmen an einem Schwangerschaftsabbruch; die Schätzungen reichen von null bis zwanzig Prozent, wobei von diesen angenommenen zwanzig Prozent wieder nur einige wenige Frauen längerfristig psychisch beeinträchtigt sind. Äußerst aufschlußreich ist, daß das Gerücht der seelisch krankmachenden Schwangerschaftsabbrüche erst die Runde macht, seit Frauen sich für eine Abtreibung nicht mehr generell strafbar machen müssen und seit die Risiken des Schwangerschaftsabbruchs durch die Fortschritte der Medizin drastisch reduziert worden sind. Deshalb lohnt es sich, die wahren Ursachen seelischer Probleme nach Abtreibungen unter die Lupe zu nehmen.

Um einem Fehlschluß vorzubeugen: Mit diesem Buch möchte ich keineswegs den Schwangerschaftsabbruch als ideale Möglichkeit zur Geburtenregelung propagieren. Aber ich trete für das im Grundgesetz verankerte Recht der Frau auf Selbstbestimmung und freie Entfaltung ihrer Persönlichkeit ein. Ich möchte aufklären über die Zusammenhänge zwischen wie auch immer gearteten Zwängen und Beeinflussungsmanövern und ihren psychischen Folgen. Und ich möchte Frauen Mut machen, eigenverantwortlich ja oder nein zum Kind zu sagen, denn die meisten Frauen spüren und wissen genau, ob und wann die Zeit für ein Kind günstig ist.

Wenn Frauen selbstbestimmt, nach Prüfung ihrer inneren Verfassung und ihrer äußeren Möglichkeiten, eine verantwortliche Entscheidung treffen können, dann ist die Gefahr, diese Entscheidung später zu bedauern, außerordentlich gering. Frauen treiben nicht leichtfertig ab. Ihr »Nein« zum Kind kann sehr viel mit Verantwortungsbewußtsein zu tun haben. Ich möchte auch ein bißchen mehr Verständnis für die Tatsache wecken, daß es Lebenssituationen gibt, in denen frau nur eine Wahl hat.

Es gibt wohl keine Frau, die sich gern der nicht selten erniedrigenden Prozedur einer Abtreibung unterzieht. Eine Abtreibung hinterläßt, wenn überhaupt etwas, dann doch immer ein kleines Trauma: die Angst, erneut wider Willen schwanger zu werden. Deshalb habe ich im Ratgeberteil nicht nur die Wege zum Schwangerschaftsabbruch und die einschlägigen Adressen aufgeführt, sondern auch eine kleine Übersicht über Verhütungsmittel und Methoden eingebaut. Leider ist Verhütung nach wie vor zu neunzig Prozent Frauensache...

Apropos – wo bleiben die Männer? Keine Frau ist jemals ohne das Zutun eines Mannes schwanger geworden. Aber die Schuldfrage bei der ungewollt eingetretenen Schwangerschaft richtet sich grundsätzlich nur an die Adresse der Frau. Wenn die Frau unbeabsichtigt schwanger geworden ist, wird nur sie zur Verantwortung gezogen, und meist muß sie allein die Folgen tragen.

Männer müssen keine Kinder bekommen, Männer müssen sich noch nicht einmal alle vier Wochen mit einer lästigen, oft schmerzhaften Blutung herumquälen. Die radikalsten Abtreibungsgegner sind meistens Männer. Doch sind Männer auch die aufopferungsvollsten, fürsorglichsten und liebevollsten Elternteile? Vielleicht manchmal, aber in der Regel ist es doch die Frau, die die Zuständigkeit für die gemeinsamen Kinder übernimmt. Machen sich diese Männer auch Gedanken darüber, welchen Bärendienst sie den »geretteten« Kindern mit ihrem Engagement für den Lebensschutz um jeden Preis erweisen?

Es bleibt wohl auch in Zukunft dabei: Männer machen Gesetze – Frauen treiben ab. Unsere Umwelt ist alles andere als kinderfreundlich. Eine Politik, die auf Bevölkerungswachstum abzielt, muß zu allererst Frauen und Familien das »Ja« zum Kind erleichtern. Kinder können eine große Bereicherung sein. Solange aber das Gebären und Großziehen von Kindern trotz aller staatlichen Bonbons zu nicht nur wirtschaftlichen, sondern auch beruflichen und sozialen Nachteilen führt, sind die Anreize gering, die zwangsläufigen Lasten der Mutter- und Elternschaft auf sich zu nehmen.

Der Bauch der Frau gehört ihr. Sie ist für ihn verantwortlich. Nur, wenn ihr die Möglichkeit gegeben wird, diese Verantwortung zu nutzen und sich ohne gesellschaftlichen moralischen Zwang und Druck von außen für oder gegen den Fötus zu entscheiden, kann sie zu einem Entschluß finden, der für sie tragbar ist. Und das ist die wesentliche Voraussetzung dafür, einen Abbruch ohne seelische Blessuren zu verkraften.

1. Die Abtreibung und seelische Folgen

»Doch die seelischen Ursachen und seelischen
Folgen werden tabuisiert und verdrängt.«[1]

»Leute, die abgetrieben haben, bereuen es immer.«[2]

Franz Alt, Fernsehjournalist

Mehr als 50 Millionen Frauen in aller Welt nehmen jedes Jahr einen
Schwangerschaftsabbruch auf sich. Die Hälfte der Abbrüche erfolgt
illegal. Mindestens 200 000 Frauen sterben alljährlich an einer heimlichen Abtreibung. 95 Prozent von ihnen könnten bei fachgerechter
medizinischer Behandlung gerettet werden, glaubt Marc Belsey, der
das WHO-Programm »Mutter und Kind« leitet. Selbst dort, wo Abtreibungen ungesetzlich sind, bringen Frauen nicht einfach die Kinder zur Welt. Sie suchen in ihrer Not Hilfe bei Kurpfuschern und
unausgebildeten Leuten, die unter insterilen Bedingungen Eingriffe
vornehmen, die oft genug mit dem Tod der verzweifelten Frauen
enden.

Es ist eine Tatsache, daß Frauen sich eben nicht grundsätzlich mit
dem scheinbar Unabänderlichen abfinden, wenn ihnen die Abtreibung verwehrt – oder erschwert – wird. Eine von 250 Frauen stirbt
bei dem verzweifelten Versuch, eine ungewollte Mutterschaft zu
verhindern; die überwältigende Mehrheit wird Opfer illegaler Abtreibungen.

Doch auch ein legaler Schwangerschaftsabbruch ist ein Eingriff in
den menschlichen Organismus. Ein solcher Eingriff stellt immer ein
gewisses Risiko dar, und sei es nur wegen der Narkose. Einen
Schwangerschaftsabbruch vornehmen zu lassen ist aber zugleich
eine Entscheidung von größerer Tragweite als etwa der Entschluß
zu einer »normalen« Operation. Wenn sich eine Frau zu einer Abtreibung entschließt – oder wenn sie sich gegen den Abbruch ihrer
ungewollten Schwangerschaft entscheidet –, ist dies generell mit
teilweise weitreichenden Konsequenzen für ihr künftiges Leben
verbunden. Insofern berührt eine Abtreibung auch immer die seelische Sphäre.

Seelische Folgen – ein Politikum?

Wenn man immer wieder hört und liest, daß Abtreibungen bleibende Schäden verursachen können, besonders seelische, dann bedeutet das noch lange nicht, daß dies unbedingt den Tatsachen entsprechen muß. Die Diskussion um die Abtreibungsfolgen ist auch politisch relevant. Mit angsteinflößenden Behauptungen läßt sich gut Front gegen unerwünschte Schwangerschaftsabbrüche machen. Denn wenn es zutrifft, daß Abtreibungen die körperliche wie seelische Gesundheit der Frau schädigen, liefert dies selbsternannten Lebensrettern ein grandioses Argument, das sie pro Kind in die Waagschale werfen können: Der Frau die Möglichkeit zu nehmen, ein ungewolltes Kind abzutreiben, hieße dann gleichzeitig, sie selbstlos zu ihrem Besten zu bekehren und vor Unfruchtbarkeit, drohenden Alpträumen, Depressionen und Schuldgefühlen zu bewahren, die sich nach einem solchen »unüberlegten« Schritt doch wohl einstellten. Abtreibungsgegner fordern eine Verschärfung der Bestimmungen – auch zum Schutz der Frauen vor solchen psychischen Folgen.

Sie verweisen gern auf Warnungen wie die einer Würzburger Psychologin, die mutmaßte, daß durch die geltende Indikationsregelung »ein Heer von schweren Neurotikerinnen« herangezogen werde. Da heißt es dann, daß die seelische Krise, die einer Abtreibung folge, kaum heilbar sei. In den USA hat man für diese Seelenkrankheit das eindrucksvolle Wort »Post-Abortion-Syndrom« geprägt, doch ob es dieses überhaupt gibt, darüber sind sich die Wissenschaftler längst noch nicht einig.

Denn zahlreiche Frauen erleben die Abtreibung als einen Einschnitt in ihrem Leben, der notwendig war, aber richtig. Sie behalten kein Trauma zurück. Befragt man sie nach dem »Danach«, dann zeigen sie keinerlei Anzeichen einer psychischen Desorientierung, im Gegenteil. Ein Beispiel dafür ist die 25jährige Apothekerin Elke P., die drei Jahre nach ihrem Abbruch schreibt:

»Ich hatte keinerlei Probleme mit und nach der Abtreibung. Höchstens, daß ich ein etwas schlechtes Gewissen hatte, weil ich kein schlechtes Gewissen hatte. Die kurze Schwangerschaft empfand ich auch nicht so, als ob ein Mensch in mir heranwächst, sondern als ob

ich einen Tumor in mir hätte oder einen Parasiten, der sich von mir nährt und mir meine Kraft nimmt. Als ich den Embryo vor dem Abbruch auf dem Ultraschallbild sah und der Arzt sagte: ›Neunte Woche‹, fühlte ich Panik und dachte, ›raus… raus damit, bevor es zu spät ist!‹

Ich überlege manchmal, ob ich wirklich kalt und herzlos bin, weil ich keine Sekunde Gewissensbisse hatte. Aber ich weiß: Ich bin es nicht. Es ist möglich, daß frau sich nicht wie eine Mörderin fühlt. Ich habe das sehr sorgfältig und später noch geprüft, aus Angst, etwas verdrängt zu haben, das mir dann irgendwann einmal Probleme bereiten könnte. Aber auch heute noch habe ich kein schlechtes Gewissen, keine Depressionen oder Schuldgefühle, wenn ich ein süßes, kleines Kind sehe. So ein Kind habe ich nicht umgebracht.«

Es entspricht wohl eher dem Wunschdenken von Gegnern der Abtreibung als der Realität, daß Schwangerschaftsabbrüche generell ein traumatisierendes Erlebnis sein müssen. Es gibt konservative Ärzte und Wissenschaftler, in deren Welt- und Frauenbild es offenbar nicht paßt, wenn Frauen keine seelischen Probleme nach einer Abtreibung bekommen, sondern sich anschließend erleichtert fühlen. Sie unterstellen gern, diese Frauen hätten das Ereignis nicht verarbeitet, sondern erfolgreich verdrängt, und behaupten, ihnen gelänge es nur dadurch, schwere Depressionen abzuwenden, daß sie das Geschehnis vor sich selbst und anderen verleugneten oder Gedanken daran abwehrten.

Das sehen Feministinnen anders. Gerüchte über psychische Schädigungen durch Schwangerschaftsabbrüche betrachten sie als schlichten und böswilligen Einschüchterungsversuch der Frauen. Denn eines ist klar: Freiwillig wird sich keine Frau gern der Gefahr aussetzen, zum Psychokrüppel zu werden. Dann vielleicht doch lieber das ungeliebte Los auf sich nehmen und Mutter werden? Wird ein Kind als »kleineres Übel« in Kauf genommen, dann ist es fraglich, ob es so besonders positiv in dieser Welt aufgenommen werden wird. Doch abgesehen davon – wie stichhaltig ist denn eigentlich die Behauptung, daß eine Abtreibung stets die Gefahr eines Psychoknackses birgt?

Das Klima ist maßgeblich

Eine Abtreibung ist gewiß kein Erlebnis, das an einer Frau ganz spurlos vorübergeht. Selbst wenn ein Abbruch körperlich und seelisch gut verarbeitet wird – und das ist sehr wahrscheinlich –, selbst dann ist es doch ein unangenehmer Eingriff in den Körper der Frau, der zumeist von Peinlichkeiten, Ängsten, Schmerzen und Gefühlen der Erniedrigung begleitet wird. Nicht selten erleben zum Beispiel Frauen, die bei uns legal abtreiben, diesen Eingriff in einer Atmosphäre, die demütigend ist und Schuldgefühle verursacht. Und das kann wiederum die Verarbeitung erschweren.

Man braucht keine Studie, um herauszufinden, daß der Abbruch einer unerwünschten Schwangerschaft keine Frau kaltläßt. Ob und wie eine Frau aber ein solches einschneidendes Geschehen verarbeitet, das wohl generell mit starken Emotionen verbunden ist, seien es nun Gefühle von Wut und Haß oder von Angst, Schuld und Unzulänglichkeit, hängt von zahlreichen Faktoren ab. Was sich den Gesprächen mit Frauen, die abgetrieben haben, entnehmen läßt: Es spielt nicht zuletzt auch das Klima, in dem sich dieser Prozeß zwischen Eröffnung und Konsequenz vollzieht, eine sehr bedeutsame Rolle für die Verarbeitung des Erlebnisses. So glaubt Elke P.:

»Die Tatsache, daß ich mir ganz sicher war, kein Kind zu wollen, war natürlich ein wichtiger Grund, daß ich alles ohne Schaden überstanden habe. Aber genauso wesentlich war wohl, daß alle in meiner Umgebung so verständnisvoll reagiert haben. Ich denke, daß ich ohne das liebe und verständnisvolle Umfeld alles viel schwerer durchgestanden hätte; stellenweise hatte ich danach das Bedürfnis, mich gehen zu lassen, und es war gut, daß ich es konnte und eben nicht die ganze Zeit diskutieren und mich rechtfertigen mußte.«

Um einen Schwangerschaftsabbruch seelisch gut bewältigen zu können, scheint es also auch wichtig zu sein, Solidarität und Unterstützung zu erfahren – nicht Manipulation, Ablehnung, Schuldvorwürfe, Psychoterror. »Ob psychische Folgen nach einer Abtreibung auftreten, hängt in starkem Maße mit gesellschaftlicher und staatlicher Diskriminierung zusammen – vor, während und nach dem Abbruch«[3], behaupten Gegnerinnen des Strafgesetzbuch-Paragraphen 218.

Einschüchterung zeigt Wirkung

Frauen, die abtreiben, werden von radikalen Lebensschützern zu Mörderinnen erklärt. Es fallen Schlagworte wie Euthanasie und Embryocaust (in Anlehnung an den Holocaust des Dritten Reichs). Es werden Kirchenglocken für die »ermordeten Kinder« geläutet... Die Gegner des Schwangerschaftsabbruchs machen keinen Unterschied zwischen einem Fötus und einem Greis – beide haben dasselbe Recht zu leben. Der Fernsehjournalist Franz Alt wörtlich: »Ein Kind ist ein Kind von Anfang an. Es gibt keinen Wesens-Unterschied zwischen einem fünf Zentimeter kleinen und einem 185 Zentimeter großen Menschen.«[4] Gleiches Recht gilt für alle – nur nicht für die betroffene Frau. Im Zweifelsfall wiegen die Rechte des ungeborenen »Kindes« schwerer als die der Mutter, die es austrägt. Diese Einstellung gipfelt in der Forderung fanatischer »Lebensschützer«, daß selbst die Lebensgefahr der Mutter eine Abtreibung nicht rechtfertigen solle.

Die Gegner von Schwangerschaftsabbrüchen haben viele Möglichkeiten, Einfluß auf Frauen zu nehmen. Wo harte Paragraphen und der Appell an die Moral nichts fruchten, stehen andere Mittel zur Verfügung, mit denen man(n) versuchen kann, Frauen einzuschüchtern. Zum direkten Weg gehört die Panikmache, die engagierte Abtreibungsgegner anwenden, indem sie betroffenen Frauen einzureden versuchen, eine Abtreibung würde ihre Gesundheit schädigen, sie vielleicht gar unfruchtbar machen. Hinlänglich bekannt sind auch die Manipulationsversuche mit Bildern zerstückelter Embryonen.

Frauen, die ungewollt schwanger sind, können aber auch mit sehr subtilen Methoden in Gewissenskonflikte gestürzt werden, etwa mit Hilfe von Ultraschallbildern. Tiefenpsychologen behaupten, daß es bei einer Schwangeren spätestens dann zu einer Bindung an ihr Kind komme, wenn sie dessen erste Regungen spüre. Doch das geschieht zu einem Zeitpunkt, an dem eine zur Abtreibung entschlossene Frau längst gehandelt hat. Anfang der achtziger Jahre hatte ein Oberarzt der Wiener Universitätsklinik eine »durchaus erfreuliche Nebenwirkung«[5] von Ultraschalluntersuchungen an schwangeren Frauen entdeckt. Der Gynäkologe befragte hundert

Patientinnen, die sich einer Ultraschalluntersuchung unterzogen hatten, und bemerkte bei ihnen einen »bedeutenden Gesinnungswandel«. Die werdenden Mütter konnten auf dem Sonographie-Bildschirm die Konturen ihres ungeborenen Kindes erkennen und entwickelten so eine Beziehung zu ihm. 85 Prozent der Frauen gaben an, daß das Ungeborene danach stark an Bedeutung für sie gewonnen habe.

Das mag für Frauen ohne gravierende Schwangerschaftskonflikte, die um ihr Kind und vor den Beschwernissen der Schwangerschaft bangen, wünschenswert sein. Doch auf diese Weise wurden auch Frauen, die vorher eine Abtreibung erwogen hatten, »überlistet«. Unter dem psychologischen Druck entschieden sie sich spontan für das Kind.

Druck von innen und außen

Eine Frau trifft die Entscheidung zu einer Abtreibung aber niemals leichtfertig. Der Entschluß zur Abtreibung ist oft schon schwer genug. Fachleute behaupten, daß viele Schwangere sogar mehr Angst vor einer Abtreibung als vor den Unannehmlichkeiten einer Schwangerschaft haben. Meist sind es zwingende ökonomische und soziale Gründe, die Frauen zu diesem schwerwiegenden Schritt treiben, selbst wenn sie moralische Bedenken haben und, unter anderen Umständen, gern Mutter geworden wären. Insofern kann es nicht hilfreich, sondern nur moralisch bedenklich sein, diese Frauen durch psychologische Tricks noch stärker zu belasten.

Ein »Nein« zum Kind führt vor diesem Hintergrund mit Sicherheit zu Gewissenskonflikten und Schuldgefühlen. Durch ein provoziertes, spontanes emotionales »Ja« kann sich dagegen eine Frau oder eine Familie in eine Situation bringen, der sie in keiner Weise gewachsen ist und in der sie sich zuletzt von denen Hilfe erwarten darf, die sie psychisch in die Enge getrieben und manipuliert haben.

Amerikanische Studien[6] liefern Beweise dafür, daß sich der Verarbeitungsprozeß durch bestimmte Faktoren steuern läßt, das heißt, man kann ihn bis zu einem gewissen Grad positiv wie negativ beeinflussen. Doch daran, daß eine Frau möglichst wenig Blessuren davonträgt, dürfte Abtreibungsgegnern kaum gelegen sein. Denn das beste Argument gegen eine Abtreibung ist noch immer jenes, das Frauen unter psychischen Druck setzt. So warnen Abtreibungsgegner mit immer denselben Horrormärchen und behaupten: »Bei einem Schwangerschaftsabbruch ist nicht allein das Kind betroffen, das auf schreckliche Weise getötet wird, sondern auch immer die Mutter. Sie nimmt großen Schaden an ihrer Persönlichkeit und oft auch an ihrer Gesundheit. Wir wissen von vielen Frauen, die diesen Weg gegangen sind und die über Jahre keine innere Ruhe gefunden haben.«[7]

Hausgemachte Neurosen

Auch zahlreiche Therapeutinnen, die in ihrer Praxis mit Abtreibungen konfrontiert sind, schlagen aus ihrer jahrelangen Erfahrung in dieselbe Kerbe und behaupten: »Abtreibung führt zur Neurose. Das Unheimliche dieses Krankheitserregers [!] ist vor allem, daß die betreffende Neurose nicht unmittelbar nach dem krank machenden Ereignis, der Abtreibung, eintritt, sondern lange danach. Oft sind es 20 bis 25 Jahre später.«[8] Doch wie aussagekräftig und repräsentativ können solche Erfahrungen aus Praxen sein, die nachweislich nur von Patientinnen besucht werden, die eine Therapie brauchen? Frauen, die ihren Schwangerschaftsabbruch problemlos verarbeitet haben, werden dort nie auftauchen. Nur solche, die darunter leiden und gezielt Hilfe suchen, treten später wieder in Erscheinung. Und so wird leicht und fälschlich von Einzelfällen auf die Allgemeinheit rückgeschlossen.

Diejenigen, die für den Schutz der »ungeborenen Kinder«[9] einstehen, haben längst erkannt, daß der Hinweis auf psychische Folgeschäden von Abtreibungen und subtile Beeinflussung mindestens so wirksam wie eine Strafandrohung sein können, wenn nicht gar wirksamer. Doch diese Argumente werden durch zahlreiche neue Studien mehr und mehr in Frage gestellt.

Nach neuesten Erkenntnissen haben vier von fünf Frauen, befragt man sie ein Jahr nach der Abtreibung über ihre Seelenlage, keinerlei

Probleme damit. Mediziner und Psychologen fürchten allerdings, daß restriktive Maßnahmen (wie die Beratungspflicht zugunsten des »ungeborenen Kindes«) nicht die Zahl der Abtreibungen reduzieren, sondern zum einen den Abtreibungstourismus beleben, zum anderen zu noch mehr Schuldgefühlen und Ängsten bei den Frauen führen werden. Manchmal werden solche Schuldgefühle sogar systematisch erzeugt, berichtete schon 1987 eine Mitarbeiterin der Pro Familia[10].

Es wird immer Frauen geben, die ihre Entscheidung gegen ein Kind später bedauern – davor kann sie nichts und niemand schützen. Aber durch straffe Gesetze, legalisierte Bevormundung und Manipulation wird Frauen nur die Unfähigkeit unterstellt, eigenverantwortlich und verantwortungsvoll Entscheidungen treffen zu können. Man diskriminiert sie, kriminalisiert ihr Tun und setzt sie psychisch wie moralisch unter Druck.

Einschlägige Studien zeigen, daß nicht nur, aber doch besonders die Frauen, die unter starkem äußeren Druck standen, Probleme mit der Verarbeitung ihrer Abtreibung hatten. Folgerichtig sollten sich Abtreibungsgegner erst einmal für ein kinderfreundlicheres Klima und diskutable Hilfsangebote für junge Mütter engagieren. Sie könnten zum Beispiel für die rasche Umsetzung des angekündigten Rechts auf einen Kindergartenplatz auf die Straße gehen oder für eine angemessene finanzielle Unterstützung von Frauen kämpfen, die nicht an bevormundende Auflagen gebunden wäre wie das baden-württembergische Mutter-Kind-Programm.

Trauer gehört dazu

Eine Schwangerschaft abzubrechen bedeutet für viele Frauen, auch Abschied zu nehmen und loszulassen. Jeder Verlust erfordert Trauerarbeit. Wird ein Verlust zu wenig betrauert und nicht verarbeitet, kann das später zu Depressionen führen. Jutta Ditfurth, ehemaliges Parteimitglied der Grünen, gehört zu jenen Frauen, die selbst schon abgetrieben haben. Sie geht davon aus, daß eine Abtreibung wie eine Geburt von Gefühlen der Trauer begleitet sein kann – auch ohne daß die betreffenden Frauen sie jemals bereut oder sich schuldig gefühlt hätten. »Sexualität ist menschlich, Abtreibungen wird es immer geben, und Schuldgefühle entspringen oft den gesellschaftlichen Bedingungen von Abtreibung und Sexualität«, meint sie. »Eine Frau, die unter menschenwürdigen, gesundheitsschonenden und sie nicht diskriminierenden Bedingungen abtreibt, wird diese Abtreibung seltener als ein Trauma empfinden als eine Frau, die Opfer stationärer Ausschabung, Kränkung und Heimlichtuerei wurde. Kirche, Staat und sogenannte Lebensschützer haben großes Interesse daran, daß sich Frauen dieser Dimension nicht bewußt werden.«[11]

Anderes Klima – keine Probleme?

Wie war es nun um die seelischen Folgen nach Schwangerschaftsabbrüchen in der ehemaligen DDR bestellt? Anders als in der Bundesrepublik waren ja Frauen in Ostdeutschland seit der Einführung der liberalen Fristenregelung in ihrem Land im Jahr 1972 nie einem solchen moralischen Druck ausgesetzt wie ihre Geschlechtsgenossinnen im kapitalistischen Westen. Sie haben nie den zeitraubenden und nervenstrapazierenden Spießrutenlauf von Schein zu Schein erleben müssen. In der DDR gab es kaum Strömungen und gesellschaftliche oder kirchliche Kräfte, die fanatisch den Schutz des ungeborenen Lebens propagierten und Frauen, die abtreiben wollten, Schuldgefühle einzureden versuchten.

Leider gibt es keine repräsentativen Untersuchungen zur Problematik psychischer Störungen bei Frauen aus der ehemaligen DDR, die abgetrieben haben. Gelegentlich sind die Berater in den Ehe-, Sexual- und Familienberatungsstellen in der Praxis jedoch mit solchen psychischen Nachwirkungen konfrontiert worden. Diese Probleme dürften oft durch Zwänge von außen verursacht gewesen sein, die individuell kaum beeinflußbar sind (Näheres unter »Abtreibung und die (Hinter-)Gründe im ›anderen Deutschland‹« im 2. Kapitel), etwa durch die häufig sehr schlechten Wohnbedingungen, die gegen (weitere) Kinder sprachen. Solche Motivationen zum Abbruch haben wenig mit einer freiwilligen Entscheidung zu tun, und damit bergen sie das Risiko späterer Verarbeitungsprobleme in sich.

Neben solchen nicht ausräumbaren Problemen gehören aber vor allem das Klima und die Haltung der Gesellschaft zu den wesentlichen Faktoren, die zur Entstehung von Schuldgefühlen und anderen seelischen Problemen nach einem Schwangerschaftsabbruch führen können. Der überwiegende Teil der Probleme, doch nicht deren Gesamtheit, wurzelt in gesellschaftlichen, moralischen und ethischen Ansprüchen, Vorgaben und Normen, die die einzelne verinnerlicht hat oder denen sie sich nicht entziehen kann. Aber auch wenn die äußeren Umstände optimal und Abtreibungen nicht mit Tabus und Stigmata behaftet sind, können unter gewissen Umständen psychische Beeinträchtigungen nach einer Abtreibung auftreten, die innerpsychisch bedingt sind. Einige Stichworte hierfür sind emotionale Vorbelastung, negative Grundhaltung, unbewußter Kinderwunsch – die folgenden Kapitel gehen darauf näher ein.

Solche individuellen »Dispositionen« gibt und gab es hüben wie drüben. So ist aus der ehemaligen DDR zum Beispiel bekannt, daß jede fünfte Frau, die ihre Schwangerschaft abbrechen ließ, zum Zeitpunkt, als die Schwangerschaft festgestellt wurde, hin- und hergerissen war, ob sie dieses Kind nicht doch austragen sollte. Diese Ambivalenz ist kennzeichnend für den Schwangerschaftskonflikt, in dem widersprechende Wünsche, Bedürfnisse, Gegebenheiten und Möglichkeiten gegeneinander abgewogen werden müssen. Die Entscheidung am Ende hat immer etwas mit einem Kompromiß zu tun. Auch wenn ungewollt Schwangere selbstverantwortlich und verantwortungsbewußt über die Frage »Kind ja oder nein?« entscheiden können, wird es immer wieder einzelne Frauen geben, die nach der Abtreibung vorübergehend oder länger das »heulende Elend« bekommen. Wo Entscheidungen großer Tragweite getroffen werden müssen, können auch Fehlentscheidungen getroffen werden. Irren ist menschlich. Dieses Problem wird auch durch die Möglichkeit, selbstbestimmt entscheiden zu können, nicht zu lösen sein.

Je einsichtiger und behutsamer eine Gesellschaft mit der sensiblen Frage der Abtreibung umgeht, desto eher wird ein Konfliktpotential erkannt, desto mehr kann man der Frau in ihrer Konfliktsituation helfen, und desto offener kann sie andere um Hilfe bitten. Das wiederum verringert das Risiko, seelische Blessuren davonzutragen. Der unparteiischen Beratung, die der Entscheidungsfindung dient, aber nicht die Lösung vorgibt, kommt in dieser Hinsicht ein großer Stellenwert zu.

2. Die Abtreibung und ihre Hintergründe

»Jedes Kind hat das Recht, erwünscht zu sein.«
Gerhard Amendt, Sozialwissenschaftler[1]

Fast alle europäischen Länder haben liberalere Abtreibungsregelungen als das vereinte Deutschland. Nur in Polen und Irland wird die Abtreibungsfrage rigider gehandhabt: dort sind Abtreibungen strikt verboten. Als es noch zwei Deutschlands gab, galt auch zweierlei Recht, hüben das Indikationsmodell und der Paragraph 218, drüben die Fristenregelung. Die Wiedervereinigung hat eine gesamtdeutsche Rechtsprechung notwendig gemacht. Der Schwangerschaftsabbruch gilt nach der seit 1.1.96 gültigen Neuregelung (wie zuvor) als rechtswidrig, bleibt aber unter bestimmten Voraussetzungen straffrei. Die Frau muß sich mindestens drei Tage vor dem Eingriff einer Beratung unterziehen, und diese »Beratung« muß die Frau zur Fortsetzung der Schwangerschaft ermutigen, ist also »zielorientiert«, obwohl sie zugleich »ergebnisoffen« sein soll.

1992 gaben 87,9 Prozent der Frauen, die legal abgetrieben hatten, dafür soziale Gründe an. Was eine Notlage ist, kann sehr unterschiedlich interpretiert werden, und Abtreibungsgegner argumentieren, daß es in unserem Wohlstandsstaat keine soziale oder materielle Notlage gebe, die den »Mord am ungeborenen Kind« rechtfertigen könne. Auch die Krankenkassen dürfen rechtswidriges Handeln – was der Schwangerschaftsabbruch ja darstellt – nicht unterstützen, das heißt: keine Abtreibung auf Krankenschein. Nur wenn das persönliche Einkommen einer Frau eine bestimmte Grenze nicht übersteigt, übernimmt die Krankenkasse auf Antrag die Kosten.

Wenn nicht unbedingt immer eine soziale Notlage der offizielle Grund für die Entscheidung sein kann, wirft das Fragen auf: Warum treiben Frauen ab? In welcher Lebenssituation befinden sich Frauen, die keine andere Möglichkeit sehen? Es gibt tausend Antworten auf diese Fragen, aber weniger als eine Handvoll treffen fast immer zu.

Die Motive der Abtreibung

Wenn Frauen sich für einen Schwangerschaftsabbruch entscheiden, dann gibt es dafür oft nicht nur den einen entscheidenden Grund. Meist ist es ein ganzes Bündel von Motiven, das spontan oder nach reiflicher Überlegung den Ausschlag zur Abtreibung gibt. Äußere Umstände können zum Entschluß führen, doch spielen auch sehr häufig innere Konflikte eine wichtige Rolle. Die maßgeblichen Motive können sowohl im Bereich des Umfelds der ungewollt Schwangeren und in ihrer Partnerschaft oder Ehe zu finden sein als auch mit ihrer psychischen Lage zusammenhängen oder ihren Wünschen nach Unabhängigkeit, Selbstverwirklichung, Selbständigkeit entspringen. Bei Beratungen jedoch werden nicht selten vorrangig materielle Schwierigkeiten ins Feld geführt, um dem Wunsch nach Abtreibung Nachdruck zu verleihen. Das ist kein Wunder, glauben doch die zum Abbruch entschlossenen Frauen, daß solche Begründungen am ehesten respektiert werden. Sie meinen, Zwänge von außen könnten einen Schwangerschaftsabbruch vielleicht nicht rechtfertigen, aber in gewisser Weise entschuldigen.

Ist es nicht eine berechtigte Frage, ob man(n) einer Frau, die arbeitslos, noch mitten in der Ausbildung oder im Studium ist, die in finanziellen Nöten steckt und keinen Rückhalt beim Partner und / oder in der Familie findet, ernsthaft dazu raten kann, sich auch noch mit einem Kind zu »belasten«? Diese Argumente ziehen, glaubt manche Frau in Not. Zudem läßt sich über Schwierigkeiten äußerer Art wesentlich leichter mit fremden Personen reden als über Ursachen, die den Intimbereich der Frau betreffen: etwa seelische Nöte, Beziehungsprobleme und sexuelle Probleme mit dem Partner oder Gefühle der Überforderung und die tiefe Verzweiflung über die Aussicht, den gesamten Lebensplan umstellen zu müssen.

Frauen, die nein zum Kind sagen, wird häufig unterstellt, ihre Abtreibung sei ein Ausdruck materialistischen Denkens. Angenommen, es gibt tatsächlich Frauen, die so materialistisch eingestellt sind, daß sie aus rein finanziellen Erwägungen abtreiben, also aus bloßem Egoismus und aus der Scheu davor, mit einem Kind weniger Geld und eine große (finanzielle) Belastung am Hals zu haben, dann muß die Frage erlaubt sein, ob man dem Kind im Mutterleib einen besonderen Liebesdienst erweist, wenn man seine Mutter zum Austragen ermutigt. Eine Mutter wider Willen, die derart von Egoismus und materialistischem Denken geprägt ist, wird nicht nur Konflikte mit der Mutterrolle haben, sondern möglicherweise das Kind auch als Klotz am Bein empfinden.

Bettina W. ist 30 Jahre alt und hat eine Abtreibung hinter sich. Sie hat es sich nicht leichtgemacht mit diesem Entschluß und meint:

»Ich kann mir nicht vorstellen, daß es viele Frauen gibt, die aus materialistischem Denken abtreiben. Aber wenn das eine Frau tut, dann ist es bestimmt besser für das Kind – was wäre das für eine gewissenlose Mutter! Wenn eine Frau sich nicht zutraut, ein Kind zu erziehen, muß sie sich bis ins kleinste Detail rechtfertigen; wenn sie sich für ein Kind entscheidet, fragt keiner, ob sie sich dieser großen Verantwortung bewußt ist...«

In unserem Land entscheiden sich heutzutage etwa acht bis zehn Prozent aller Paare und fünf bis zehn Prozent aller Frauen bewußt gegen ein Kind. Ob die Frauen nun in die Lage geraten, ungewollt schwanger zu werden oder nicht – was steht hinter diesem »Nein« zum Kind? Von der Gesellschaft wird Frauen ohne »natürlichen Mutterinstinkt« gern Bequemlichkeit und Scheu vor der Verantwortung unterstellt. Man(n) tuschelt über diese »Emanzen«, hält sie für unfraulich, vielleicht sogar für neurotisch, denn jede »normale« Frau wünscht sich doch ein Kind.

In einer Gesellschaft, die von jahrhundertelanger patriarchalischer Vorherrschaft geprägt wurde, haben Frauen auch heute noch ihre vorgegebenen Rollen zu erfüllen. Die Berufstätigkeit der Frau ist zwar eine Selbstverständlichkeit und ein Recht, das niemand in Frage stellen würde. Strebt eine Frau aber nach alleiniger Selbstverwirklichung im Beruf, wird sie nicht unbedingt ernst genommen: der Beruf der Frau – eine Ersatzbefriedigung für entgangene Mutterfreuden? In den Köpfen zahlreicher traditionell denkender Männer (und Frauen) spukt noch immer die Vorstellung, daß sich das Lebensglück der Frau nur in der Mutterschaft (oder zumindest nicht ohne sie) erfüllen könne. Vielen erscheint die kinderlose Frau als unvollständige Frau. Doch es ist nicht Unweiblichkeit, nicht Verantwortungsscheu oder Bequemlichkeit, die Frauen davon abhält, Kinder zu wollen. Hinter diesem Entschluß stehen sehr konkrete Lebensvorstellungen und -prinzipien, nicht zuletzt die Abkehr von der überkommenen Frauenrolle und von herkömmlichen weiblichen Lebensidealen.

Im Grundgesetz der Bundesrepublik Deutschland steht wörtlich: »Jeder hat das Recht auf die freie Entfaltung seiner Persönlichkeit, soweit er nicht die Rechte anderer verletzt und nicht gegen die verfassungsmäßige Ordnung oder das Sittenrecht verstößt.«[2] Wenn sich eine von zehn Frauen dazu entschließt, keine Kinder bekommen zu wollen, wird das weder das Aussterben der Deutschen beschleunigen noch zum Schaden anderer sein. Frauen, die nicht Mutter werden wollen, geben zu, daß ihre Lebensziele und Vorstellungen mit dem Kinderwunsch kollidieren.

Was die Gesellschaft gern vergißt: Es gehört auch Mut dazu, nein zum Kind zu sagen, denn ein solcher Entschluß kann kaum korrigiert werden, wenn die Lebensziele erreicht worden sind und sich vielleicht eines Tages, etwa im Klimakterium, urplötzlich ein Gefühl bedrückender Leere breitmacht. Aber neben allen persönlichen Motiven – dem Streben nach Befriedigung und Anerkennung im Beruf, nach finanzieller Unabhängigkeit und Selbstbestimmung – gibt es nicht selten auch einen weiteren Grund, der die Lust der Frau aufs Kind schmälert: das wenig kindgemäße Klima in unserer Gesellschaft. In vielen Bereichen des täglichen Lebens ist an den Bedürfnissen von Kindern (und ihren Müttern) vorbeigeplant worden. Eine Ärztin hat die Konsequenz daraus einmal drastisch formuliert und behauptet: »Wenn es so etwas wie Mutterinstinkt gibt, dann zeigt er sich hier, wo sich junge Frauen weigern, Kinder in eine wenig kinderfreundliche Umwelt zu setzen.«[3]

Doch nicht jede Frau, die abtreibt, tut dies, weil sie beschlossen hat, nie im Leben Mutter zu werden. Es gibt inzwischen etliche Untersuchungen über die Motive von Frauen, die abgetrieben haben, und immer treten zwei Beweggründe besonders deutlich hervor: einerseits Schwierigkeiten mit dem (Lebens-)Partner oder mit der

Beziehung zu ihm, andererseits berufliche Gründe, nicht selten beides. Ehekrise und berufliche Sorgen waren auch die wesentlichen Hintergründe für den Entschluß von Anja G., als sie sich mit 27 Jahren für einen Schwangerschaftsabbruch entschied:

»Für mich ist auch heute noch eine Schwangerschaft ohne intaktes Familienleben undenkbar. Ein Kind ohne Vater möchte ich nicht haben. Ebenso wäre ein Kind für mich eine Lebensaufgabe. Es wird ein Wesen geschaffen, das einen Sinn auf dieser Welt haben sollte. Ich möchte nicht aus Spaß an der Freude ein Kind auf diese Welt setzen und es dann sich selbst überlassen. Ich sehe ein Kind als Symbiose von zwei Menschen, die sich lieben. Der Urwunsch, sich weiterzugeben, drückt sich für mich (unter anderem) durch ein Kind aus. Deshalb kann ich erst ein Kind bekommen, wenn ich mit mir selbst und meinem Partner ins reine gekommen bin.«

Fast jede zweite Frau, die abgetrieben hat, zweifelt daran, daß ihre Beziehung tragfähig genug wäre für ein Kind, und fast ebenso viele geben an, ihre beruflichen Pläne oder die Ausbildung nicht mit einem Kind in Einklang bringen zu können. Eine von drei Frauen fühlt sich nicht stabil genug, die Probleme und Schwierigkeiten mit einem Kind bewältigen zu können, fürchtet, physisch und psychisch überlastet zu werden; aber fast ebenso viele fürchten auch, einem Kind nicht die Bedingungen und Voraussetzungen für seine gesunde Entwicklung bieten zu können.

Der falsche Zeitpunkt

Daß es in den Begründungen für die Entscheidung gegen das Kind diese Parallelen gibt, ist leicht zu erklären. Das Gros der Frauen, die zum erstenmal eine Schwangerschaft abbrechen, ist in einem Alter, in dem die Beziehung zum Partner wie die berufliche Situation noch nicht gefestigt sind oder in dem sich noch häufiger Umbrüche abzeichnen. So liegt das Durchschnittsalter von deutschen Frauen bei ihrem ersten Schwangerschaftsabbruch bei etwa 25 Jahren. Im dritten Lebensjahrzehnt, zwischen dem 21. und 30. Lebensjahr, werden die meisten Abtreibungen vorgenommen.

Je jünger eine Frau ist, desto eher scheint sie im Schwangerschaftskonflikt dazu zu neigen, sich gegen ein Kind zu entscheiden. Das ist nicht erstaunlich, denn gerade in den jungen Jahren steht der Mensch, nicht nur der Mann, vor der Aufgabe, die Weichen für den künftigen, vor allem beruflichen Werdegang zu stellen. Eine Schwangerschaft zum unrechten Zeitpunkt kann das Leben einer Frau negativ beeinflussen, hat sie doch nicht selten einen vorzeitigen Schulabgang oder den Abbruch der Ausbildung oder des Studiums zur Folge. Nur sehr strebsame junge Frauen, die in der Familie den nötigen menschlichen, organisatorischen, aber auch materiellen Rückhalt finden, können die Kraft aufbringen, frühe Mutterschaft und berufliche Selbstverwirklichung in Einklang zu bringen. Die liebe, herzensgute Großmama, die sich jederzeit gern und aufopfernd um den kleinen Sproß kümmert, scheint im Aussterben begriffen, und für die vielen Alleinerziehenden stehen nicht annähernd genug Betreuungsplätze in Kindergärten und Horten zur Verfügung.

Der Sicherheitsgedanke

Auch der Blick auf den Familienstand ist sehr aufschlußreich. Stärker als zu erwarten wäre, spielt bei uns aus gutem Grund auch heute noch die Frage der emotionalen, sozialen und materiellen Absicherung durch die konventionelle Ehe eine entscheidende Rolle für das Bekenntnis zum Kind. Die Diplompsychologin Brigitte Holzhauer hat 1986 im Rahmen einer empirischen Untersuchung[4] Interviews mit 400 Frauen ausgewertet, die entweder abgetrieben hatten (41,5 Prozent), eine Konfliktschwangerschaft erlebt hatten (12,8 Prozent) oder ihre Schwangerschaft ohne Entscheidungskonflikte ausgetragen hatten (45,8 Prozent).

Sie stellte fest, daß von den Frauen, die ihre Schwangerschaft nie in Frage gestellt hatten, 81,4 Prozent verheiratet waren – gegenüber nur 49 Prozent der Frauen mit Konfliktschwangerschaften. Noch weniger verheiratete Frauen fand sie unter denen, die sich für einen Abbruch entschieden hatten: 26,5 Prozent. Interessant ist eine Ergänzung mit Daten und Ergebnissen meiner eigenen Untersuchungen, in denen nicht nur Frauen berücksichtigt wurden, die legal abgebrochen haben. Auffallend ist die Tatsache, daß der Anteil der verheirateten Frauen unter denjenigen, die illegal abgetrieben haben, noch wesentlich geringer ist. Er liegt bei nur 15 Prozent. Ledig dagegen waren 70 Prozent, geschieden oder verwitwet 15 Prozent.

Die meisten Frauen, die illegal abgetrieben haben, sind weder verheiratet, noch haben sie Kinder. Während rein rechnerisch etwa jede zweite Frau, die durch ihren legalen Schwangerschaftsabbruch vom Statistischen Bundesamt erfaßt wird, Mutter mindestens eines Kindes ist, sind zwei Drittel der Frauen, die in Studien zu ihren Abtreibungen befragt wurden, kinderlos. Das entspricht auch in etwa dem Prozentsatz der ledigen unter den Frauen, die – legal oder illegal – abgetrieben haben. Deutlich weniger Frauen als die vom Statistischen Bundesamt erfaßten sind Mütter: So haben nur etwa 13 Prozent ein Kind (Statistisches Bundesamt 1994: 23,55 Prozent), zwei oder mehr Kinder haben um die 20 Prozent (39,39 Prozent).

Daraus läßt sich folgern, daß der Versorgungs- und Sicherheitsgedanke für ein »Ja« oder »Nein« zum Kind eine grundsätzliche Bedeutung hat. Wenn Heiraten auch bis weit in die achtziger Jahre hinein absolut »out« war, so war der Kinderwunsch der Partner doch nicht selten Anstoß genug dafür, vor den Traualtar zu treten. Die alt(modisch)en Ideale haben durch die Kinder der 68er-Generation eine Wiederbelebung erfahren. Der seit etlichen Jahren ungebrochene Trend zur bürgerlichen Ehe mit einer Hochzeit »ganz in Weiß« ist auch sehr konventionell mit dem Wunsch nach Kindern gekoppelt.

Frauen, die sich im Hinblick auf die Zukunft abgesichert fühlen können, sind – wen sollte das wundern? – offenbar eher dazu bereit, ein ungewolltes Kind zu akzeptieren und dafür, zumindest vorübergehend, den Beruf aufzugeben. Ledige und alleinstehende Mütter werden, bis auf einzelne Ausnahmen, zwar nicht mehr gesellschaftlich diskriminiert. Doch was ihnen der Staat und ihr Umfeld an menschlichen und materiellen Hilfen anzubieten haben, gibt ihnen offenbar nicht die Zuversicht und das Vertrauen in die Zukunft, die nötig sind, um sich der schwierigen Lebenssituation als alleinerziehende und berufstätige Mutter zu stellen.

Ein besonders trauriges Kapitel Familienplanungsgeschichte, das die Bedeutung des Absicherungsgedankens illustriert, wurde Anfang der neunziger Jahre in den neuen Bundesländern geschrieben. Die Zahlen der Abtreibungen schnellten in die Höhe, und Frauen ließen sich reihenweise sterilisieren, um nicht ihren Arbeitsplatz einzubüßen, weil sie ihre Arbeit verloren hatten oder ihnen Arbeitslosigkeit drohte.

Beruf und Zukunftspläne

Auch ein Blick auf die Schulausbildung und den Erwerbsstatus lohnt. Das Bildungsniveau der Frauen, die abbrechen, ist in der Regel überdurchschnittlich hoch. Drei Viertel haben das Abitur, und unter ihnen haben wiederum drei von vier Frauen auch studiert. Nur etwa jede zehnte Frau ist Hauptschülerin; etwa 17 Prozent haben Realschulabschluß beziehungsweise mittlere Reife. Diese Zahlen lassen darauf schließen, daß sich Frauen, die eine qualifizierte Ausbildung genossen haben, wohl eher gegen eine Mutterschaft wehren, die, im unrechten Moment eingetreten, ihren Lebens- und Berufsplan durchkreuzen würde. Tatsächlich fällt auch auf, daß gerade der Anteil von Studentinnen unter den Frauen, die nein zum Kind sagen, recht hoch ist. Fast jede vierte Frau, die abtreibt, ist noch im Studium. Sie hat feste Vorstellungen über ihr Ziel, aber nicht nur das bewegt sie dazu, sich gegen die ungewollte Schwangerschaft zu wehren.

Ein typisches Beispiel dafür liefert der Fall von Martina B., die mit 22 Jahren mitten in ihrem Betriebswirtschaftsstudium ungewollt und »zum unpassenden Zeitpunkt« schwanger wurde. Sie hat in der achten Schwangerschaftswoche mit sozialer Indikation legal abgetrieben, obwohl Kinder durchaus in ihren Lebensplan passen – später. Ihre Entscheidung begründet sie so:

»Wir möchten Kinder; dann, wenn wir es uns zeitlich und finanziell hundertprozentig leisten können. Die jetzigen Umstände wären nicht zufriedenstellend, weder für meinen Partner und mich noch für die Erziehung des Kindes und damit seine Zukunft. Obwohl mich der Wunsch nach einem Baby von Zeit zu Zeit überkommt,

wäre es unverantwortlich gewesen, diesem Gefühl nachzugeben. Dieses Verantwortungsbewußtsein ist wohl entscheidend für unsere Einstellung und ausschlaggebend für die Entscheidung zur Abtreibung. Ich habe nach der besten Lösung gesucht, Entscheidungskriterien abgewägt, bei denen schließlich die rationalen Aspekte überwogen. Geprägt von Erfolgs- und Karrierewünschen, verbunden mit der finanziellen und besonders der zeitlichen Lage, war der Schwangerschaftsabbruch ein eindeutiger Entschluß ohne Reue.

Hätte ich das Kind gegen alle Vernunft haben wollen, hätte ich mit den Konsequenzen der Zukunft fertig werden müssen. Da ich es jedoch für verantwortungslos halte, einem Kind eine sichere Zukunft vorzuenthalten, habe ich mich für den Aufbau einer sicheren Zukunft als ersten Schritt entschieden. Mein Wunsch, mein Wille war, das Studium zu beenden und mit meinem Partner unser Geschäft aufzubauen. Und das tue ich nun mit aller Zufriedenheit und Konsequenz.«

Bemerkenswert ist auch der hohe Anteil von Frauen, die in sozialen und helfenden Berufen, etwa als Krankenschwestern und Sozialpädagoginnen oder aber im pädagogischen Bereich, als Lehrerinnen und Erzieherinnen, tätig sind. Vier von zehn Frauen, die abgetrieben haben, verdienen in diesen traditionell weiblichen Betätigungsfeldern ihren Lebensunterhalt. Bei der Suche nach Erklärungen ist man auf Spekulationen angewiesen. Sollte dieser Trend kein Zufall sein, gäbe es dafür mehrere mögliche Deutungen.

Vielleicht gehören zu dieser Gruppe Frauen, die im Grunde noch sehr tradierte Denkmuster in sich tragen. Im Bestreben, sich selbst zu verwirklichen und Selbständigkeit zu erlangen, konzentrieren sie ihre beruflichen Aktivitäten (wahrscheinlich eher unbewußt denn gezielt) auf Bereiche, die auf die angeblich typisch weiblichen »Eigenschaften« bauen, die Frauen anerzogen werden: zu helfen, zu geben, zu lehren, sich für andere aufzuopfern. Sollte diese Deutung zutreffen, dann wäre es denkbar, daß sowohl die Berufswahl dieser Frauen als auch ihr Entscheid gegen ein Kind etwas mit ambivalenten Gefühlen und Emanzipationsbestrebungen zu tun haben, wie man sie häufig bei Frauen beobachten kann, die zwar vom Kopf her schon emanzipiert sind, durch ihre geschlechtsspezifische Erziehung und vom Gefühl her aber noch überwiegend »Weibchen« sind. Es wäre auch eine andere, positive Deutung möglich: daß nämlich diese Frauen eine Entscheidung gegen das Kind treffen, die auf ihrer professionellen Erfahrung und einem geschärften, (verantwortungs)bewußten, kritischen Denken beruht. Immerhin gibt jede dritte Frau als einen Grund für ihren Schwangerschaftsabbruch an, daß sie dem Kind keine unsichere Zukunft zumuten wollte. Unter den Oberbegriff der »unsicheren Zukunft« rechnen gar nicht so wenige Frauen neben den Faktoren, die aus ihrer vermeintlichen oder tatsächlichen persönlichen »Unzulänglichkeit« rühren, auch allgemein existentiell bedrohliche Faktoren. Sie haben Bedenken, Kinder in eine Welt zu setzen, deren Lebenselemente Luft, Wasser, Boden akut bedroht sind.

Die Lebensumstände

Im Gegensatz dazu, daß bei Frauen mit Schwangerschaftskonflikten die Hausfrauen eine größere Gruppe stellen, sind Hausfrauen unter den Frauen mit Schwangerschaftsabbrüchen unterrepräsentiert. Treten sie überhaupt auf, dann gehören sie zu jenen Frauen, die bereits (mehrfache) Mütter sind. Wenn sie abgetrieben haben, dann häufiger aus rationalen Erwägungen. Sie haben sich zu diesem Schritt entschlossen, weil sie in einer persönlichen oder Ehekrise steckten, sich physisch wie psychisch überfordert und seelisch zu labil für ein weiteres Kind fühlten. Zusammen mit manchen Frauen, die aus medizinischen oder eugenischen Gründen abbrechen, sind sie dann auch diejenigen, die überproportional oft nach einem Abbruch über Verarbeitungsprobleme klagen. Sie haben Depressionen und Schuldgefühle. Ähnlich Frauen, denen nach einer Abtreibung später ein Wunschkind verwehrt bleibt, quälen sie sich von Zeit zu Zeit mit Gedanken an das »Was wäre, wenn...«, bedauern aber nicht generell die Entscheidung, die sie getroffen haben, sondern relativieren sie.

Ein Beispiel dafür ist die heute 65 Jahre alte Ulrike K., die als kränkelnde und geschwächte Mutter dreier Kinder 1951 und 1953 zwei Abtreibungen vornehmen ließ. Sie erinnert sich:

»Ich habe beide Male keine Schuldgefühle gehabt, wenn Knorpelteilchen sichtbar wurden, und mehr ein anatomisches Interesse verspürt als eventuell Depressionen. Bis zum heutigen Tag bereue ich diese beiden damaligen Entschlüsse nicht, die auch in vollem Einverständnis mit meinem Mann erfolgten. Die Lebensumstände waren so schlecht, daß es auch über meine körperlichen Kräfte gegangen wäre, fünf Kinder großzuziehen. Auch in späteren Jahren war mir die Vorstellung, fünf Kinder zu betreuen, zu leiten, zu beraten und in ihren Neigungen zu fördern, unmöglich. Die größeren hätten darunter gelitten, oder die kleineren wären bevorzugt worden.«

Manche Schwangerschaften kommen aber, last, not least, auch unter Umständen zustande, die ein Austragen unmöglich erscheinen lassen. Nicht nur Prostitution und Vergewaltigung, auch heftige Flirts und Seitensprünge hatten schon unerwünschte Folgen. Fast ein Viertel aller ungewollten Schwangerschaften resultieren aus kurzfristigen Beziehungen und flüchtigen Bekanntschaften, und immerhin mehr als 8 Prozent aus Seitensprüngen (2,4 Prozent) oder aus der Beziehung zu einem verheirateten Mann (6 Prozent). Aber welche Frau will schon ein Kind von einem Mann, den sie nicht wirklich liebt, der vielleicht nur eine kurze Episode war und den sie sich nicht als Vater ihres Kindes vorstellen kann? Und: Welcher Ehemann will schon, daß seine heimliche Geliebte ihm ein Kind schenkt?

Besonders bei Ausländern und in den neuen Bundesländern sind es auch die Wohnverhältnisse, die immer wieder mit angeführt werden und gegen ein Austragen einer Schwangerschaft sprechen. Kinder brauchen eben nicht nur Liebe, sie brauchen auch ganz banal Platz und ein Umfeld, in dem sie unbelastet und fröhlich aufwachsen können. Die Betonwüsten und die verkehrsdurchfluteten Straßenschluchten unserer Städte lassen nur wenig Raum für Kinder, wo sie unbeschwert und ungefährdet tollen können. Die Wohnungsnot ist gravierend. Bevorzugt werden ältere Ehepaare ohne Kinder. Junge Paare und Paare mit Kindern bleiben oft auf der Strecke. Beengte Wohnverhältnisse, eine kaputte Umwelt und Sorgen um die Zukunft verhindern die Freude über eine unerwartete Schwangerschaft.

Abtreibung und die (Hinter-)Gründe
im »anderen Deutschland«

Ein völlig anderes Bild ergibt sich, wenn man einen Blick auf die Motivationen zum Schwangerschaftsabbruch Ende der achtziger Jahre in der DDR wirft. Hier wurden seltener Sicherheitsgedanken, als vielmehr Altersgründe (meist zu hohes Alter), die schlechten Wohnbedingungen und gesundheitliche Gründe als Kriterien genannt, die gegen die Geburt eines (weiteren) Kindes sprachen. Nach der Wende vom 9. November 1989 kamen dann zunehmend auch Motive wie Existenzängste, drohende Arbeitslosigkeit und soziale Unsicherheit hinzu. Interessant ist, daß in der DDR mehr als die Hälfte der Frauen, die einen Schwangerschaftsabbruch vornehmen ließen, nämlich 57 Prozent, verheiratet waren (Stand 1987). Ihre Motivation abzutreiben war nicht selten die, daß ihre Familie schon »komplett« war (84 Prozent der Interruptio-Patientinnen wünschten sich zwei Kinder, 51 Prozent hatten bereits zwei und mehr Kinder). Bevor 1972 die Fristenregelung eingeführt wurde, war der Anteil von alleinstehenden Frauen, die – illegal – abtrieben, ähnlich wie in der Bundesrepublik der späten achtziger Jahre, noch überproportional hoch gewesen.

Zwischen den DDR- und den bundesdeutschen Frauen gab es also einen gravierenden Unterschied: Vier von fünf Frauen, die ihre Schwangerschaft in der DDR abbrechen ließen, hatten schon mindestens ein Kind geboren. Etwa eine von dreien (38 Prozent) war Mutter zweier Kinder, 13 Prozent hatten drei und mehr Kinder. Wissenschaftliche Untersuchungen[5] zeigten die Tendenz auf, daß Frauen mit höherem Bildungsniveau, also Fach- und Hochschulabsolventinnen, eher als andere dazu neigten, schon bei *niedrigerer* Kinderzahl (ab dem zweiten Kind) abtreiben zu lassen – also nicht generell gegen Kinder eingestellt waren. Die gute soziale Absicherung und die staatlichen Vergünstigungen für DDR-Bürgerinnen hatten offenbar die gewünschten Erfolge gezeigt. So wünschten sich 99 Prozent aller Frauen in der DDR, die ihre ungewollte Schwangerschaft abbrechen ließen, grundsätzlich schon Kinder. Nur vier von hundert Frauen, die abtreiben ließen, waren Studentinnen. In der Bundesrepublik waren es 25 Prozent.

Die einschlägigen Statistiken aus der DDR der späten achtziger Jahre scheinen die Wirksamkeit des Prinzips Hilfe statt Strafe zu belegen. Sie verdeutlichen, daß es tatsächlich gelungen war, durch gezielte sozialpolitische Maßnahmen, die den Kinderwunsch trotz Berufstätigkeit oder Ausbildung fördern und zu dessen Realisierung beitragen sollten, ungewollt schwangeren Frauen eine Alternative zur Abtreibung anzubieten. So konnten Studentinnen zum Beispiel ihre Studienzeit verlängern, Prüfungstermine verschieben lassen und Internatsplätze für Studentenehepaare mit Kindern beanspruchen. Das alles änderte sich schlagartig, als der eine deutsche Staat im anderen aufging.

Im Jahr 1990 schnellten die Abtreibungszahlen zunächst einmal drastisch in die Höhe, und das war begründet in sozialer Unsicherheit, Angst vor der Zukunft und vor den materiellen Folgen der Arbeitslosigkeit. Ein Volk verlor seine soziale Absicherung, seine Sicherheit und seine Identität. Frauen – zuvor zu 91 Prozent berufstätig (alte Länder: 54 Prozent) – waren die ersten, die arbeitslos wurden. Lebensentwürfe zerplatzten wie Seifenblasen. Tausende von Frauen trieben ab, gegen ihr eigentliches Gefühl. Sie sagten nein zu dem Leben in ihrem Bauch, das noch kurz vorher willkommen und erwünscht gewesen wäre – ein Umstand, der mit großer Wahrscheinlichkeit zu seelischen Schwierigkeiten mit der Verarbeitung der Abtreibung führt.

Doch schon im Jahr darauf, 1991, stürzten die Abtreibungszahlen in den neuen Ländern in den Keller: Von 86459 sanken sie um fast die Hälfte auf 49806, ein Trend, der sich noch verstärken sollte (1992: 43753). Innerhalb von zwei Jahren hatte sich die Zahl der Abtreibungen halbiert. Warum? Hatten die Frauen sich leichter zur Mutterschaft entschließen können, weil sie beruflich keine Perspektiven mehr hatten?

Die Statistik widerlegt diese Vermutung. Einerseits nahm die Zahl der Sterilisationen drastisch zu, in einzelnen Regionen stieg sie auf das Fünfzehnfache an[6]. Andererseits brachten die Frauen immer weniger Babys zur Welt. 1989 waren zwölf Kinder je tausend Einwohner/innen geboren worden, 1993 nur noch fünf[7]. Sexualforscher erklären dies damit, daß in Zeiten des gesellschaftlichen Umbruchs das Verhüten einer Schwangerschaft stärker im Vordergrund stehe als die Verwirklichung eines Kinderwunsches. Diese Aussage suggeriert unter anderem, vor der Wende hätten die DDR-Frauen abgetrieben *statt* verhütet – was wohl in den allerseltensten Fällen der Realität entsprechen dürfte.

Außerdem sei durch die öffentliche Diskussion um den Schutz des ungeborenen Lebens die Sensibilität von Frauen und Ärzten gewachsen: Den Frauen falle es nun schwerer, ihren Wunsch nach einem Schwangerschaftsabbruch vorzutragen. Sollte dies zutreffen, lautet aber die notwendige Konsequenz nicht, daß die betroffenen Frauen geläutert auf die Abtreibung verzichten. Ihre »Sensibilität« – Verunsicherung wäre wohl das zutreffendere Wort – läßt unzählige Frauen wieder einmal nach illegaler Hilfe suchen. Und es ist anzunehmen, daß Frauen, die zwei Jahrzehnte lang frei über ihre Schwangerschaft entscheiden konnten, sich nicht einsichtig fügen und widerspruchslos bevormunden lassen. Sie empfinden es als unglaublich, Rechtfertigungen liefern zu müssen. Die Statistik erfaßt nur die legalen Abbrüche... 1992 entfielen 37 Prozent der Abtreibungen in niederländischen Kliniken auf Frauen aus den Nachbarländern, die meisten davon auf Frauen aus Deutschland. Deutsche Frauen fahren wieder nach Holland, wie in den Siebzigern.

Der vielbeschworene »Aufschwung Ost« läßt auf sich warten. Die Frauen legen ihren Kinderwunsch auf Eis. Werden sie dennoch ungeplant schwanger, kommt nun zur persönlichen Krise noch der Druck von außen. Die moralisierende Diskussion um den Lebensschutz macht es ihnen doppelt schwer. Entscheiden sie sich gegen ihr Gefühl aus rationalen Erwägungen für eine Abtreibung, müssen sie nun auch noch mit Schuldgefühlen kämpfen. Zur äußeren kommt die innere Not.

Anders als heute waren bis zur Wende für eine Abtreibung in der DDR häufiger als in der alten Bundesrepublik Gesundheit, Alter und Wohnverhältnisse ausschlaggebend. Die Familie entsprach von der Größe her der Idealvorstellung, die Frauen fühlten sich einem weiteren Kind psychisch und physisch nicht mehr gewachsen, die Wohnung war zu eng für weiteren Zuwachs. Zwischen den gesundheitlichen Gründen und der Ablehnung der Schwangerschaft besteht nicht selten eine Wechselwirkung: »Eine unerwünschte Schwangerschaft kann das soziale Wohlbefinden einer Frau erheblich einschränken, was sich unmittelbar in der negativen Beurteilung des Gesundheitszustandes ausdrückt«, schreibt der Leipziger Gynäkologe Gert Henning[8]. Dieses soziale Wohlbefinden der Frau wurde in der ehemaligen DDR respektiert.

3. Ungewollte Schwangerschaft und die Hintergründe

»Das Weiblichste am Weibe ist der Wunsch nach einem Kinde.«

Helene Deutsch, Freud-Schülerin

Wenn Frauen heute ungewollt schwanger werden, müssen sie sich die Frage gefallen lassen, wie ihnen das passieren konnte. Seit die Pille vor mehr als dreißig Jahren eingeführt wurde, gibt es die fast hundertprozentig sichere Verhütung, und wenn eine Frau dennoch schwanger wird, dann zeigt man(n) dafür wenig Verständnis. Schlimmer noch, wenn dies einer Frau mehrmals passiert. Sie muß sich Vorwürfe und Vorhaltungen gefallen lassen, man unterstellt ihr ein ausschweifendes Sexualleben und mangelndes Verantwortungsgefühl. Wo Verhütung heute so leicht ist, kann nicht sein, was nicht sein darf. Die Frau muß sich schuldig fühlen, besonders wenn sie mehrmals »aus Versehen« schwanger wird. Vor mehreren Jahrzehnten war es allerdings nichts Ungewöhnliches, wiederholt abtreiben zu müssen. »Das gehörte zum Frauenleben dazu«, schreibt das Autorinnengespann Elsbeth Meyer, Susanne von Paczensky und Renate Sadrozinski in einem Buch über wiederholte Schwangerschaftsabbrüche[1]. Heute fühlen sich Frauen, die öfter abtreiben mußten, dagegen als Ausnahmen – ein Umstand, der Selbstzweifel, Gewissensbisse und Schuldgefühle begünstigt.

Ob eine Frau schwanger wird oder nicht, hängt aber von weit mehr ab als nur der sicheren Verhütungsmethode. Solange Menschen noch spontan und impulsiv sein können, solange sie noch in der Lage sind, sich selbst zu vergessen, wird es auch immer Verhütungspannen und ungewollte Schwangerschaften geben. Daß sie dafür büßen müssen, daß die Lust geteilt war, sie die Last aber allein tragen sollen, sehen viele Frauen nicht ein und fordern, wie Karla A., eine Studienrätin, »das Recht auf Irrtum«. Sie sagt:

»Jeder ›kriminelle Ersttäter‹ wird mit Milde behandelt, warum sollte man Frauen, die ungewollt oder unüberlegt schwanger werden, da-

mit bestrafen, daß sie gewissermaßen lebenslang ein Kind haben, das sie letztlich nicht wollten und das für sie eine schwere Last darstellt? Wann werden die Lasten endlich einmal gerecht verteilt und der ›Mitverursacher‹ zu mehr als nur (wenn überhaupt) Alimentezahlungen herangezogen?«

Man(n) muß wohl auch akzeptieren, daß es immer Situationen geben wird, in denen rationale Planung versagt oder gar abgelehnt wird. Und daß der Erfolg der Empfängnisverhütung auch von der Kooperationsbereitschaft des Partners abhängt. Die Mehrheit der Männer entzieht sich aber bereits im Vorfeld der (Mit-)Verantwortung. Verhütung ist faktisch größtenteils Frauensache – wobei der Gerechtigkeit halber erwähnt werden muß, daß es auch Frauen gibt, die diese Verantwortung nach der Devise »sicher ist sicher« gar nicht in die Hand des Partners legen wollen.

Es ist eine Tatsache, daß trotz aller Risiken Sex nach Plan nicht bei jederfrau/jedermann auf Gegenliebe stößt. Auch wenn dadurch ungewollte Schwangerschaften eintreten können, kommt es nun einmal vor, daß Menschen sich die Fähigkeit erhalten haben, ganz Bauch zu sein: Lust und Liebe dominieren dann über Vernunft, Verstand und Planung. Dahinter stecken arterhaltender Urinstinkt, Biologie, Gefühlsüberschwang, Spontaneität, Hingabefähigkeit, wie immer man es nennen will. Zugegeben, Schwangerschaften und Abbrüche, die auf solche »Kopflosigkeit«, auf das unkontrollierte Ausleben der Lust folgen, wären vermeidbar. Doch wer fordert, die ungewollt Schwangere solle die Konsequenzen ziehen, also das Kind annehmen, der muß sich fragen lassen: Wo hätten all diese ungewünschten, ungewollten Kinder der impulsiven Liebe in unserer engen, wenig kindgemäßen Umwelt Platz – wo hätten sie *ihren* Platz, würden sie ausgetragen?

Ein wirklich absoluter Schutz vor Schwangerschaft ist eine Illusion, denn selbst wenn konsequent verhütet würde und die Verhütungsmethode hundertprozentigen Schutz vor Empfängnis garantiert (was bis heute noch kein Mittel versprechen kann), ist doch Verhütung nicht nur eine mechanisch oder medikamentös regelbare Angelegenheit. Der Erfolg der Empfängnisverhütung kann durch zahlreiche, nicht oder kaum steuerbare Faktoren beeinflußt werden. Er muß nicht nur von der Zuverlässigkeit des Mittels und seiner korrekten Anwendung abhängen. Nicht einkalkulierbar sind Risiken, die körperliche Ursachen haben, vor allem aber auch solche seelischer Natur. Die psychische Verfassung der Frau, Vorgänge in ihrem Unterbewußtsein, heimliche Wünsche und unterdrückte Bedürfnisse der Frau sind Unsicherheitsfaktoren bei jeglicher Empfängnisverhütung.

Stichwort Verhütung

Diese Feststellung soll jedoch keine resignative Stimmung aufkommen lassen. Denn Verhütung ist zwar nicht die absolut verläßliche, aber eine der sichersten Methoden, sich vor der unschönen Erfahrung einer Abtreibung zu schützen. Nur Enthaltsamkeit schützt besser und hundertprozentig. Beim Stichwort »Verhütung« denkt man(n) in der Regel zuerst an die Frauen. Es wird von ihnen erwartet, daß sie für die Geburtenkontrolle sorgen. Die Wahl der Methode – und damit auch die Wirksamkeit – wird aber weitgehend von Faktoren beeinflußt, auf die Frauen wenig Einfluß haben[2]. Sie hängt ab von der Bevölkerungspolitik des einzelnen Landes, von religiösen Tabus, Verbreitung und Beschaffungsmöglichkeiten von Verhütungsmitteln, internationalen Hilfsmaßnahmen und der Entscheidungsgewalt des Mannes.

Generell läßt sich sagen, daß gutsituierte Frauen, Frauen in reichen Ländern und solche, die in Städten leben, im Vorteil sind. Ein Blick auf die Abtreibungsrate im internationalen Vergleich zeigt auch: Je besser die Aufklärung, je umfassender die Verhütung und je einfacher die Beschaffung von Verhütungsmitteln, desto niedriger ist auch die Zahl der Abtreibungen.

In aufgeklärten Ländern, in denen die Beschaffung von Verhütungsmitteln problemlos möglich ist, zieht wohl kaum eine Frau freiwillig eine Abtreibung als »postcoitale Verhütungsmaßnahme« – als Mittel zur Geburtenkontrolle – in Erwägung. Frauen, die tatsächlich bewußt eine Abtreibung riskieren, dürften eine verschwindende Minderheit darstellen. »Für die meisten ist die Schwangerschaft zunächst ein Bankrott ihrer Verhütungsmethode, ein Grund, an sich selbst oder an ihrem Arzt zu zweifeln«[3], meint Susanne von

Paczensky. Trotz einer breiten Palette an Verhütungsmethoden und -mitteln stellen aber Frauen, die ungeplant schwanger werden, keine Minderheit dar. Fachleute glauben, daß mindestens die Hälfte aller Schwangerschaften zu dem Zeitpunkt, als sie eintraten, nicht erwünscht waren. Die Ursache hierfür liegt in den seltensten Fällen in der Uninformiertheit der Frau – dies trifft nur für Frauen und Jugendliche aus der sogenannten sozialen »Unterschicht« zu.

Woran liegt es also, daß trotzdem noch immer so viele Frauen ungewollt schwanger werden? Die Ursachen sind vielfältig, reichen von »Pillenmüdigkeit« bis hin zur falschen Anwendung eigentlich zuverlässiger Mittel. Was auch immer die Gründe für eine unerwünschte Schwangerschaft sein mögen, die Verhütungsmittel und -methoden selbst sind zwar häufig unmittelbar schuld, mittelbar aber können sehr wohl auch psychische Faktoren für den »Unfall« ausschlaggebend sein. Es gibt halb- und unbewußte Kinderwünsche, doch diese sollten nicht überschätzt werden. Es ist einfach, eine Frau zu bevormunden, indem man(n) ihr einredet, sie verdränge ihren Kinderwunsch nur.

Man muß differenzieren: Es gibt Frauen mit uneingestandenen Kinderwünschen, es gibt aber auch solche, in deren Lebensplan Kinder keinen Platz haben. Da solche Frauen aber mit Gewißheit sehr viel seltener Probleme damit haben, einen Schwangerschaftsabbruch zu verarbeiten, soll auf den folgenden Seiten ausführlicher auf Frauen mit uneingestandenem Kinderwunsch eingegangen werden als auf die anderen.

Verhütungsmethoden und ihre Probleme

Die wenigsten Frauen (und Paare) verzichten ganz auf Verhütung und lassen es einfach drauf ankommen. Über das Verhütungsverhalten liegen diverse Statistiken vor. So nehmen nach Erhebungen des Berufsverbands der Frauenärzte in Deutschland 61,9 Prozent der Frauen zwischen 15 und 45 die Pille. 10,8 Prozent schützen sich mit der Spirale. Chemische Verhütungsmittel verwenden heute nur noch 5,2 Prozent der Frauen. Mit Diaphragma verhüten drei Prozent der Frauen. 25 Prozent der Paare verlassen sich dagegen inzwi-

schen auf Kondome. Auf die unsicherste Methode – Coitus interruptus – setzen nur 6,6 Prozent aller Paare[4]. Ältere Untersuchungen, die ähnliche Ergebnisse liefern, weisen außerdem aus, daß nur
sieben Prozent natürliche Methoden anwenden[5]. Häufiger als noch
Mitte der achtziger Jahre werden mehrere Methoden kombiniert
und immer öfter auch Kondome benutzt – was nicht zuletzt auf das
Wissen über die Ansteckungsgefahren bei Aids zurückzuführen
ist.

Trotz aller Aufgeklärtheit entdecken auch heute noch manche
Teenager recht sorglos ihr Sexualleben. Nach einer Erhebung der
Bundeszentrale für gesundheitliche Aufklärung[6] machen acht Prozent der Mädchen und 16 Prozent der Jungen unvorbereitet und
ungeschützt ihre ersten Erfahrungen mit der körperlichen Liebe.
Vor allem sehr junge Frauen wissen zu wenig über die verschiedenen Verhütungsmethoden Bescheid und werden schwanger, weil sie
relativ sichere Mittel falsch handhaben. Und noch ein Faktor spielt
eine Rolle: Heute weichen mehr und mehr Frauen auf unzuverlässi-
gere Methoden aus, und das hat seine guten Gründe.

Bis vor wenigen Jahren wurden die »Klassiker« der Verhütung, die
Pille und die Spirale, unwidersprochen akzeptiert. Jede zweite Frau
möchte zwar ohne Nebenwirkung verhüten, doch ebenso viele
schlucken noch täglich die Pille[7] – obwohl sie vielleicht mit ihr ha-
dern. In den Köpfen vieler, besonders jüngerer Frauen hat sich ein
Bewußtseinswandel vollzogen. Mit gewachsenem Frauenbewußt-
sein haben sie ein sensibleres Verhältnis zu ihrem Körper entwickelt
und wollen nicht mehr länger in ihren Hormonhaushalt eingreifen,
die natürlichen Prozesse medikamentös manipulieren, täglich Pillen
schlucken und die Risiken hormoneller Verhütung auf sich nehmen.

Die Pille erlaubt der modernen Frau zwar das Ausleben ihrer Lust
ohne Reue, macht sie aber auch ständig für den Mann verfügbar und
belastet ihren Organismus. Und: Selbst die Pille garantiert keinen
hundertprozentigen Schutz. Bestimmte Medikamente, etwa einige
Antibiotika, Beruhigungs-, Schmerz- und Grippemittel, können die
Wirkung der Pille ungünstig beeinflussen; schon der eine Tag, an
dem die Frau die Pille vergessen hat, schon Durchfall oder Erbrechen können unerwünschte und gravierende Folgen zeitigen. Eine

einfachere Lösung könnte die Verhütung mittels Dreimonatsspritze sein, nur stellt sie ebenso wie Pille oder Mini-Pille einen Eingriff in den Hormonhaushalt dar und ist darüber hinaus für Jugendliche meist ungeeignet.

Auch die Spirale akzeptiert manch eine Frau nicht (mehr) als Alternative zur Pille. Sie möchte keinen Fremdkörper im Leib haben. Intrauterinpessare sind zwar recht weit verbreitet, bieten aber längst keinen so sicheren Schutz vor Empfängnis wie die Pille. Überdies werden sie nicht von jeder Frau vertragen. Das Diaphragma oder Scheidenpessar empfinden viele als lästig und lusttötend. Es muß vom Arzt angepaßt werden, und die Frau muß lernen, es anzuwenden. Diese Methode der Empfängnisverhütung stößt häufig auf Ablehnung, denn sie reicht nicht an die Sicherheit der Pille heran und erfordert Praxis. Abgesehen davon vergeht mancher Frau wortwörtlich die Lust, wenn sie in einem Moment großer Sinnlichkeit erst mal kurz zur Toilette gehen und das Pessar einführen muß, das vorher noch sorgsam mit einem samenabtötenden Gel bestrichen werden sollte. Fast vier von zehn Frauen (38,2 Prozent) legen Wert darauf, daß keine Vorbereitungen vor dem sexuellen Kontakt nötig sind[8], Bequemlichkeit ist 56,2 Prozent wichtig.

Was bleibt, sind weniger sichere Verfahren, einer Empfängnis vorzubeugen, etwa durch Kondome und/oder chemische Verhütungsmittel und alternative Methoden: Coitus interruptus als weitaus unsicherste aller Lösungen und natürliche Familienplanung mit Temperaturmethode und Schleimtest (Näheres über die einzelnen Verhütungsmethoden unter »Vorsorgen statt Abtreiben« im 10. Kapitel). Wenn viele Frauen skeptisch gegenüber natürlichen Verhütungsmöglichkeiten sind und die Bereitschaft, auf diese Weise einer Schwangerschaft vorzubeugen, in jüngster Vergangenheit sogar wieder abnimmt, dann liegt es auch daran, daß nur jeder fünfte Frauenarzt seine Patientinnen über die verschiedenen Methoden aufklärt.

Jede dritte Frau gibt an, ihr sei bei der Verhütung wichtig, daß sie natürlich ist und nicht in körperliche Abläufe eingreift[9]. Es gäbe also sicher bei entsprechender Aufklärung ein viel größeres Potential von Frauen, die gern auf solche Methoden ausweichen würden, die an sich gar nicht so unsicher sind, aber sehr präzise angewendet beziehungsweise kombiniert sein wollen. Sie können zum Beispiel versagen, wenn die Frau sich einmal verrechnet, wenn sich ihr Zyklus, ausgelöst etwa durch psychischen Druck, Streß oder durch eine Reise, einmal geringfügig verschiebt.

Eine von den Frauen, die es irgendwann leid waren, die Pille zu nehmen, ist die heute 27 Jahre alte Brigitte. 24jährig, als Studentin, wurde sie innerhalb von sechs Monaten zweimal ungewollt schwanger. Sie schildert ihre Erfahrung so:

»Ich hatte, seit ich 16 war, jahrelang die Pille genommen und wähnte mich daher sicher. Irgendwann, so mit 19, 20 kam ich in Kontakt mit der Frauenbewegung, und im Zuge der Auseinandersetzung mit deren Positionen entwickelte sich bei mir eine immer stärkere Ablehnung dieser Verhütungsmethode. Ich stieg dann um auf ›natürliche‹ Empfängnisverhütung mit Temperaturmessen usw. Am Anfang war ich damit auch sehr gewissenhaft, aber nach einiger Zeit stellte sich bei mir das Gefühl ein, daß ich 1. die Sache vollkommen im Griff hatte und 2. sowieso nicht schwanger werden kann. Als ich es dann doch wurde, fiel ich aus allen Wolken, obwohl ein Nachrechnen leicht zeigte, daß diese erste Schwangerschaft eine fast unvermeidliche Folge meines eigenen Leichtsinns war. Die zweite Schwangerschaft, ein halbes Jahr später, kann ich mir bis heute nicht erklären.«

Wie haben nun Frauen verhütet, die später einen Schwangerschaftsabbruch vornehmen lassen mußten? Im Normalfall hat nur eine von zwanzig Frauen überhaupt nicht verhütet. Alle anderen haben mehr oder weniger sichere Methoden mehr oder weniger zuverlässig angewendet. So hat jede vierte Frau die Pille genommen, und etwa eine von zehn trug eine Spirale. Das Gros der Frauen jedoch – über 60 Prozent – verließ sich in der Regel auf weniger zuverlässige Verhütungsmittel und -methoden: auf Kondome, Ovulationshemmer, Basaltemperaturmessen und Schleimstrukturbestimmung, Diaphragma und Kombinationen verschiedener Methoden.

Fragt man nach den genaueren Umständen, die zur unerwünschten Schwangerschaft führten, dann zeichnet sich ein anderes Bild ab. Im speziellen Fall nämlich hatten statistisch etwa vier von zehn Frauen nicht (11,5 Prozent) beziehungsweise unzureichend verhütet (5,8

Prozent) oder waren »leichtsinnig« gewesen (20,3 Prozent). Jede dritte Frau macht eine Zyklusverschiebung (17,4 Prozent) oder einen Rechenfehler (16 Prozent) für die unerwünschte Schwangerschaft verantwortlich. Während der vom Arzt verordneten Pillenpause wurde jede zehnte Frau schwanger, knapp 15 Prozent wurden trotz Schaum (2,1 Prozent), Diaphragma (4,3 Prozent), Mini-Pille (1,4 Prozent) und Spirale (2,9 Prozent) schwanger – wobei etwa die Hälfte dieser Frauen nicht ausschließt, daß der Fehler bei ihnen selbst und in der falschen Anwendung des jeweiligen Mittels gelegen haben könnte. Nur eine von hundert Frauen kann sich die unerwünschte Schwangerschaft nicht erklären oder hat bewußt eine Abtreibung riskiert.

Etwas anders liest sich das, was Frauenärzte und Wissenschaftler für die ehemalige DDR ermitteln konnten (Stand 1987): Dort hat ungefähr eine von vier der Abbruchpatientinnen (26 Prozent) im letzten Jahr vor der Abtreibung überhaupt nicht verhütet. Etwa genauso viele (27 Prozent) nahmen im Jahr vor der Abtreibung die Pille oder verließen sich auf die relativ unsichere Rhythmusmethode (28 Prozent). Die restlichen Frauen vertrauten auf Coitus interruptus (7 Prozent), Kondom (8 Prozent) und Intrauterinpessar (4 Prozent)[10]. Der größte Teil dieser Frauen, nämlich 70 Prozent, hatte jedoch wenige Monate, bevor die unerwünschte Schwangerschaft eintrat, aus unterschiedlichen Gründen die Verhütung ganz eingestellt.

Die Ursachen der Panne

Frauen, die angeben, unzureichend oder überhaupt nicht verhütet zu haben, geben dafür zahlreiche Gründe an. Bisweilen war es ein Spiel mit dem Feuer, manchmal Spontaneität und Selbstvergessenheit in lustvollen Momenten. Einige verdrängten die Gedanken an die möglichen Folgen, andere logen sich in die eigene Tasche: Ich will keine Kinder, also kann ich auch nicht schwanger werden. Natürlich weiß jede Frau, die schlampig verhütet, daß sie theoretisch schwanger werden kann. Aber gar nicht so selten sind Frauen, die kein Kind möchten, der festen Überzeugung, ihnen könne eigentlich nichts passieren, ja, sie seien wahrscheinlich ohnehin unfruchtbar. Dieser Gedanke entspringt ihrem Wunschdenken und beruht fast nie auf Tatsachen. Ganz selten sagt eine Frau offen: Ich wollt's wissen, wollte wissen, ob ich überhaupt Kinder kriegen kann – aber auch das gibt es.

Gelegentlich schimmert ein verdrängter Kinderwunsch durch – bei Frauen nämlich, die vom Kopf her kein Kind wollten, vom Bauch her aber eigentlich doch. Solche Frauen haben meist eine feste Vorstellung von dem, was sie im Leben erreichen und verwirklichen wollen, und zu diesem Lebensplan gehören durchaus auch Kinder. Wenn tausend Probleme einen starken Kinderwunsch überlagern und die aktuellen Lebensumstände und Pläne, aus welchen Gründen auch immer, nicht (noch mehr) Kinder zuzulassen scheinen, wird der unterschwellige Wunsch erst einmal auf Eis gelegt – gegen das eigentliche Gefühl.

Marion W., eine 32 Jahre alte Sozialarbeiterin und heute Mutter zweier Kinder, ist ein typisches Beispiel für diese Ambivalenz. Sie war 23 Jahre alt und mitten in ihrer Ausbildung, als sich ihr erstes Kind anmeldete, ungeplant, Folge eines »Ausrutschers«. Nach zwei Terminen in einer Abtreibungsklinik entschloß sie sich, allen widrigen Umständen zum Trotz, das Kind auszutragen. Als sie dann Ende Zwanzig und fest liiert war, wünschte sie sich mit ihrem damaligen Freund sehnlichst ein Kind – aber es klappte nicht. Die Freundschaft ging in die Brüche, und Marion suchte und fand (nicht nur seelischen) Trost bei einem früheren Bekannten. Nach einer spontanen Nacht wurde sie schwanger – ungewollt. Schweren Herzens rang sie sich zum Abbruch durch, denn der Vater des Kindes war ein verheirateter Mann, und sie hätte ein zweites Mal ein Kind allein aufziehen müssen. Sie sagt:

»Ich habe mich schon mit allen möglichen Mitteln geschützt, aber dennoch die Erfahrung gemacht, daß das Schwangerwerden sich meiner Kontrolle entzieht. Wie schon bei der ersten Schwangerschaft habe ich die Gegenwart des Kindes sofort gespürt, ich hab mit ihm gesprochen, mich von ihm verabschiedet und bin eine Woche nur mit trüben, blinden Augen herumgelaufen. Meine Entscheidung, abzutreiben, war keineswegs leichtfertig, sondern wohlüberlegt und begründet. Ich habe gemerkt, allein schaffe ich das nicht noch mal – auch wenn ich mir zuvor so sehr ein Kind gewünscht hatte.«

Nachsatz: Nach etwas mehr als einem Jahr wurde Marion erneut schwanger – diesmal brachte sie nicht mehr die Kraft zu einer Abtreibung auf.

Ein anderes Beispiel für eine unzureichende Verhütung oder besser: für Konflikte mit der Verhütung, die offenkundig im unbewußten Wunsch nach einem Kind wurzeln, liefert die Studentin Karin F., 21 Jahre alt. In ihren Lebensplan gehören »nicht unbedingt« Kinder. Sie möchte Psychologin werden, träumt aber auch vom Aussteigen. Als sie gerade ihr Abitur gemacht hatte, wurde sie schwanger. Sie war hin- und hergerissen bei dem Gedanken, ein Kind zu bekommen, zumal auch die Beziehung zum Freund und Vater des Kindes nicht sehr stabil war. Diese Tatsache spielte offenbar auch bei dem »Unfall« eine Rolle:

»Ich verdrängte einfach die Möglichkeit, schwanger zu werden. Normalerweise bin ich so ein Typ, der in jeden Kinderwagen schielt und sich nach jedem Baby umdreht. Ich wollte eigentlich schon immer ein Kind haben. Vielleicht verhüte ich deswegen so schlampig. Mein unterdrückter Kinderwunsch hing wohl auch mit dem unbewußten Wunsch zusammen, mit diesem Mittel meinen damaligen Freund an mich zu binden. Als es aber dann soweit war und ich mich mit der Tatsache auseinanderzusetzen hatte, daß ich schwanger war, ergriff mich schreckliche Panik. Jetzt war ich mir überhaupt nicht mehr so sicher, ein Kind haben zu wollen.«

Wenn Frauen *normalerweise* einigermaßen sichere Verhütungsmethoden anwenden, diese aber (oder wohl eher die Frauen selbst) im Fall des Falles versagen und die Frauen bewußt oder unbewußt eine Schwangerschaft riskieren, kann das von vielerlei psychischen Konflikten zeugen. Es gibt sogar Psychologen, die behaupten, daß der Körper der Frau nicht nur mit Unfruchtbarkeit auf seelische Probleme reagiert, sondern analog dazu die Psyche auch für eine besondere Empfängnisbereitschaft sorgen kann, die aber unter der Bewußtseinsebene liegt, nicht wahrgenommen oder verdrängt wird und auch auf das Verhalten zurückwirkt.

Aus der Psychoanalyse kommen andere, wesentlich unfreundlichere Erklärungsansätze für die Probleme mancher Frauen mit der Empfängnisverhütung. Frauen in einem ambivalenten Gefühlskonflikt (der Bauch will das Kind, der Kopf sagt nein dazu) werden dabei schnell zu Neurotikerinnen erklärt. Es wird die Auffassung vertreten, daß die Empfängnisverhütung für Frauen mit einer »neurotisch verformten Persönlichkeitsstruktur« zu einem Problem werden könne – was einer Frau, die sich von der Vernunft leiten ließe, nicht passieren könnte.

So sei die (angenommene) hundertprozentige Wirksamkeit bestimmter Verhütungsmittel für zwei gegensätzliche Frauentypen mit spezifischen Problemen unerträglich: für solche mit einer übersteigerten Mütterlichkeit und solche, die daran zweifeln, eine intakte Frau zu sein. Die einen bräuchten die Hoffnung, »wenigstens mittels eines bewußt keineswegs gewollten Versagens der antikonzeptionellen (empfängnisverhütenden) Methode schwanger werden zu können«, die anderen hofften, »wenigstens durch ein Versagen des Mittels ihre Konzeptionsfähigkeit (Fruchtbarkeit) und damit ihre genitale Intaktheit beweisen zu können«[11]. Diese Frauen wären dann »nicht selten bereit, die einmal empfangene Frucht wieder abtreiben zu lassen«.

Der Hintergrund der Panne

Aber muß eine Frau, die zwischen Gefühl und Verstand, Vernunft und Sehnsucht schwankt, gleich eine Neurotikerin sein? Diese Erklärung klingt ziemlich simpel und patriarchalisch-überheblich. Fest steht, daß ein ganzes Bündel unbewußter psychischer Konflikte die Ursache für ein scheinbares Versagen des Verhütungsmittels, für Vergeßlichkeit oder unberechenbare Empfängnisbereitschaft sein kann. Nicht generell, aber gelegentlich führen unbewußte Wünsche und Ängste trotz der breiten Palette von Verhütungsmitteln und -methoden, die zur Verfügung stehen, zu unerwünschten Schwangerschaften. »Die *äußeren* Möglichkeiten, eine Schwangerschaft zu vermeiden, wenn man das wirklich eindeutig will, sind in unserer Zeit weitgehend gegeben, aber die *inneren* Möglichkeiten sind oft anders«[12], glaubt die Psychologin Thea Bauriedl.

Welche seelischen Konfliktlagen können das nun konkret sein? Psychologen führen im wesentlichen un- oder halbbewußte Kinderwünsche an, wobei der Wunsch nach einem Kind gar nicht so selten ein unbewußt gewähltes Mittel zum Zweck ist. In diesem Sinne wird eine ungewollte Schwangerschaft gern als »unbewußter« oder »neurotischer« Konfliktlösungsversuch interpretiert. Frappant ist, daß unerwünschte Schwangerschaften häufig in einer unbefriedigenden Lebenssituation eintreten.

Von einschneidenden Handlungen versprechen sich Menschen einschneidende Änderungen. Fühlen sie sich unfähig dazu, sich selbst oder etwas an ihrer (unbefriedigenden) Beziehung zum Partner zu ändern, dann kann durch den geheimen, uneingestandenen Kinderwunsch die Hoffnung auf Änderungen zum Ausdruck kommen. Egal, ob eine Frau allein oder mit einem Partner zusammenlebt, die Geburt eines Kindes bedeutet immer einen tiefen, einen gravierenden Einschnitt. Mutter- oder Elternschaft ist der Beginn einer neuen Lebensphase, denn es müssen völlig neue Strukturen im Leben, im Alltag, in der Partnerschaft gefunden werden – das Baby verändert das Leben der Betroffenen.

So, wie sich glückliche Paare ein Baby wünschen, das dann gewissermaßen ein lebendiges Zeugnis ihres Zusammengehörigkeitsgefühls ist, werden aber mit einem Baby – oder auch nur mit dem heimlichen Wunsch nach einem Kind – etliche, teils naive Hoffnungen verbunden, die in den seltensten Fällen bis zur Bewußtseinsebene der Betreffenden vordringen. Es sind unausgesprochene, aus unartikulierten Gefühlen gewachsene Hoffnungen. Im unausgesprochenen Wunsch nach einem Kind spiegelt sich nicht selten die Sehnsucht nach Stabilisierung einer Beziehung, die in ihren Grundfesten erschüttert ist.

Trennungsängste und unbewußter Kinderwunsch

Frauen wünschen sich häufiger dann bewußt oder unbewußt ein Kind, wenn sie in der Ehe oder ihrem Zusammenleben mit einem Partner nicht mehr glücklich sind. So können sie vielleicht den Mann an sich »ketten«; in jedem Fall aber bedeutet das Kind eine neue Chance – die Chance nämlich, mit einem neuen Menschen eine andere, innige Zweierbeziehung aufzubauen, die ihnen die Defizite in der Partnerschaft erträglicher macht oder diese in den Hintergrund treten läßt. Ein Kind kann zum Lebensinhalt werden und scheinbar Unabänderliches vergessen lassen: »Wenn ich meinen kleinen Karl nicht hätte, hätte ich mich längst von meinem großen Karl getrennt«, bekennt Doris M., 33 Jahre alt, früher Krankengymnastin, heute Hausfrau und Mutter. Wenn sich aber in der Suche nach Ersatz eine symbiotische Mutter-Kind-Beziehung herausbildet, bedeutet das nicht nur den Ausschluß des Partners, sondern möglicherweise auch eine nachhaltige Beeinträchtigung für die seelische Entwicklung des Kindes.

Gerade die Angst vor dem Alleinsein, die Angst, emotional oder physisch verlassen zu werden, kann Hintergrund eines mehr oder minder bewußten Kinderwunsches sein. So hat zum Beispiel die Sozialpädagogin Irmgard P. zweimal die gleiche Erfahrung gemacht:

»Die Trennung von meinem Freund stand an – in dieser Situation wurde ich schwanger. Das zweite Mal war es genauso. Ich gehe davon aus, daß eine Frau, wenn sie schwanger wird (auch ungewollt), insgeheim den Wunsch nach einem Kind hat.«

Trennungsängste als Schwangerschaftsursache? Gewiß, manchmal mögen sie den eigentlichen Hintergrund der ungewollten Schwangerschaft bilden. Aber es kann auch andere Ursachen geben, wenn ein Paar ausgerechnet genau dann mit ungewollter Elternschaft konfrontiert wird, wenn die Krise am größten ist und eine Trennung bevorsteht. Und es muß nicht unbedingt an der Frau allein oder an ihrem uneingestandenen Kinderwunsch liegen, wenn sie genau jetzt schwanger wird.

Wenn zwei, die sich einmal geliebt haben, spüren, daß sich die Beziehungskrise zuspitzt, will keiner von beiden gern als der Schuldige aus der aufgelösten Partnerschaft hervorgehen. In solchen Zeiten ist frau / mann normalerweise hypersensibel und achtet sehr genau auf die Signale, die der andere aussendet. Solange die Partner noch einen Funken Hoffnung haben und ein Rest des ursprünglichen Zugehörigkeitsgefühls vorhanden ist, werden sie alles, was der Beziehung den endgültigen Todesstoß versetzen kann, zu vermeiden suchen. Das heißt auch, dem anderen zu signalisieren: Ich habe noch Vertrauen in dich. Wer in einer solchen Situation auf peinlich genaue

Verhütung bedacht ist und sich dessen versichert, daß auch wirklich nichts »passieren« kann, gibt seinem Partner unbewußt das Signal: Ich mißtraue dir. So werden dann Kinder von Eltern gezeugt, die sich im Grunde nichts mehr zu sagen haben.

Fest steht, daß ein Kind die Liebesbeziehung zweier Menschen immer tiefgreifend verändert. Ein gemeinsames Kind *kann* eine Bereicherung für das Leben zu zweit sein. Ein Baby ist aber auch immer eine Konkurrenz für den Mann: Er muß seine Frau nun mit dem neuen Lebewesen teilen, das die Mutter zumindest am Anfang rund um die Uhr beansprucht. Ein Kind kann manchmal eine Beziehung kitten, denn es zwingt dazu, die zwischenmenschlichen Beziehungen, vor allem aber auch die einzelnen Ansprüche aneinander neu zu definieren und das Verhältnis, in dem man zueinander steht, zu klären. Das heißt zum Beispiel, daß eine Frau, die sich vom Partner oder Ehemann vernachlässigt fühlt, nun aus dem Leben mit dem Baby neue Befriedigung zieht. Ihr Partner, der sich zuvor von den – berechtigten – Ansprüchen der Frau nach Zuwendung, Liebe, Zärtlichkeit überfordert gefühlt hat, wird entlastet und kann, muß aber nicht, wieder ein entspannteres Verhältnis zu seiner Frau finden. Eine solche Entwicklung könnte eine neue Basis für das Leben zu dritt bilden.

Wahrscheinlicher scheint jedoch, daß in einer Beziehungskrise ein Kind eher zum Trennungsgrund werden kann – zum Beispiel dann, wenn der Vater die Schwangerschaft ablehnt und seine Frau oder Freundin zum Abbruch zu bewegen versucht. Eine Frau kann sich dann in ihren innersten Gefühlen verletzt und betrogen fühlen, denn sie sieht, etwas überspitzt ausgedrückt, in ihm den Bösewicht, der erst sein Vergnügen hatte, sich dann aber aus der Pflicht stehlen will. Verhält sich ein Mann so illoyal und eigensüchtig und zeigt keinerlei Verantwortungsgefühl, ist die Enttäuschung und Kränkung tief und erleichtert der Frau den Absprung.

Es ist sicher kein Zufall, daß eine große Zahl von Frauen, die abgetrieben haben, sich später vom Vater ihres verhinderten Kindes getrennt haben. Ihre Beziehung hatte der Feuerprobe nicht standgehalten. Natürlich war nicht immer die Abtreibung der eigentliche Grund für die Trennung, aber sie war symbolisch der Tropfen, der das Faß zum Überlaufen brachte. Wird eine Frau während eines

Beziehungskonflikts schwanger, kann dies zu einer beschleunigten Lösung des Konfliktes und/oder der Beziehung führen. Löst aber eine ungewollte Schwangerschaft einen Beziehungskonflikt aus, dann muß die Frau oder das Paar sich bei der Entscheidung für oder gegen das Kind über eines im klaren sein: Egal, ob nun die Schwangerschaft abgebrochen oder ausgetragen wird – der Grundkonflikt ist damit nicht gelöst, er wird irgendwann in anderer, neuer Weise wieder auftauchen.

Der heimliche Ruf nach Hilfe

Manche Frau, die – zumindest bewußt – niemals mit dem Gedanken an ein gemeinsames Kind mit dem Partner gespielt hat, testet dadurch, daß sie ungewollt schwanger wird, die Tragfähigkeit ihrer Beziehung aus. Immer wieder sagen Frauen, durch die Abtreibung sei ein Stück von ihnen selbst gestorben, und diese Formulierung ist psychologisch aufschlußreich. Es ist wie beim Problem des Selbstmords: Psychologen wissen heute, daß die meisten, die versuchen, sich das Leben zu nehmen, gar nicht wirklich sterben wollen. Die scheinbar Lebensmüden möchten *dieses* Leben beenden, das unbefriedigende, deprimierende, perspektivenlose – aber sie wollen nicht wirklich tot sein. Selbstmord oder der Versuch, sich umzubringen, ist meist ein Hilferuf.

Ähnlich kann manchmal auch eine ungewollte Schwangerschaft als ein Hilferuf der Frau interpretiert werden. Die Frauen, die später abgetrieben haben, wollten tatsächlich oft nicht eigentlich ein Kind. Aber unbewußt spürten sie, daß sie sich durch die Schwangerschaft und durch die Geburt eines Kindes der Auseinandersetzung mit unbewältigten Problemen entziehen konnten. So gesehen erscheint die rational nicht erwogene Flucht in die Mutterschaft als die scheinbar einfachste aller Lösungen in einer krisenhaften Stimmung und Lebenssituation. Frauen, die vor diesem Hintergrund nicht abgetrieben haben, müssen oft genug feststellen, daß die Mutterschaft nur wenige ihrer Probleme löst. Sie befreit sie vielleicht vom ungeliebten Beruf oder vom verständnislosen Partner – wirft aber gleichzeitig ungeahnte neue Probleme auf. Ein Kind betrachten die meisten

Frauen uneingeschränkt als Bereicherung ihres Lebens. Dennoch: Die wenigsten verschweigen die Beschwernisse des Alltags als Alleinerziehende in einer so wenig kinder- und frauenfreundlichen Umwelt.

Minderwertigkeitsgefühle und Ausbruchsversuche

Und es gibt noch ein, wenn auch seltenes Motiv für »Verhütungspannen«: Gelegentlich werden Frauen auch aus Minderwertigkeitsgefühlen heraus schwanger, die mit dem Frausein, also ihrer weiblichen Identität zusammenhängen. Sie zweifeln an ihrer Vollwertigkeit als Frau und suchen unbewußt eine Bestätigung ihrer Weiblichkeit und einen Beweis ihrer Fruchtbarkeit. Ihnen selbst sind die Zusammenhänge am wenigsten bewußt, und es wäre voreilig, ihnen Berechnung zu unterstellen.

Versucht man, Erklärungen für eine unbeabsichtigte Schwangerschaft bei sehr jungen Mädchen zu finden, steht zunächst meist nur der eine Grund zur Diskussion: mangelnde Aufklärung in Verbindung mit zu großer Sorglosigkeit. Diese kann gelegentlich wiederum psychischen Motiven entspringen. Der Versuch, sich von zu Hause zu lösen und etwas eigenes aufzubauen, die sehr romantische Sehnsucht nach der großen Liebe und das Streben nach Unabhängigkeit vom Elternhaus können einen latenten Kinderwunsch verstärken und zu größerer Risikobereitschaft führen: frau fordert das Schicksal heraus.

Daß dieser heimliche Wunsch in der Konsequenz sehr häufig entweder einen Schwangerschaftsabbruch nach sich zieht oder aber noch größere Abhängigkeit und eine verbaute Zukunft zur Folge hat, steht auf einem anderen Blatt. Wie häufig Unwissenheit, wie häufig Unbedarftheit und Unvorsichtigkeit, wie häufig das Unterbewußtsein schuld sein mag, wenn Teenager ungewollt schwanger werden, läßt sich schwer sagen. Sexualwissenschaftler schätzen, daß in Deutschland (alte Länder) jedes Jahr 20000 Teenager abtreiben. In der Statistik spielt diese Altersgruppe kaum eine Rolle. Denn nach den Zahlen des Statistischen Bundesamtes entfielen 1992 gerade 2,9 Prozent (alte Länder 2,5 Prozent, neue Länder 3,6 Prozent) aller registrierten Schwangerschaftsabbrüche auf Mädchen bis zu 18 Jahren, das sind im alten Bundesgebiet keine 2000 Mädchen (alte Länder: 1863, neue Länder: 1589). Läßt die drastische Differenz zwischen Schätzung und Statistik Rückschlüsse auf die verklemmte Moral von Eltern zu, die sich scheuen, den offiziellen Weg zu gehen und ihren Kindern eine legale Abtreibung zu ermöglichen? Oder steckt dahinter gerade die Besorgtheit fürsorglicher Eltern (oder solcher mit einem schlechten Gewissen), die ihren Töchtern erspa-ren wollen, erniedrigende Erfahrungen im Apparat der legalen Pra-xis zu machen? Darüber läßt sich nur mutmaßen.

Männer, Frauen und das Thema Verhütung

Nur sehr selten wird in der Abtreibungsdebatte die Rolle des Man-nes berücksichtigt. Verhütung, Schwangerschaft und Abtreibung aber betreffen immer auch den Mann. Spätestens seit es die Pille gibt, herrscht die Meinung vor, daß Verhütung die Aufgabe der Frauen ist. Wir sind noch weit entfernt von der »Pille« für den Mann, denn es ist ja, argumentieren Wissenschaftler, sehr viel einfa-cher, in den Zyklus der Frau einzugreifen, als medikamentös dafür zu sorgen, daß das männliche Sperma befruchtungsunfähig wird.
Letztlich geht es aber in der Diskussion um die »Pille« für den Mann nicht nur um eine Aufgabenstellung für die Medizin, es geht auch um Machtverhältnisse einerseits, um Bequemlichkeit andererseits. Möglich wäre die hormonell gesteuerte Empfängnisverhütung durch den Mann (Prophylaxe nach dem Verursacherprinzip!) heute ohne weiteres. Denn seit mehr als einem Jahrzehnt wird – inzwi-schen erfolgreich – nach einer Verhütungsmethode für Männer ge-forscht. Schon 1991 hat die Weltgesundheitsorganisation (WHO) in einer umfangreichen internationalen Studie die empfängnisverhü-tende Wirkung des männlichen Sexualhormons Testosteron nach-gewiesen. In Frankreich, Großbritannien, Schweden, Finnland, den USA, Australien, Indonesien und China ließen sich 271 Freiwillige im Alter zwischen 21 und 45 Jahren das Sexualhormon per Spritze verabreichen. Bei 157 Männern war nach einem halben Jahr die Spermienproduktion auf Null zurückgegangen.

Diese Männer erhielten ein Jahr lang weiterhin wöchentliche Spritzen – andere Verhütungsmittel durften weder sie noch ihre Frauen benutzen – mit dem Erfolg, daß nur eine Frau schwanger wurde. Die Erfolgsquote der Männerspritze (99 Prozent) übertrifft damit sogar die der sichersten Verhütungsmethode für die Frau: der Pille. Diese frohe Botschaft für die Frau hat nur einen kleinen Haken. Abgesehen davon, daß die Männer und ihre Partnerinnen eine Karenzzeit von mehreren Monaten hinnehmen müssen – die gewünschte Wirkung tritt nicht sofort ein –, hat diese hormonelle Manipulation unschöne Nebenwirkungen, etwa Gewichtszunahme und möglicherweise erhöhtes Krebsrisiko.

Das aber dürfte eigentlich kein Argument gegen die Männerspritze sein, denn schließlich müssen Frauen, die die Pille schlucken, auch mit genau diesen unerwünschten Nebeneffekten rechnen. In der Praxis allerdings gibt es einen weiteren wunden Punkt: Die Injektionen müssen wöchentlich aufgefrischt werden. Das ist unbequem. Die Pille für den Mann ist leider Illusion. Damit mit der Zeugungsfähigkeit nicht Manneskraft und Bartwuchs eingebüßt werden, muß Testosteron im Blut ersetzt werden, was medikamentös, also über den Magen, nicht zu bewerkstelligen ist.

Noch vor der Jahrtausendwende könnte die Männerspritze weltweit auf dem Markt sein. Könnte... Die pharmazeutische Industrie aber hält sich bedeckt, und das hat zweierlei Gründe. »Für die Industrie ist die Empfängnisverhütung ein heißes Thema, weil Versuche mit gesunden, fortpflanzungsfähigen Menschen gemacht werden müssen«, behauptet David Griffin von der WHO[13]. Darüber hinaus zweifeln die Pharmakonzerne daran, mit der Männerspritze ein Geschäft machen zu können. Sie rechnen sich nur minimale Marktchancen aus und glauben an die unabänderliche Bequemlichkeit des Mannes. Der Leiter der Abteilung Hormonforschung des Pharma-Riesen Schering, Professor Friedmund Neumann, meint: »Welcher Mann läßt sich einmal die Woche spritzen? Außerdem dauert es in jedem Fall Monate, bis wirklich Spermafreiheit erreicht ist. Welcher Mann hat soviel Geduld und verhütet inzwischen mit einer anderen Methode? Das ist zu kompliziert.«[14]

Aber nicht nur die Bequemlichkeit dürfte einer breiten Akzeptanz im Wege stehen. Es geht – wie beim Recht der Frau auf einen selbstbestimmten Schwangerschaftsabbruch – wieder einmal um Machtfragen und Machtverhältnisse. Würde sich ein zeugungsunfähiger Mann nicht automatisch seiner Männlichkeit beraubt, teilweise entmachtet und dem Weibe ausgeliefert fühlen? Für Männer mit patriarchalischen Denkstrukturen und konventionellem Rollendenken ist die Vorstellung, eine Männerspritze zu bekommen, die ihnen die Fähigkeit nimmt, Nachwuchs zu zeugen, mit Machtverlustängsten und Unterlegenheitsphantasien gekoppelt. Eine Manipulation an seiner Männlichkeit kommt für den Macho nicht in Frage.

Verschiedene Umfragen haben ergeben, daß erfreulicherweise neun von zehn Männern die Ansicht vertreten, Verhütung sei die Sache beider Partner. Eine Befragung[15] von 580 Männern förderte zutage, welche Verhütungsmethoden sie denn nun bevorzugten. Nur einer von dreien nannte das Kondom. Die anderen bevorzugten Methoden, für die die Partnerin zuständig war: die Pille oder die Spirale. Die Forscher kamen zu dem Schluß: »Männer wollen ihre Sexualität frei halten von Beeinträchtigungen durch empfängnisverhütende Maßnahmen.« Mit welchem Recht machen sie für sich diesen Anspruch geltend? Frauen haben nicht die Möglichkeit, sich zu verweigern oder den Partner zur Verhütung zu zwingen, wollen sie nicht riskieren, daß dieser verärgert abspringt. Die egozentrische Einstellung hielt die Befragten aber nicht von Lippenbekenntnissen ab. Zwei Drittel gaben an, die Pille für den Mann schlucken zu wollen, so es sie gäbe, ein Drittel nur redete sich mit Ängsten vor gesundheitlichen Nebenwirkungen heraus.

Nach neueren Untersuchungen ist angeblich jeder zweite Mann bereit dazu, sich regelmäßig die Männerspritze verabreichen zu lassen[16]. Ob sie diese Absicht im Ernstfall auch in die Tat umsetzen würden, ist (noch) nicht überprüfbar. Letzten Endes fällt beim Mann das entscheidende Argument für die Empfängnisverhütung in Eigenverantwortung weg. Er kann nicht schwanger werden. Ihn treffen die Folgen einer unerwünschten Schwangerschaft nicht direkt und körperlich.

Es bleibt vorerst dabei: Zwei Möglichkeiten hat der Mann, an der Verhütung mitzuwirken, durch den »vorzeitigen Rückzug« (Coitus interruptus, die unsicherste Methode überhaupt) und durch die Benutzung von Kondomen. Eine Möglichkeit, die völlig frei von Nebenwirkungen ist, ziehen die wenigsten Männer in Erwägung: die Sterilisation. Eine Sterilisation will wohlüberlegt sein, weil die Chancen gering sind, diesen Schritt rückgängig zu machen – das gilt für die Sterilisation des Mannes wie für die der Frau. Doch wenn sich die Partner einig sind, keine (weiteren) Kinder haben zu wollen, dann wäre es eigentlich am Mann, an sich eine Vasektomie vornehmen zu lassen – bei ihm ist das, im Gegensatz zur Sterilisation der Frau, ein harmloser Eingriff. Diffuse Ängste vor dem Eingriff selbst, vor allem aber medizinisch unbegründete Ängste, die Libido, die Männlichkeit, die Potenz einzubüßen, halten sie davon ab, diesen Schritt zu vollziehen. Besonders bei Männern läßt in den letzten Jahren die Bereitschaft nach, sich sterilisieren zu lassen.

Befragt man Frauen, die ungewollt schwanger geworden sind, nach der Beteiligung ihres Partners an der Verhütung, kommt man zu überraschenden Ergebnissen. Immerhin hat einer von drei Männern an der Verhütung im Rahmen seiner Möglichkeiten mitgewirkt. Doch längst nicht alle Frauen wären angetan von der Idee, dem Manne allein die Verhütung zu überlassen. Manche fühlen sich in der Rolle als Alleinzuständige sehr wohl und sicherer. Halb selbstbewußt, halb von Mißtrauen geprägt, argumentieren sie, wie etwa Eva Z., 32 Jahre alt und Mutter zweier Kinder, für Selbstbestimmung in der Verhütung:

»Ich bin für die Verhütung zuständig, und ich will das auch so. Mir kann ich trauen. Nach meiner Abtreibung ist es heute für mich selbstverständlich, daß ich mich selbst darum kümmere. Ich muß meinen Körper vor ungewollter Schwangerschaft schützen.«

Ähnlich wie bei Frauen, die ungewollt schwanger werden, können auch bei Männern psychische Probleme hinter einer ungewollten Vaterschaft stehen. Es kann sich darin der latente Wunsch ausdrükken, die Frau an sich zu binden – aus Angst, verlassen zu werden. Als es noch nicht die Pille gab, hatten Männer eine andere Machtposition. Sie konnten der Frau »ein Kind machen«, sie damit zur Ehe oder zum Bleiben zwingen. So gesehen hat die Pille zu einer Entmachtung des Mannes einerseits, zu einer Stärkung der Frauenposition und der Verwirklichung der Interessen der Frau andererseits beigetragen. Erst mit der Pille konnte die Frau die eigene Lust und Sexualität angstfrei und unbeschwert genießen lernen – was vorher alleiniges Privileg des Mannes war, der sich oft genug aus der Verantwortung stahl und die geschwängerte Frau sitzenließ.

Wie manche Frau sich unbewußt durch eine ungewollte Schwangerschaft ihre weibliche Vollwertigkeit beweist, so kann die Triebfeder bei einem Mann, der ungewollt ein Kind zeugt, auch ein latenter Wunsch sein, seine männliche Potenz unter Beweis zu stellen. Erst wenn er bewiesen hat, daß er Kinder zeugen kann, ist er ein ganzer Mann. Ohne daß sie sich dessen bewußt werden, sind für viele Männer eigene Kinder auch ein Symbol für Sicherheit und den Fortbestand ihrer Beziehung[17]. Psychoanalytiker deuten den Wunsch des Mannes nach einem Kind als Wunsch nach einer Mutter.

Gewiß steht nicht hinter jeder versehentlich zustande gekommenen Schwangerschaft eine Freudsche Fehlleistung. Es ist eine Tatsache, daß kein Verhütungsmittel dieser Welt bisher die Versagerquote Null erreicht hat. Allein die als so sicher geltende Spirale versagt in ein bis zwei von hundert Fällen. Was das bedeutet, hat die Publizistin Susanne von Paczensky[18] einmal hochgerechnet: »In der Bundesrepublik wurde 1985 nach einer repräsentativen Umfrage die Zahl der Frauen, die die Spirale benutzen, mit 10,4 Prozent benannt. Das wären rein rechnerisch jährlich gut 10000 bis 15000 Frauen, die trotz Spirale schwanger werden.« Dazu kommen wohl noch die »ungewollten Treffer« durch Pannen mit dem Diaphragma, mit Kondomen und Ovulationshemmern.

Daneben wird zum Beispiel immer wieder »erhöhte Fruchtbarkeit« geltend gemacht, wenn Frauen mehrmals ungewollt schwanger werden. Außerdem haben Wissenschaftler entdeckt, daß ein sehr lustvoller Orgasmus bei der Frau unerwartet einen Eisprung und damit eine ungewünschte Schwangerschaft auslösen kann. Bei der Suche nach Gründen und Ursachen ungewollter Schwangerschaften sollte man differenzieren und mit Spekulationen vorsichtig sein.

Leichtsinn oder Fahrlässigkeit bei der Verhütung mögen tatsächlich hier und da psychologisch erklärbar sein. Manchmal, jedoch nicht generell, mag zutreffen, was die Psychologin Thea Bauriedl[19] glaubt: »Die ungewollte Schwangerschaft ist nicht der Anfangspunkt, sondern der Lösungsversuch für einen schon bestehenden Konflikt.« Sie ist der Überzeugung: »Es ist nicht nur ein Zufall, wenn ein Kondom nicht hält, die Pille vergessen wird oder der Eisprung zu einem Zeitpunkt stattfindet, an dem er nicht zu erwarten gewesen wäre.« Spannend werden diese Hintergründe fürs Versagen, Vergessen oder Verdrängen der Verhütung, setzt man sie in Bezug zu der Fähigkeit oder Unfähigkeit der Frau, ihren Abbruch seelisch zu verarbeiten. Was auf der Hand liegt: Problematisch wird die Verarbeitung vermutlich dann, wenn der »Unfall« einem geheimen Wunsch entsprang.

4. Ungewollte Schwangerschaft und ihre Folgen

»Severe negative reactions after abortions are rare and can be understood in the framework of coping with a normal life stress.«[1] (Ernsthafte negative Reaktionen auf Abtreibungen sind selten und halten sich im Rahmen normaler Lebensbelastungen.)
Dr. Nancy E. Adler, Professorin für Psychiatrie

Das häufigste Gefühl, das Frauen im Schwangerschaftskonflikt vor einer Abtreibung begleitet, ist die Furcht, also jenes Gefühl, das in der Umgangssprache fälschlich als »Angst« bezeichnet wird. Der wesentliche Unterschied zwischen Angst und Furcht ist, daß Angst ein eher diffuses Gefühl ist, Furcht sich jedoch auf ein Ziel richtet. Diese Furcht ist allgegenwärtig und hat viele Gesichter. Es ist die Furcht davor, die falsche Entscheidung zu treffen, Furcht vor den Konsequenzen, Furcht vor dem Abbruch selbst oder Furcht vor dem Muttersein, Furcht vor Komplikationen, Furcht davor, später keine Kinder mehr bekommen zu können. Selten entspringt diese Furcht irrationalen Gefühlen. Sie speist sich aus rationalen, realistischen Überlegungen und begründeten Bedenken, wird aber auch durch äußere Einflüsse provoziert, etwa durch moralischen Druck und offene und subtile Einschüchterungsversuche.

In Traktaten von militanten Lebensschützern wird beispielsweise behauptet, 80 bis 90 Prozent der Frauen, die abtreiben, trügen psychische Dauerschäden davon.[2] Und vor Jahren kursierte ein Flugblatt der »Europäischen Ärzteaktion« Ulm, das 25 der angeblich häufigsten körperlichen und seelischen Schäden von Abtreibungen auflistete, von der Durchstoßung der Gebärmutter und dauernder Unfruchtbarkeit bis hin zu so unspezifischen Zustandsbeschreibungen wie Veränderung in der Beziehung zu Freunden, Schreikrämpfen, Phantom-Erscheinungen, Hilf- und Hoffnungslosigkeit.

Eine solche Horrorliste kann abschreckend wirken, besonders auf angepaßte Frauen, die sich traditionell über die Meinung anderer definieren, denen es an Selbstbewußtsein und Kritikfähigkeit mangelt, deren Selbstvertrauen stark vom Urteil Dritter abhängt und die geneigt sind, Aussagen von Autoritäten wie den »Halbgöttern in

Weiß« ungeprüft für wahr zu nehmen. Wenn auch jeder einzelne dieser Folgeschäden irgendwann einmal bei einer Frau konstatiert worden sein mag, heißt das noch lange nicht, daß eine hohe Wahrscheinlichkeit besteht, nach einem Schwangerschaftsabbruch tatsächlich eine dieser Komplikationen zu erleben. Etliche der Folgeschäden sind ohnehin »hausgemacht«. Ihre Bedingungsfaktoren sind im gesellschaftlichen Umfeld zu suchen, denn diese Spätfolgen werden durch das Richten nach geltender Moral und durch Moralisierung provoziert.

Würden Abtreibungen nicht ethisch tabuisiert und stigmatisiert und Frauen, die das Kind in sich ablehnen, nicht dafür moralisch belangt, hätten solche Folgen wohl kaum größeres Gewicht. Susanne von Paczensky glaubt:

»Wer ein Kind kriegt, soll / darf / muß sich freuen. Wenn diese Freude nicht gelingt, dann muß die Frau wohl die Schuld bei sich selber suchen, sich für krank, abartig oder schlecht halten.«[3]

Eine Frau, die fürchten muß, von ihrem Umfeld nach einem Schwangerschaftsabbruch als »Verbrecherin« oder »Mörderin« abgestempelt zu werden, glaubt am Ende möglicherweise selbst an eine Schuld. So werden Probleme angelegt: Der Frau wird regelrecht ein Schuldkomplex eingeredet. Man könnte hier von einer »self-fulfilling prophecy« sprechen, einer Prophezeiung, die sich selbst erfüllt.

Muß die Frau die Ablehnung durch die Gesellschaft fürchten, ist es kein Wunder, wenn ihr Selbstvertrauen geschwächt wird. Aber schuld daran ist nicht die Abtreibung, sondern die Erniedrigung, die eine Frau häufig vor, während, nach und wegen ihres Schwangerschaftsabbruchs erfahren muß. Hier werden Ursache und Wirkung verwechselt. Wird es einer Frau schwergemacht, sich mit ihren negativen Gefühlen einem Baby gegenüber auseinanderzusetzen und sie zuzulassen bis zur Konsequenz, sich gegen dieses Baby zu entscheiden, solange noch Zeit dazu ist, reagiert sie möglicherweise mit Selbstvorwürfen und Schuldgefühlen, die sie in einem Klima von Verständnis und Annahme nicht entwickeln würde.

Wie auch immer die Begleitumstände sind – wenn Frauen abtreiben, müssen sie darauf gefaßt sein, daß theoretisch in zwei Bereichen Komplikationen auftreten *können*, nicht müssen: im körperlichen einerseits, im seelischen andererseits. Frauen, bei denen sich das Kind nur »zur falschen Zeit« anmeldet, fürchten, nach einer Abtreibung keine Kinder mehr bekommen zu können, andere fürchten Infektionen und Entzündungen. Wie stichhaltig sind die Behauptungen über Komplikationen und Folgeschäden? Wie gefährlich sind Abtreibungen?

Körperliche Komplikationen und Risikofaktoren

Wenn ein Schwangerschaftsabbruch frühzeitig und sachgemäß ausgeführt wird, ist die Gefahr, daß Komplikationen auftreten, verschwindend gering. Der amerikanische Wissenschaftler Dr. Christopher Tietze antwortete auf die Frage nach der Gefährlichkeit in einem Interview mit der »Stern«-Redakteurin Uta König wörtlich:

»Wer behauptet, ein legaler, frühzeitig ausgeführter Schwangerschaftsabbruch sei gefährlich, muß jeder Frau, die ihr Kind austragen will, sagen, daß ihr Risiko, an den Folgen einer Geburt zu sterben, mindestens zehnmal so groß ist.«[4]

Es gibt verschiedene Studien zu diesem Thema, und sie zeigen, daß das Risiko schwerer körperlicher Folgeschäden nach einer legalen Abtreibung (!) außerordentlich gering ist, also dann, wenn der Eingriff unter medizinisch korrekten Bedingungen ausgeführt wird. Die Wahrscheinlichkeit, sich durch einen Schwangerschaftsabbruch dauerhafte Schäden zuzuziehen, liegt unter einem Prozent. Nach einer amerikanischen Studie[5] kommt es bei der Curettage (Ausschabung) in 0,9 Prozent, bei der Absaugmethode sogar nur in 0,4 Prozent aller Fälle zu ernsthaften Komplikationen. Komplikationen, die zum Tode führen, gibt es nach dieser Studie im Höchstfalle nach 2 von 100 000 Eingriffen. Seit 1976 der Schwangerschaftsabbruch in der Bundesrepublik eingeschränkt legalisiert wurde, sind hier auch die Komplikationsraten kontinuierlich gesunken. Lag die Komplikationsrate bei der Absaugung 1977 noch bei 3,6 Prozent, verringerte sie sich bis 1981 auf 1,5 Prozent[6], und es gibt keine Anzeichen dafür, daß sich dieser rückläufige Trend nicht in die neunziger Jahre fortgesetzt hat.

Die Methoden und mögliche Komplikationen

Die Absaugmethode, die unter Vollnarkose ausgeführt wird, ist das schonendste und komplikationsärmste Verfahren, eine Schwangerschaft im frühen Stadium zu beenden. Daneben wird, etwa bei fast jeder fünften Frau, das risikoreichere Verfahren der Ausschabung angewendet. Dabei wird die Gebärmutter »instrumentell ausgeräumt«: Der Muttermund wird erweitert, das befruchtete, eingenistete Ei mit einem löffelartigen, scharfen Instrument, der Kürette, ausgeschabt (Näheres unter »Die einzelnen Methoden« im 10. Kapitel). Diese Methode ist mit dem Risiko einer Infektion verbunden, und es passiert gelegentlich, daß die Gebärmutter durchstoßen wird.

Lange Jahre waren Ärzte, die gegen Abtreibungen waren, auch gegen den Einsatz der für die Frau »angenehmsten« Methode der Absaugung eingestellt; viele sind es heute noch. Trotzdem hat sich dieses Verfahren durchgesetzt und ist jenes geworden, das heute bei uns am häufigsten angewendet wird. Nach Angaben des Statistischen Bundesamtes sind 1994 ziemlich genau acht von zehn Schwangerschaftsabbrüchen (77,56 Prozent) in Deutschland nach der Absaugmethode erfolgt.

Bei gerade einer von hundert Frauen, die abtreiben (1,38 Prozent), wird laut Statistik ein »medikamentöser Abbruch« vorgenommen. Einen Schwangerschaftsabbruch kann man auch mit Hilfe von Prostaglandinen erreichen. Diese Art der Abtreibung ist mit starken Blutungen und großen Schmerzen für die Frau verbunden. Die Prostaglandine bewirken, daß sich die Gebärmutter wie bei Wehen krampfartig zusammenzieht und der Gebärmutterhalskanal sich weitet. Durch die künstlich ausgelösten Wehen wird erreicht, daß die Frucht abgestoßen wird. Das Risiko von Komplikationen ist deutlich höher als bei anderen Methoden, es gab vereinzelt sogar Todesfälle. Dennoch galt diese Methode bis Anfang der achtziger Jahre als modern.

Der chemische Abbruch wurde erst Ende der achtziger Jahre durch die »Abtreibungspille« RU 486 wieder zum öffentlich diskutierten Thema. Der wesentliche Wirkstoff von RU 486 ist Mifepriston, ein Abkömmling synthetischer Sexualhormone. Mifepriston hebt die

Wirkung des körpereigenen Progesterons auf, jenes Hormons, das eine Schwangerschaft erst ermöglicht und erhält. Anders als beim Einsatz der »Abtreibungsspritze« mit Prostaglandinen allein sollen die gefürchteten Beschwerden angeblich nahezu vollständig ausbleiben, wenn eine Wirkstoffkombination von Mifepriston und Prostaglandinen zur Abtreibung eingesetzt wird. Denn in Kombination mit Mifepriston sind die wegen ihrer Nebenwirkungen gefürchteten Prostaglandine schon in sehr geringer Dosis wirksam; dadurch bleiben den Frauen angeblich die schweren Nebenwirkungen wie Erbrechen, Durchfälle und starke Blutungen weitgehend erspart – behaupten die einen[7], und die Erklärung: geringe Prostaglandindosis, leuchtet ein. Doch vor den »erheblichen Nebenwirkungen« dieser Abtreibung auf chemische Art warnen die anderen, und sie führen als Beispiele starke Blutverluste an und Schmerzen, »schlimmer als bei einer Geburt«[8] – es sind die Gegner von Schwangerschaftsabbrüchen.

RU 486 darf seit September 1988 in Frankreich nach dem dort gültigen Abtreibungsgesetz bis zur siebten Schwangerschaftswoche (bis zum 49. Tag einer Schwangerschaft, gerechnet vom ersten Tag der letzten Periode an) zum Abbruch eingesetzt werden. Bis zum Sommer 1990 wurden in Frankreich 40 000 Abtreibungen mit der Kombination von RU 486 und Prostaglandin durchgeführt. Im März 1990 erschien eine Studie[9], an der Mitarbeiter der französischen Herstellerfirma Roussel Uclaf mitgewirkt hatten. Nach dieser Studie war bei 96 Prozent von 2115 untersuchten Frauen, die mit RU 486 abgetrieben hatten, der Abbruch erfolgreich gewesen; bei 86 Prozent war die Ausstoßung der Frucht binnen 24 Stunden erfolgt. Wie bei Fehlgeburten, also natürlichen Aborten, geht der medikamentöse Schwangerschaftsabbruch unvermeidlich mit Blutungen einher.

In vier bis fünf Prozent der Fälle waren bei der Abtreibung mit der Wirkstoffkombination Mifepriston und Prostaglandin starke Blutungen wie bei einer Fehlgeburt aufgetreten. Die Blutung hielt durchschnittlich neun Tage an. Häufig traten auch Schmerzen im Bauchbereich auf, hauptsächlich durch die vom Prostaglandin ausgelösten Kontraktionen. Die Studie zeigte auf, daß allerdings das Abtreibungsgeschehen, die Nebenwirkungen und möglichen Komplikationen der »Abtreibungspille«, durchaus steuerbar sind, denn »die Zeitspanne bis zur Ausstoßung, die Blutungsdauer und die Intensität der Schmerzen variieren [...] je nach der verabreichten Dosis an Prostaglandin: Eine hohe Dosis bewirkte eine schnellere Ausstoßung, aber auch längere Blutungen und stärkere Schmerzen.«[10]

Abgesehen davon, daß die »Abtreibungspille« Frauen unserer Breitengrade einen wenn auch vielleicht nicht schmerzfreien, so doch wahrscheinlich unkomplizierteren und somit humaneren Abbruch der Schwangerschaft im frühen Stadium ermöglichen würde, könnte sie vermutlich in der dritten Welt und in Schwellenländern viel Frauenelend verhindern. Frauen armer Länder sind oft auf riskante Selbsthilfemanöver angewiesen, und nicht wenige sterben durch diese gefährlichen Versuche der »Geburtenkontrolle«. Ihnen könnte die Abtreibungspille auch an entlegeneren Plätzen eine deutlich risikoärmere Alternative zur Selbsthilfe durch Abtreibungsversuche bringen. RU 486 müßte allerdings schon im Interesse der Frauen unter strengster ärztlicher Kontrolle verabreicht werden. Nur unter fachlicher Kontrolle ist gewährleistet, daß die Dosierung korrekt erfolgt und eventuell auftretende Komplikationen sofort erkannt und behandelt werden können.

Unter dieser Voraussetzung wäre die Abtreibungspille für Frauen in Entwicklungsländern, aber auch in Europa, im Frühstadium einer Schwangerschaft eine zukunftsweisende Alternative zu illegalen beziehungsweise chirurgischen Eingriffen. Doch um die Zulassung von RU 486 ist ein wahrer Glaubenskrieg entbrannt. Beim Streit um die Abtreibungsfrage geht es eben nicht allein um das hehre Ziel, menschliches Leben zu schützen (auch Frauen, die bei einer Abtreibung sterben, sind menschliches Leben), sondern um Machtinteressen. Es geht um einen Machtkampf, der sich in der fortgesetzten subtilen Unterdrückung der Frau ausdrückt. Wenn Frauen freier über ihren Bauch entscheiden können, geht Männern ein Machtpotential verloren. Gegen die Freigabe von RU 486, das womöglich nicht einmal das natürliche Maß an »Strafe« garantiert, regte sich von Anfang an, besonders in Frankreich, den USA und in Deutschland, heftiger Widerstand, angeführt von konservativen Kräften und der katholischen Kirche.

Sogar die eigenen, um kompromißlosen »Lebensschutz« bemühten Geschlechtsgenossinnen fallen in dieser Kontroverse mit Scheinbesorgtheit um das seelische Wohl der Betroffenen den Frauen in den Rücken. Weil der Abbruch mit RU 486 »schonend« und unkompliziert sei, könnten die bedrängten Frauen von ihrem Umfeld und ihrem Partner noch stärker unter Druck gesetzt werden. Dabei wird verkannt, wie viele Frauen aus eigenem Antrieb nein zur Schwangerschaft sagen und, vor die Wahl gestellt, einem schonenderen Abtreibungsverfahren den Vorzug gäben. Rita Waschbüsch, CDU-Frau und Präsidentin des Zentralkomitees der deutschen Katholiken, behauptet: »Daß die psychischen Belastungen, denen eine Frau ausgesetzt ist, wenn sie selbst zur aktiv Abtreibenden wird, besonders groß sind, sagen uns ja alle Fachleute. Mit dieser Methode schiebt man den Frauen alle Last zu und läßt sie dann im Stich.«[11]
Der (gesellschaftliche) Druck, der auf einzelne Frauen ausgeübt werden mag, kann sicherlich zuletzt durch die Sanktionierung schonenderer Verfahren reguliert werden. Solche Behauptungen aufzustellen ist Augenwischerei, die Hintergründe sind nur allzu leicht durchschaubar. Hier geht es nicht wirklich um das Wohl der Frauen. Denn wenn die Abtreibung mit RU 486 so schonend ist, wie Experten behaupten, und man diese Möglichkeit den Frauen vorenthält, dann werden Schwangerschaftsabbrüche unnötig erschwert, wohl mit dem Ziel, einen Sinneswandel bei entschlossenen, aber ängstlichen Frauen herbeizuführen.
Es drängt sich der Verdacht auf, daß hinter solcher Argumentation eher der Gedanke steht: Wo keine oder kaum Nebenwirkungen zu befürchten sind – da gibt es keine Abschreckung und damit keinen »Lebensschutz«. Auch eine engagierte CDU-Politikerin und Katholikin wie Rita Süssmuth bezieht dazu eine klare, frauenfreundliche Position: »Wenn eine Frau im Schwangerschaftskonflikt für sich keinen anderen Ausweg sieht als den Abbruch, sollte es ihr ermöglicht werden, zwischen den unterschiedlichen medizinischen Methoden wählen zu können. Dazu gehört auch der Einsatz des Präparates RU 486.«[12] Je weniger traumatisch eine Frau das Ereignis des Schwangerschaftsabbruchs erlebt, desto geringer ist das Risiko, daß diese Erfahrung traumatisierend wirkt.
Interessant ist, daß in der ehemaligen DDR mit ihrer Fristenrege-

lung psychische Probleme von Frauen, die abgebrochen hatten, zwar fast nie ein Thema waren, wohl aber die körperlichen Folgen. Das sollte aber nicht zu vorschnellen Rückschlüssen auf schlechtere medizinische Bedingungen des Schwangerschaftsabbruchs und unzureichende Nachsorge verleiten. Feministinnen vermuten dahinter Bestrebungen, Frauen durch gezielte Einschüchterungsmaßnahmen in ihrer Entscheidung zu verunsichern – eine Parallele zu den von Lebensschützern ausgehenden Bestrebungen, Frauen mit dem Hinweis auf psychische Folgen zu manipulieren.

Jeder Schwangeren, die sich mit dem Gedanken an eine Abtreibung trägt, fährt der Schreck in die Glieder, wenn sie hört, daß der Abbruch der ersten Schwangerschaft mit einer Komplikationsrate von 29,4 Prozent verbunden ist. Doch diese Horrorzahl, die 1977 durch eine große Pilotstudie[13] in 20 Kliniken der damaligen DDR ermittelt wurde, wird schnell relativiert, wenn man weiß, daß in dieser Quote auch so harmlose Komplikationen wie leicht erhöhte Temperatur und vorübergehende Blutungsstörungen erfaßt sind. Außerdem wird bei dieser Gesamtkomplikationsrate weder nach Methoden unterschieden noch nach den Stadien, in denen die Abtreibung vorgenommen wurde. Und damit ist auch nichts darüber ausgesagt, um ein Wievielfaches geringer die Zahl der körperlichen Komplikationen beim Schwangerschaftsabbruch im frühen Stadium ist.

Zusammenfassung und Fazit

Zusammenfassend läßt sich sagen, daß die Gefahr, sich durch eine Abtreibung körperlich schwer zu schädigen, generell gering ist. In Details widersprechen sich allerdings einzelne Studien. Glaubt man amerikanischen Forschern, muß eine Frau, die abtreibt, weder fürchten, daß sie später nicht mehr schwanger werden kann, noch daß sie eher als andere Frauen eine Früh- oder Fehlgeburt erlebt.[14] Auch in einer umfassenden Literaturstudie[15] kamen Wissenschaftler zu dem Schluß, daß
– der Zusammenhang zwischen Abtreibungen und späterer Unfruchtbarkeit oder Eileiterschwangerschaften statistisch nicht nachweisbar ist,

- Fehl- und Frühgeburten nicht häufiger bei Frauen vorkommen, die abgebrochen haben, als bei anderen und
- weder die Sterblichkeits- noch die Krankheitsrate sich bei Säuglingen erhöht, deren Mütter zuvor einen Abbruch gehabt hatten.

Probleme können aber auftauchen, wenn eine Frau zu rasch nach einer Abtreibung ein dann gewünschtes Kind bekommen möchte. Frauen, die zu schnell nach dem Abbruch wieder schwanger werden, tragen offenbar ein erhöhtes Risiko. Etwa ein Drittel aller Schwangerschaften, die in den ersten sechs Monaten nach einer Abtreibung entstanden sind, enden mit einer Frühgeburt.[16]

Ob körperliche Komplikationen auftreten, hängt von sehr unterschiedlichen Faktoren ab. Je früher der Abbruch erfolgt, desto geringer ist das gesundheitliche Risiko. Neben der Schwangerschaftsdauer sind aber auch die physische (und psychische) Verfassung der Frau und ihr Alter entscheidend. Auch die Narkose ist ein Risikofaktor. Unter Vollnarkose ist bei der Absaugung der Blutverlust und die Gefahr von Nachblutungen und Verletzungen der Gebärmutter größer als unter örtlicher Betäubung. Nach dieser treten aber eher Krämpfe und Fieber auf als nach einer Vollnarkose.

Letztlich spielt es eine nicht zu unterschätzende Rolle, nach welchem Verfahren der Arzt abtreibt und wie erfahren er ist. Frühkomplikationen sind bei der Absaugung seltener als bei der Ausschabung.

Im sehr frühen Stadium der Schwangerschaft ist das Risiko des »inkompletten« Abbruchs größer als später, das heißt, unter Umständen muß die Prozedur wiederholt werden, denn die Schwangerschaft besteht trotz Abtreibung fort. Schwere Komplikationen wie Beckenentzündungen oder hohe Blutverluste sind äußerst selten und kommen nur in 0,2 Prozent aller Fälle vor, in denen die Schwangerschaft vor der 12. Woche durch Absaugung beendet wurde.

Die einzigen beiden Maßnahmen, die eine zur Abtreibung entschlossene ungewollt Schwangere prophylaktisch treffen kann (so es ihr nicht an der notwendigen Zeit mangelt), sind die, nach einer Einrichtung zu suchen, in der die schonendere Absaugmethode angewandt wird, und die, sich nach dem Eingriff zu schonen. Was noch bedacht werden sollte: Illegale Schwangerschaftsabbrüche können aufgrund der Begleitumstände mit größeren Risiken verbunden sein.

Seelische Folgen – Zusammenhänge und Risiken

Wenn körperliche Komplikationen zur Abschreckung kaum mehr dienen können, wie sieht es dann um die angebliche Bedrohung der Psyche aus? Ob überhaupt und welche psychischen Auswirkungen bei einem Schwangerschaftsabbruch konstatiert und in der Öffentlichkeit als Argumente gegen Abtreibungen verwendet werden, hängt stark von den politischen, kirchlichen und gesellschaftlichen Machtverhältnissen und den jeweiligen Interessenlagen ab. Aber mehr und mehr Untersuchungen widerlegen die Behauptung, daß Frauen ernsthafte seelische Folgeschäden riskieren, wenn sie abtreiben. Sobald erwiesen ist, daß seelische Spätfolgen die Ausnahme und nicht die Regel sind, wie immer wieder behauptet wird, fehlt den »Schützern ungeborener Kinder« in der Kontroverse um den Schwangerschaftsabbruch ein gewichtiges Argument.

Wunsch und Wirklichkeit

Wenn Einschüchterungsversuche ins Leere laufen, können Gegner des Schwangerschaftsabbruchs also keinen psychologischen Druck mehr auf Frauen ausüben, der wirksamer wäre als alle Beschimpfungen, »zielorientierte Beratungen« und Appelle an die Moral der Frau, sich »für das Leben« zu entscheiden. Das gesellschaftliche und politische Klima hat einen erheblichen Einfluß auf den persönlichen Umgang mit dem Trauma einer ungewünschten Schwangerschaft. Doch die Gefahr, nach einem Schwangerschaftsabbruch tatsächlich psychisch aus dem Gleis zu geraten, ist recht gering.

Aus den wenigen Materialien, die bisher in Deutschland über die seelische Bewältigung von Abtreibungen vorliegen, läßt sich schließen, daß bei uns höchstens eine von fünf Frauen einen Schwangerschaftsabbruch schlecht verarbeitet. Das bedeutet aber keineswegs, daß auch eine von fünf Frauen länger anhaltende seelische Probleme fürchten muß. Meist ist die psychische Beeinträchtigung vorübergehender Natur, also eine Phase der erhöhten Sensibilisierung, in der Angestautes an die Oberfläche kommt und in der sich etliches klärt. Anfang der achtziger Jahre ermittelten Schweizer Wissenschaftler[17], daß sogar nur bei fünf von 84 Frauen (das entspricht 6 Prozent), die sie untersucht hatten, die Depressivität nach einer Abtreibung zugenommen hatte. Viele Frauen, die abgetrieben haben, dürften ähnliche Erfahrungen wie Michaela F. gemacht haben. Sie wurde als Studentin schwanger und fühlte sich einem Kind nicht gewachsen. Sie schreibt:

»Ich wollte kein Kind und war mir ziemlich sicher, daß ich Kind und Studium nicht schaffen würde. Ich ließ nach der sozialen Indikation in einem Krankenhaus abtreiben. Danach? Sensibilität, häufiger Tränenausbruch in den nächsten Tagen, Veränderung in der Beziehung zu meinem Freund. Aber nach der ersten Verwirrung war alles wie vorher. Keine Schuldgefühle, keine Depressionen, nur die Angst, es zuzugeben. Mein Problem war, was die anderen darüber denken, aus Furcht vor negativen Reaktionen oder auch nur, weil es zu intim ist.«

Noch seltener als die wenigen deutschen Untersuchungen verzeichnen Studien aus den USA psychische Komplikationen nach Schwangerschaftsabbrüchen. Bei Studien und Statistiken lassen sich natürlich Fehlerquellen nicht gänzlich ausschalten – sie können die Wirklichkeit nie exakt widerspiegeln, deshalb muß man vorsichtig mit ihnen umgehen. Erfahrungen aus den USA lassen sich wohl nur bedingt auf deutsche Verhältnisse übertragen. Denn abgesehen von allen soziologischen Unterschieden ist in den USA seit 1973 der Schwangerschaftsabbruch (ähnlich wie in der ehemaligen DDR seit 1972) ohne Restriktionen legal, wenn er innerhalb der ersten drei Monate erfolgt. Daß die Erkenntnisse aus den Vereinigten Staaten dennoch vom Trend her auch für die Bundesrepublik zutreffen könnten, liegt nahe, weil es eine Reihe statistischer Gemeinsamkeiten gibt, etwa beim Familienstand, beim Durchschnittsalter und bei der Schwangerschaftsdauer bis zur Abtreibung.

Besondere Umstände und Disposition

Die Gefahr, an einer Abtreibung seelisch zu zerbrechen, wird von bestimmten Bevölkerungsgruppen und Interessenverbänden unverhältnismäßig aufgebauscht. Tatsache ist: Die Risikoquote ist relativ gering – aber vorhanden, vor allem dann, wenn die betreffende Frau eine entsprechende Disposition mitbringt. War sie schon vorher in einer seelischen Krise, einer Lebenskrise oder einer kritischen Stimmung, ist die Wahrscheinlichkeit um so größer, daß sie mit der Verarbeitung ihres Schwangerschaftsabbruchs Probleme bekommt. Das heißt im Klartext: Nicht der Abbruch ist schuld an einer Neurose oder an späteren psychischen Beeinträchtigungen. Die Anlage dazu war schon vorher vorhanden. Die psychischen Beschwerden wurden durch das Ereignis des Schwangerschaftsabbruchs nur offenkundig beziehungsweise noch verstärkt.

Die Depression, die Lebensangst, die Lähmung waren mindestens in Ansätzen schon programmiert, es bedurfte allein eines Auslösers. »Psychische Schäden werden nicht durch einen Abbruch gesetzt«, schreibt auch Thea Bauriedl, »sie entstehen lebenslang in unmenschlichen Beziehungsformen, *auch* in einem Schwangerschaftskonflikt, der nicht mit verständnisvoller Hilfe ausgetragen werden kann.«[18] Manche Betroffene wird sich, wenn überhaupt, erst nach Jahren dieser Zusammenhänge bewußt. So erkannte die heute 33jährige Krankengymnastin Ruth A. fünf Jahre nach ihrer Abtreibung:

Nachträglich denke ich, daß die Abtreibung Probleme und innere Schwierigkeiten, die vorher im verborgenen schlummern konnten, akzentuiert und zum Ausbruch gebracht hat.«

Innere und äußere Bedingungen

Natürlich läßt sich nicht jeder Fall von negativen seelischen Folgen einer Abtreibung mit den gleichen Ursachen erklären. So unterschiedlich die Lebensbedingungen der Frauen und ihr familiäres, berufliches und soziales Umfeld, so unterschiedlich sind die Entstehungskriterien für spätere Probleme. Entscheidend für eine gute

Verarbeitung sind viele Kriterien. Auf der Suche nach Erklärungen dafür, warum die eine Frau später Depressionen entwickelt, die andere aber nicht, muß man immer äußere wie innere Einflüsse unter die Lupe nehmen.

Die Frage nach der individuellen psychischen Lage der Frau sollte genauso gestellt werden wie die nach den Umständen, unter denen sie ihren Schwangerschaftskonflikt und die Abtreibung erlebt hat. Denn warum wird zum Beispiel ein Mensch süchtig, ein anderer nicht? Warum hat einer eine positive Grundeinstellung zum Leben, und ein anderer sieht immer nur die Schattenseiten? Menschen haben unterschiedliche Temperamente, unterschiedlich stark ausgeprägte Fähigkeiten, mit Krisen und Schicksalsschlägen fertig zu werden, und – das ist besonders wichtig – Menschen unterliegen sehr unterschiedlichen gesellschaftlichen Einflüssen, die sie stets mit prägen.

Nicht nur die jeweilige Lebenssituation zum Zeitpunkt, als die unerwünschte Schwangerschaft eintrat, ist entscheidend. Gerade das letzte Kriterium, die gesellschaftlichen Einflüsse, sind maßgeblich. Wie eine Frau mit einer Abtreibung fertig wird, hängt nicht zuletzt von den Reaktionen ihrer Umgebung und den Begleitumständen der Abtreibung ab. Ein Klima von Bevormundung, Schuldzuweisung, Tabuisierung und Ablehnung einer Frau in einer Krisensituation – und das ist eine ungewollte Schwangerschaft zweifellos – wird alles nur erschweren und kann Schuldgefühle wecken.

Dagegen können Hilfe, Zuwendung, Offenheit, Verständnis vieles erleichtern, wenn die Frau dadurch auch nicht vom eigentlichen Konflikt befreit wird. Die Entscheidung muß sie selbst, frei und unbeeinflußt, treffen können und treffen, ohne Androhung von Strafe und Restriktionen. Und sie muß sie zu allererst vor sich selbst verantworten und akzeptieren können. Das ist schwer genug und nimmt ihr keiner ab.

Wenn eine Schwangerschaft unerwünscht eingetreten ist und eine Abtreibung erwogen wird, dann ist der Prozeß der Entscheidungsfindung immer auch gleichzeitig ein Wettlauf gegen die Zeit. Unter zeitlichem wie emotionalem und psychischem Druck und in Beratungssituationen, die bisweilen als Pflichtübung empfunden werden, kann keine Ruhe für die gelassene und abwägende Auseinandersetzung mit der eingetretenen Situation aufkommen. Durch die Kopflosigkeit, mit der vor diesem Hintergrund viele ungewollt schwangere Frauen reagieren, können Panikreaktionen programmiert werden: Schnell handeln, bevor es zu spät ist!

Die Frau im Schwangerschaftskonflikt braucht ein Klima, das ihr dazu verhilft, ihre Gedanken zu ordnen. Sie braucht das Gefühl, zu sich kommen und in sich hineinhorchen zu können, ohne dabei zu riskieren, den Wettlauf gegen die Zeit zu verlieren. Sich intuitiv, intensiv, verstandes- wie gefühlsmäßig mit dem Problem der ungeplanten Schwangerschaft und ihren Konsequenzen für die eigene Zukunft und Lebensplanung auseinandersetzen zu können ist eine unerläßliche Voraussetzung dafür, daß die Frau zu einer Entscheidung gelangen kann, die sie später nicht bereut und mit der sie leben kann, ohne seelisch zu erkranken. Frauenforscherinnen glauben: »Je klarer und eindeutiger die Frauen Prioritäten in ihrem Leben festlegen können, je konkreter sie ihre eigenen Wünsche und Pläne vor Augen haben, desto weniger konflikthaft ist die Entscheidung für den Abbruch und um so eher können sie mit dieser Entscheidung leben.«[19]

Dies alles erfordert Zeit. Und trotzdem sind zeitliche Grenzen für die Möglichkeit eines Schwangerschaftsabbruchs sinnvoll und liegen im Interesse der Frau. Man weiß heute, daß die Wahrscheinlichkeit, einen Schwangerschaftsabbruch psychisch problemlos zu verarbeiten, stark abhängig ist vom Zeitpunkt der Abtreibung. Nicht nur aus medizinischer Sicht ist der frühe Eingriff unkomplizierter. Je früher sich eine Frau von der ungewünschten Leibesfrucht trennt, desto weniger muß sie seelische Beeinträchtigungen fürchten.

Was allerdings jedes Sinngehalts entbehrt und nur den Effekt hat, die Frau negativ zu beeinflussen, sind Zwang, Druck und Manipulationsversuche von Außenstehenden. Selbst Politiker haben inzwischen begriffen, daß sich mit Druck und Drohungen nicht das Ja zum Kind durchsetzen läßt. Eine Frau, die abtreiben will, läßt sich durch kein Gesetz dieser Welt daran hindern. Nur wenn eine Frau sich darauf verlassen kann, daß sie innerhalb einer bestimmten Frist abtreiben kann, sollte sie sich am Ende doch dazu entschließen, hat sie die Chance, selbstbestimmt und eigenverantwortlich zu einer Entscheidung zu finden, deren Konsequenz für sie, auch seelisch, tragbar ist.

Die Rolle der Beratung

Selbstverständlich muß eine Frau die Gewißheit haben, daß sie unparteiische Hilfe und Beratung von kompetenten Stellen erhalten kann, sofern sie diese sucht und wünscht. Eine Frau in der heiklen Situation einer ungewünschten Schwangerschaft zu beraten ist keine leichte Aufgabe. Die Frau befindet sich schließlich in einem Konflikt, von dessen Lösung weitreichende Konsequenzen für ihr weiteres Leben abhängen. Entsprechend sensibilisiert ist sie. Die allermeisten Frauen in Schwangerschaftskonflikten empfinden eine fachliche Beratung, meist bei Pro Familia, als hilfreich und angenehm. Doch es gibt auch Ausnahmen. Elfriede M., heute 34 Jahre alt und Mutter einer zweijährigen Tochter, war mit 28 Jahren ungewollt schwanger geworden und hatte eine Beratungsstelle aufgesucht. Ihre Erfahrung:

»Ich glaube, wenn eine Frau schwanger ist, ist sie sehr starken Gefühlsschwankungen unterworfen und damit auch leicht beeinflußbar, zum Beispiel in der Schwangerschaftsberatung, von ihrem sozialen Umfeld und von dem Mann, von dem sie schwanger ist. Ich habe nach der Beratung schließlich abgetrieben, und es war gut so. Ein Satz allerdings ist hängengeblieben. Die Ärztin sagte zu mir: ›Überlegen Sie sich das gut mit der Abtreibung, Sie sind nicht mehr ganz jung, und vielleicht wollen Sie später Kinder und können keine mehr bekommen.‹ In irgendeinem Winkel von mir hat sich das eingenistet: Du bist nicht mehr ganz jung, du bist nicht mehr ganz heil, vielleicht kannst du keine Kinder bekommen, falls du welche willst. Solche Sätze dürfen nicht fallen während einer Beratung. Sie machen angst, und sie stimmen nicht.«

Wie aber muß eine Beratung aussehen? Eine Beratung darf mit Beeinflussung nichts zu tun haben. Wenn das Verfassungsgericht einerseits fordert, die Beratung müsse »ergebnisoffen« verlaufen, andererseits verlangt, sie müsse dem Schutz des ungeborenen Lebens dienen[20], dann ist dieses Unterfangen keine Beratung, sondern ein Absurdum, eine Überredung. Wörtlich nämlich sollen sich die Berater/innen bemühen, »die Frau zur Fortsetzung der Schwangerschaft zu ermutigen und ihr eine Perspektive für ein Leben mit dem Kind zu eröffnen«. Theorie und Praxis, Vorgabe und Ausführung sind natürlich stets zweierlei. Wie ein Beratungsgespräch abläuft, wird durch diejenigen bestimmt, die daran beteiligt sind, und sicher werden die Berater/innen versuchen, so sensibel und verständnisvoll wie möglich auf die schwierige Situation der Schwangeren einzugehen.

Beraten im eigentlichen Wortsinn heißt: unparteiisch Stellung nehmen, Entscheidungshilfen geben, Aspekte, Möglichkeiten, Auswege, Risiken aufzeigen – eine Zielvorgabe kann es bei einer echten Beratung nicht geben. Ilse Scheinhardt, früher Beraterin bei Pro Familia in Bremen, beschrieb vor Jahren die Aufgabe der Beraterin einmal so:

»Eine ideale Beraterin muß versuchen, demjenigen, der Rat haben will, zu helfen, seine Ratlosigkeit abzubauen: herauszufinden, was der andere wirklich denkt, warum er so denkt, was vielleicht an Irrtümern in diesem Wunsch vorhanden ist. Im Endeffekt soll die Beraterin aber dann die Entscheidung beim anderen bestätigen. [...] Ich will der Frau helfen, daß sie sich da wirklich nichts vormacht, sich da verrennt in eine Hoffnung oder Wunschvorstellung. [...] Ich stelle eindeutig dar, wie auch die negativen Entwicklungen laufen könnten.«[21]

Genau das braucht die Frau in der Situation ungewollter Schwangerschaft. Wenn man(n) glaubt, Frauen zu einer Schwangerschaftsberatung zwingen zu müssen, dann zeugt das von der frauenverachtenden patriarchalischen Einstellung, daß Frauen verantwortliche Entscheidungen nicht ohne fremde Hilfe treffen können. Und genau solche unselbständigen, unreifen Frauen sollen dann zur Mutterschaft ermuntert werden?

Auch ohne dieses diskriminierende Druckmittel würden sicher viele Frauen von einem Beratungsangebot Gebrauch machen. Denn längst nicht jede ungeplante Schwangerschaft ist absolut unwillkommen und von vornherein unerwünscht. Es ist nicht abwegig, anzunehmen, daß günstigere gesellschaftliche Voraussetzungen nicht nur weniger seelische Komplikationen verursachen würden, sondern auch die Zahl der Schwangerschaftsabbrüche ein wenig senken könnten – geht man einmal davon aus, daß manche Entscheidung unter den gegebenen Umständen übereilt, kopflos und in Panikstimmung getroffen wurde.

Manche Frauen sind nämlich im ersten Moment stolz auf ihre Schwangerschaft. Sie freuen sich insgeheim spontan über die unerwartete Veränderung – und sie empfinden nicht selten, nach einer verkopften, forciert getroffenen Entscheidung, Gefühle der Trauer. Anfänglicher Stolz muß aber nicht zwingend mit dem Wunsch gekoppelt sein, das Kind auch wirklich zur Welt zu bringen. Die Selbstanalyse von Brigitte, die innerhalb von sechs Monaten zweimal ungewollt schwanger wurde, zeigt einen der Gründe dafür auf, warum auch dann zunächst einmal Freude über eine Schwangerschaft aufkommen kann, wenn die Frau eigentlich keine Kinder will:

»Meine Beziehung zu meinem Freund bestand hauptsächlich aus meinem Kampf um Zuwendung, die ich dann auch stärker bekam, als ich schwanger war. So wurde aus dem Schock und Schreck auch ein Gefühl von Stolz – ich kann doch schwanger werden – und Geborgenheit – ich bin nicht allein, wir haben etwas gemeinsam produziert.«

Mehr Frauen reagieren jedoch anders. Wenn sich herausstellt, daß sie unbeabsichtigt schwanger geworden sind, reagieren zwei von drei Frauen negativ, sind verzweifelt, voller Ängste, entsetzt oder lehnen das, was in ihrem Bauch wächst, als »Parasiten« oder »Zellhaufen« ab. Sie spüren nur noch Panik. Etliche wissen sehr genau, daß sie das Kind nicht wollen, und dann ist alles Folgende nur eine allzuoft unerträgliche und erniedrigende Prozedur. Die 22 Jahre alte Studentin Martina B. gehört zu jenen Frauen, für die ein Kind zum Zeitpunkt, als sie ungewollt schwanger wurde, außer jeder Diskussion stand. Als sie abtreiben wollte, galt noch der alte Paragraph 218 mit dem Indikationsmodell. Sie erinnert sich:

»Während einer Reise mit meinem Partner wurde ich schwanger... Rechnungsfehler durch Zeitverschiebung und Streß. Das positive Ergebnis des Schwangerschaftstests war im ersten Moment ein Schock für uns beide. Von Anfang an waren wir zu einem Schwangerschaftsabbruch entschlossen.

Die Entscheidung machte uns weniger zu schaffen als die Befürchtungen vor dem Eingriff. Besteht die Gefahr einer späteren Unfruchtbarkeit, von Infektionen etc.? Noch schlimmer war, daß uns die Zeit im Nacken saß, denn wenn schon, sollte der Eingriff so früh

wie möglich gemacht werden. Wir haben mit dem Gedanken ge-
spielt, nach England oder Holland zu fliegen. Unser Entschluß stand
fest – unser einziges Problem war die Schwangerschaft, die ich so
schnell wie möglich beenden wollte. Und das schien mir durch einen
medizinischen Eingriff sehr einfach.
Doch vor dem lagen die Beratungsgespräche mit der Ärztin, Pro Fa-
milia und die vorgeschriebene Wartefrist. Diese Warterei, die Unge-
wißheit und das Gefühl der fortschreitenden Schwangerschaft im
Bauch waren das Schlimmste, weckten sogar Bedenken und machten
die ganze Sache zu einer unangenehmen Prozedur... Auch wenn ich
die Beratungen in meinem Fall als überflüssig erachte, so stellen sie
für Frauen mit Gewissenskonflikten, finanziellen Problemen etc.
eine neutrale und sachgerechte Hilfe dar. Ich habe es als sehr positiv
empfunden, daß in den Pro-Familia-Stellen eine so nette, verständ-
nisvolle und auf gar keinen Fall vorwurfsvolle Atmosphäre
herrschte. Das tut wohl jeder Frau gut in einer Gesellschaft, wo
einem der Entschluß zum Schwangerschaftsabbruch so schwerge-
macht wird.«
Doch es gibt natürlich auch Frauen, die nicht so genau wissen, was
sie wollen und was nicht. Immerhin jede fünfte Frau spricht vom
Hin- und Hergerissensein, vom Zwiespalt zwischen Kopf und
Bauch, von ambivalenten Gefühlen. Ähnliche Ambivalenzen erleben übrigens auch Frauen, die nicht abtreiben (möchten). In einem
anonymen Brief schilderte mir eine Frau diese Zerrissenheit und
schrieb sich die Wut von der Seele:
»Meine damalige äußere wie innere Situation bestärkten mich in
dem Beschluß zu einer Abtreibung. Meine Gefühle vorher – wäh-
renddessen – nachher sind unbeschreiblich: Leere, Höhen und Tie-
fen, ein Gefühl von Verlassensein, Einsamkeit und die Vorstellung:
was wäre, wenn... Fragen, mit denen frau leben muß – aufhören
werden sie wohl nie, doch unterkriegen lassen darf frau sich nicht,
auch wenn dieses Gefühl auftaucht, vor einem Abgrund zu stehen –
und sich fallen zu lassen. Für mich war die Situation danach noch
schizoider als vorher, und ich beiße noch immer daran.
Seltsam: einerseits diese miese Propaganda, wie schädlich eine Ab-
treibung für die Frau sei, andererseits wird nichts unternommen, um
diese Situation zu ändern. Immer noch müssen Frauen das hinneh-

men: *Demütigung durch Ärzte und Personal, unzumutbare, weite Fahrten zum betreffenden Arzt oder Krankenhaus, peinliche Fragen und lange Wartezeiten, unsaubere Arbeit und die Entlassung nach draußen, wo frau auf sich selbst gestellt ist und alles totschweigen muß. Das Ganze stinkt bis zum Erbrechen. Jedes Jahr werden die Abtreibungsstatistiken veröffentlicht. Wo bleibt die gleichwertige Veröffentlichung der mißhandelten Kinder in diesem Wohlstandsstaat?«*

Zwiespältige Gefühle und Verunsicherung

Wenn jede fünfte Frau ambivalente Gefühle durchlebt, sollte es dann ein Zufall sein, daß ebenfalls jede fünfte Frau später Probleme mit der Verarbeitung des Schwangerschaftsabbruchs bekommt? Die beiden Gruppen werden sich nicht unbedingt decken, denn problematisch verarbeiten fast durchweg auch jene Frauen, die nach der medizinischen oder eugenischen Indikation einen Schwangerschaftsabbruch gegen ihren eigentlichen Wunsch vornehmen lassen (müssen). Allen Gefühlsverwirrungen zum Trotz geben rechnerisch mehr als vier von fünf Frauen (82,8 Prozent) im Rückblick an, ihre Entscheidung nie bereut zu haben. Nicht einmal eine von zehn Frauen (9,4 Prozent) kann später nicht mehr zu ihrer Entscheidung stehen; die übrigen (7,8 Prozent) haben rückblickend gemischte Gefühle, sind verunsichert, ob sie richtig oder falsch entschieden haben.

Wenn zwei von zehn Frauen ihre Entscheidung später bedauern oder unsicher sind, ob sie richtig gehandelt haben, dann sind das immer noch zwei zuviel. Vermeintliche oder tatsächliche Fehlentscheidungen können aber weniger durch sanften (oder direkten) Druck verhindert werden als durch einfühlsame, auf die individuellen Probleme abgestimmte Gespräche. Vorgaben (»zielorientierte« Beratung) können Widerstände und Ängste heraufbeschwören, die ein wirklich hilfreiches Gespräch erschweren. Die offene Beratung kann genausogut zu einer Entscheidung zugunsten des Embryos führen wie zum Entschluß, abzutreiben. Was auch immer am Ende steht: Ein Klima, das im Vorfeld einer möglichen Abtreibung mehr von Offenheit und Vertrauen und weniger von Pflichten und Zeitdruck geprägt ist, wird eher psychisch stabilisieren als seelische Schwierigkeiten auslösen.

Wissenschaftler behaupten: »Wenn eine Frau die Möglichkeit hatte, eine freigewählte Entscheidung in die Tat umzusetzen, reagierte sie auf den Eingriff ohne psychische Beschwerden« und »Je schlimmer die Umstände des Abbruchs (zum Beispiel durch Erschweren der Abbruch-›Erlaubnis‹), desto schwieriger seine psychische Verarbeitung.«[22] Welche Bedingungen und Umstände sind das nun im einzelnen, die einer problematischen Verarbeitung Vorschub leisten, und was sind das für psychische Probleme, die nach einer Abtreibung auftreten können?

Die Hintergründe seelischer Probleme

Forscher der Kieler Christian-Albrechts-Universität, die 117 Frauen vor und ein Jahr nach ihrem Schwangerschaftsabbruch untersucht hatten[23], kamen zu folgendem Ergebnis:

»Signifikant häufiger mit späteren emotionalen Schwierigkeiten verbunden waren Unterschichtzugehörigkeit, finanzielle Schwierigkeiten, fehlende intrapsychische Trennung von Sexualität und Fortpflanzung, keine oder schlechte Partnerbeziehung sowie partnerschaftliche Dissonanzen, vor allem ein stärker als die Frau zur Abruptio tendierender männlicher Partner.«

Was daraus folgt: Bei Frauen, zu deren Lebensplan unabdingbar Kinder gehören, und bei Frauen, die sich stark an traditionellen weiblichen Werten (Heirat, Haushalt, Kinder) orientieren, besteht danach eher die Gefahr, daß sie eine Abtreibung nicht ohne seelische Blessuren überstehen. Die Kieler Wissenschaftler glauben, daß die emotionale Grundeinstellung zur Sexualität eine wesentliche Rolle spielt: Die Abtreibung wird offenbar vor allem von solchen Frauen leichter verarbeitet, die Sexualität und Fortpflanzung als zweierlei wahrnehmen und nicht als untrennbare Einheit erleben.

Gerade die traditionell orientierten Frauen sind es, die sich von vornherein weniger oft zu einem Abbruch entschließen. Ein Beispiel dafür ist Emma M., inzwischen geschieden und 32 Jahre alt.

83

»Gesunde Kinder, einen lieben Mann, ein ausgeglichenes Familienleben« – in dieser Reihenfolge benennt sie ihre Erwartungen ans Leben. Als sie schwanger wurde, hatte sie fünf Jahre mit einem festen Partner zusammengelebt. Obwohl sie das Kind gern behalten hätte, trieb sie ihrem Freund zuliebe ab. Die Freundschaft zerbrach, ein Jahr später wurde sie erneut, von einer Urlaubsbekanntschaft, schwanger. Sie sagt:

»Ich leide heute noch unter dem Abbruch, ich kann ihn nicht verarbeiten. Ich leide darunter aus dem Grund, weil ohne den Abbruch mein Leben ganz anders verlaufen wäre. Vor sieben Wochen habe ich Florian bekommen. Wieder ungewollt schwanger zu sein war schon ein Schock, ich habe mich aber gern für das Kind entschieden. An noch einem Abbruch wäre ich zerbrochen.«

Findet eine Frau wie Emma M. emotional keinen Rückhalt beim Partner, steht er ihr in der Notsituation nicht bei oder treibt er sie sogar in die Enge, vergrößert das das Risiko späterer seelischer Probleme.

Frauen, die allein beziehungsweise vom Partner getrennt leben, geschieden oder verwitwet sind, haben häufiger Bewältigungsprobleme als solche mit einer (intakten) Beziehung zum Partner. Das ist kein Wunder, finden letztere doch Unterstützung, Zuspruch, menschliche Anteilnahme und Hilfe – das sind Faktoren, die sich immer positiv auswirken. Viele der befragten Frauen, die ein Jahr nach dem Abbruch noch unter Ängsten, Schuldgefühlen und Depressionen litten, hatten keine oder eine schlechte Partnerbeziehung – oder sie befanden sich in erheblichen finanziellen Schwierigkeiten.

Die Kieler Forscher folgern daraus, »daß psychische Beschwerden […] um so wahrscheinlicher auftreten, je schlechter die Ausgangslage der Frau in den verschiedensten psychosozialen Bereichen ist«.[24] Für das Selbstverständnis dieser Frauen scheint eine Mutterschaft besonders wichtig zu sein. Fatal wäre es aber, deshalb anzunehmen, in ihrer auch objektiv gesehen kritischen Lebenslage wäre ihnen mehr damit gedient gewesen, wenn man ihre Abtreibung verhindert hätte. Denn ein Kind hätte wohl die materielle Not nur noch verschlimmert und den Partnerschaftskonflikt sicher nicht gelöst.

Generell läßt sich sagen, daß diejenigen Frauen sich später eher mit der seelischen Bewältigung der Abtreibung schwertun, die sich, zumindest zeitweilig, mit dem Gedanken trugen, ihr Kind vielleicht doch zu bekommen. Denn ob sich nun eine Frau *für* oder *gegen* eine Abtreibung entscheidet, jedesmal bleiben Lebenschancen auf der Strecke. Sich gegen ein Kind zu entscheiden kann ein Entschluß sein, der von großer Trauer begleitet wird; sich für ein Kind zu entscheiden bedeutet trotz aller persönlichen Bereicherung, die ein Kind für seine Mutter oder seine Eltern darstellen kann, auch immer, auf etliche Entfaltungsmöglichkeiten im weiteren Leben verzichten zu müssen.

Interessant ist die Beobachtung, daß Frauen, die mehrfach ungewollt schwanger geworden sind und abgetrieben haben, nicht generell damit rechnen müssen, seelisch aus dem Gleichgewicht zu geraten. Psychische Probleme ergeben sich weniger durch die Anzahl der Abbrüche und den Umstand, mehrmals abtreiben zu müssen. Ein Risiko liegt vielmehr in einer raschen zeitlichen Abfolge der Abtreibungen. Das ist leicht erklärbar. Eine Abtreibung und ihre Begleitumstände rühren die Frau zutiefst auf, zwingen sie dazu, ihre Lebenssituation und ihre Lebensperspektiven neu zu überdenken. Fällt die Entscheidung, etwa aus Vernunftgründen, zuungunsten des Babys aus, will dieser Entschluß erst einmal »verdaut« sein. Tritt zu rasch eine neue ungewünschte Schwangerschaft ein, läßt dies der Frau kaum Chancen, zu sich zu kommen und Klarheit zu gewinnen.

Zwiespältige Gefühle kennzeichnen den Schwangerschaftskonflikt – sie müssen nicht automatisch zu Verarbeitungsproblemen führen. Kritisch wird es vor allem immer dann, wenn die Frau unter Druck, nicht aus eigenem Antrieb und innerer Überzeugung, handelt. Neben dem Druck, der vielleicht vom Partner ausgeht, muß immer auch der enorme psych(olog)ische, moralische und gesetzliche Druck berücksichtigt werden, der in unserer Gesellschaft von der Kirche und konservativen Kräften auf schwangere Frauen in Konfliktlagen ausgeübt wird. Keine Frau macht sich die Entscheidung zum Schwangerschaftsabbruch leicht. Aber überzeugte Christen und Abtreibungsgegner tun alles, um ihr eine Schuld einzureden, an die sie später vielleicht selbst zu glauben beginnt. Das kann einen Leidensdruck erzeugen, der niemandem nützt, aber der betreffenden Frau das Leben noch schwerer macht.

Ob eine Frau in der Anonymität einer Großstadt lebt oder in einem Dorf, wo jeder jeden kennt, kann ein entscheidender Unterschied sein. Auf dem Land funktioniert die Kontrolle noch besser. Eine Frau, die in einem Umfeld aufgewachsen ist, das konventionelle und traditionelle Werte hochhält, kann sich innerlich schwerer freimachen von den geltenden moralischen Ansprüchen und äußerlich schwerer über diese hinwegsetzen. Entschließt sie sich dennoch zu einer Abtreibung, kann die Bewältigung mit größeren Problemen verbunden sein.

Religiosität ist ein Faktor, der die Einstellung zum Schwangerschaftsabbruch und das Verhalten der Frau im Entscheidungskonflikt wesentlich beeinflußt. Besonders deutlich wird das bei katholischen Frauen in aufgeklärten, westlichen Ländern, in denen die Gesellschaft eine Entscheidungsfreiheit läßt, die die Religion nicht gibt. Eine Katholikin, die kirchliche Normen und Werte so stark verinnerlicht hat, daß sie zu einem Teil ihrer persönlichen Überzeugung geworden sind, kann eigentlich aus inneren Beweggründen nicht ja zu einer Abtreibung sagen. Wenn sie ungeplant schwanger wird, hat sie keine Wahlmöglichkeit: Ihre Weltanschauung ist unvereinbar mit dem Gedanken an eine Abtreibung. Ein Hinweis darauf, daß Religiosität und Weltanschauungsfragen hierzulande eine entscheidende Rolle bei Abtreibungen spielen, ist die Tatsache, daß vergleichsweise wenige katholische Frauen abtreiben. Bei meinen Untersuchungen war nur eine von fünf Frauen katholisch, etwa jede dritte Frau evangelisch. Die restlichen 44 Prozent waren aus der Kirche ausgetreten oder gaben an, unreligiös zu sein.

Doch einer Konfession anzugehören bedeutet ja nicht unbedingt, die christliche Weltanschauung verinnerlicht zu haben. Deshalb ist es nicht verwunderlich, daß die Konfession, der die abtreibende Frau angehört, kaum einen Einfluß auf die Verarbeitung hat. Es gibt Katholikinnen, die keinerlei Schuldgefühle entwickeln, aber auch Frauen, die sich als Atheistinnen bezeichnen und nach einem Schwangerschaftsabbruch in tiefe Depressionen verfallen.

Dafür lassen sich plausible Erklärungen finden. Die nach eigenen Angaben Gläubigen verwechseln vielleicht häufigen Kirchgang mit wirklicher Frömmigkeit. Sie haben die kirchlich-christliche Ethik nicht verinnerlicht. Aus einer Christlichkeit, wie sie der Papst und die katholische Kirche verkünden, können dagegen nur Schuldgefühle resultieren. Denn nach deren lust- und frauenfeindlicher Auslegung der Bibel und des Wortes Gottes sind Sexualität und Fortpflanzung eine untrennbare Einheit, und schon Verhütung ist Sünde. (Anders ist das unter Frauen, die der feministischen Theologie anhängen.) Wenn aber Frauen, die sich von kirchlichen Einflüssen frei wähnen, Schuldkomplexe nach einer Abtreibung entwickkeln, kann das auch ein Indikator dafür sein, wie stark sie sich doch von gesellschaftlichen Ideologien und gängigen Moralbegriffen beeinflussen lassen.

Teenager und Schwangerschaftsabbruch

Neben vielen anderen Faktoren spielen auch das Alter, die Lebenserfahrung und die Zukunftspläne eine entscheidende Rolle bei der Frage, wie Frauen einen Schwangerschaftsabbruch verkraften. Zwei Ärztinnen von der Johns Hopkins University in Baltimore, Laurie Schwab Zabin und Marilyn Hirsch, haben untersucht, wie Teenager mit einem Schwangerschaftsabbruch klarkommen. Ihre 1989 veröffentlichte Studie[25] ist zwar aufschlußreich, dürfte aber nicht uneingeschränkt repräsentativ für das Gros von Frauen sein, die abtreiben. Denn die beiden Ärztinnen beschränkten ihre Untersuchung auf eine sehr klar abgegrenzte, spezifische und kleine Gesellschaftsgruppe, nämlich auf Teenager aus farbigen Familien, die zu einem Schwangerschaftstest in eine der verschiedenen Kliniken der nordamerikanischen Hafenstadt Baltimore gekommen waren.

Dennoch sind ihre Erkenntnisse interessant und spiegeln, zumindest in Teilen, Beobachtungen wider, die übertragbar auf eine ausgedehntere Frauengruppe sein dürften. Laurie Schwab Zabin und Marilyn Hirsch begleiteten 334 farbige Teenager über zwei Jahre hinweg, ließen sich regelmäßig über deren Alltag, Lebensgefühl und Gesundheitszustand unterrichten. Ihre Befragung begannen die Ärztinnen stets, noch bevor die Teenager das Ergebnis ihres Schwangerschaftstests erfahren hatten. Danach teilten sie die jungen Frauen in drei Gruppen ein: in solche, die abtreiben ließen, jene, die ihr Kind austrugen, und schließlich die, die gar nicht schwanger gewesen waren.

Zwei Jahre nach dem Erstkontakt verglichen die beiden Ärztinnen die Befindlichkeit der jungen Frauen aus den einzelnen Gruppen. Es stellte sich heraus, daß es denjenigen, die einen Abbruch hinter sich hatten, im Durchschnitt besser ging als denen, die sich fürs Kind entschieden hatten. Im Durchschnitt waren diejenigen, die abgetrieben hatten, sogar psychisch stabiler als die Teenager, die nur zeitweise und irrtümlicherweise geglaubt hatten, schwanger zu sein. Wie läßt sich diese Beobachtung erklären?

Möglicherweise war der Gedanke an ein Kind den Mädchen, die sich ihre Schwangerschaft nur eingebildet hatten, gar nicht so ungelegen gekommen, und sie bedauerten, daß ihr Leben in den alteingefahrenen Bahnen weiterlaufen würde. Möglicherweise fühlten sie sich in einer als unbefriedigend empfundenen Lebenssituation unbewußt um eine Chance zur Veränderung betrogen. Daß es den jungen Müttern öfter seelisch schlechter ging als denen, die sich gegen ein Kind entschieden hatten, mag nicht zuletzt an den unmittelbaren Folgen der Mutterschaft gelegen haben. Ein Kind ist immer eine Verpflichtung, die – wenn es unerwünscht war – nicht unbedingt nur mit positiven Erfahrungen verbunden sein muß. Der vorzeitige Abbruch der Schule ist ein Beispiel dafür, wie stark eine unerwünschte Schwangerschaft das Leben der Betroffenen verändern kann. Ohne Schulabschluß oder Ausbildung, dafür mit der Verantwortung für ein kleines, unselbständiges Lebewesen belastet, schwinden die Aussichten, sich eine selbstbestimmte Zukunft aufzubauen.

Die Geburt eines Kindes ist ein grundlegender Einschnitt im Leben einer Frau, und meistens ist nach diesem Ereignis nichts mehr, wie es vorher war. Diese Erfahrung kann eine viel zu junge Mutter wider Willen seelisch stark belasten. In ihr steigt das Gefühl auf, durch die frühe Mutterschaft etwas verpaßt zu haben und Chancen, die sich vielleicht geboten hätten, nun nicht mehr wahrnehmen zu können. Die junge Mutter, die sich irgendwie allein oder mit Hilfe der Eltern durchschlagen muß, hat es schwer, nicht nur subjektiv. Sie ist erheblich in ihrem natürlichen Bewegungs- und Entfaltungsspielraum eingeengt. Die Jugend ist auf einen Schlag zu

Ende. Dafür werden ihr Mutterliebe, Pflicht- und Verantwortungs-gefühl abverlangt.

Welche Folgen die ungeplante, zu frühe Mutterschaft für einen Teenager hat, hängt letztlich stark von der sozialen Einbindung ab. Sofern die junge Mutter nicht selbst eine verständnisvolle Mutter hat, die ihren Enkel wie einen Nachzügler annimmt und versorgt, wird durch das Baby eine 180-Grad-Wende im Leben des Teen-agers eingeleitet. Aber auch wenn das Leben scheinbar wie bisher weitergehen kann, ist doch häufig ein Stück jugendlicher Unbe-schwertheit und Unbefangenheit verlorengegangen. Selbst wenn die junge Mutter ihr Kind annimmt wie ein Wunschkind, ist ihr in der Regel, zumindest für eine längere Übergangsphase, eine Zeit der Selbstbeschränkung zugunsten des auf sie angewiesenen Ge-schöpfes auferlegt.

Die Ärztinnen aus Baltimore stellten fest, daß aus der Gruppe derer, die abgetrieben hatten, weniger Teenager die Schule vorzeitig verlie-ßen als aus den anderen beiden Gruppen, ohne dafür eine detaillier-tere Erklärung zu liefern. Ihre Beobachtung läßt zwei Rückschlüsse zu. Zum einen dürfte daran die frühe Mutterschaft schuld sein, die schwer oder gar unmöglich mit der Schule in Einklang zu bringen war. Damit ist aber noch nicht erklärt, warum offenbar auch die Teenager, die nicht schwanger gewesen waren, eher die Schule abge-brochen haben als diejenigen, die abgetrieben hatten.

Dafür liefert eine zweite These mögliche Erklärungen. Die Teen-ager, die abgetrieben haben, mögen mehr Rückhalt in der Familie gehabt und in unproblematischeren sozialen Verhältnissen gelebt haben. Vielleicht waren aber auch ihr Selbstbewußtsein und ihre Zielstrebigkeit größer. Vielleicht waren die Frauen der Abtrei-bungsgruppe aber auch generell aufgeklärter. Eine weitere Beob-achtung könnte dies belegen. Diejenigen Teenager, die einen Schwangerschaftsabbruch hinter sich hatten, wurden seltener er-neut schwanger als die anderen. Doch dies resultiert sicher nicht allein aus einer besseren Aufklärung, sondern auch aus dem, was man mit einigem Zynismus als »heilsamen Schock« bezeichnen könnte.

Zusammenfassung und Fazit

Es gibt also eine Vielzahl von Risikofaktoren:

1. Die persönliche Identität als Frau:
Frauen, für die eine Schwangerschaft von großer Bedeutung für ihr Gefühl von Weiblichkeit/Fraulichkeit und ihre Identifikation als Frau ist, haben häufiger Probleme mit der Verarbeitung eines Abbruchs als solche, die sich über andere Maßstäbe definieren. Sie gehen schon mit größeren Ängsten vor den Folgen zum Abbruch und berichten nachher häufiger über körperliche Beschwerden.

2. Die Dauer der Schwangerschaft:
Das Risiko, Probleme mit der Bewältigung zu bekommen, wächst mit der Dauer der Schwangerschaft. Ein früher Abbruch ist auch aus medizinischer Sicht risikoärmer.

3. Das persönliche Verhältnis zur Mutterschaft:
Trägt eine Frau einen uneingestandenen Kinderwunsch in sich, wird sie ihren Entschluß abzutreiben eher bedauern als eine Frau, die die ungeplant eingetretene Schwangerschaft auch von innen heraus ablehnt. Wünscht sich eine Frau *eigentlich* ein Kind, bricht aber die Schwangerschaft aus rationalen Erwägungen ab, liegt es nahe, daß sie später darüber Trauer empfinden wird.

4. Die Unterstützung durch Partner und Eltern:
Wird eine Frau moralisch und menschlich von ihr nahestehenden Personen unterstützt, verarbeitet sie die Abtreibung leichter. Treibt sie gegen ihren eigentlichen Wunsch ab, weil Eltern oder Partner gegen ein Kind sind, wird sie später eher Verlustgefühle empfinden.

5. Ambivalente Gefühle:
Ambivalente Gefühle prägen den Schwangerschaftskonflikt. Zweifelt die Frau aber schon im Vorfeld an der Richtigkeit ihrer Entscheidung, wird sie auch hinterher ihre Zweifel nicht verlieren und sich psychisch mit der Bewältigung des Abbruchs schwertun.

6. *Ideologische Beeinflussung:*

Hat eine Frau ein schwach ausgeprägtes Selbstbewußtsein und ist sie empfänglich für Beeinflussung von außen, wird sie sich ihrer »Tat« schämen und schon vor der Abtreibung mehr Furcht vor den Folgen dieser Abtreibung haben. Danach wird sie diese verschweigen und mehr oder minder erfolgreich versuchen, das Geschehene zu verdrängen.

7. *Begleitumstände:*

Je erniedrigender die Begleitumstände einer Abtreibung sind, desto nachhaltiger wirken sich diese auf die Verarbeitung aus.

8. *Gewissensbisse:*

Wenn eine Frau häufiger ungewollt schwanger wird und abtreibt, muß sie mit Unverständnis und Vorwürfen rechnen. Das macht die Bewältigung um so problematischer.

9. *Äußerer Druck im Entscheidungskonflikt:*

Eine Frau, die unter Druck handelt, kann keine freie Entscheidung treffen. Das Risiko, daß sie später zu ihrem Entschluß nicht mehr stehen kann, steigt damit. Besonders der zeitliche Entscheidungsdruck wird von vielen Frauen als zusätzlich belastend empfunden.

10. *Finanzielle Gründe:*

Wenn es soziale oder materielle Schwierigkeiten sind, die eine Frau zu einer Abtreibung zwingen, kommt es in der Folge häufiger zu seelischen Problemen. Auf ein Kind verzichten zu müssen, das eigentlich erwünscht wäre, kann ein Trauma hinterlassen.

11. *Krisenstimmung:*

Je labiler eine Frau seelisch ist und je schlechter ihre psychische Ausgangslage ist, desto eher bekommt sie mit dem Schwangerschaftsabbruch Probleme. Krisenstimmungen werden aber durch ihn nicht ausgelöst, sondern verstärkt.

12. Wohnort und soziale Einbindung:
Auf dem Land werden Schwangerschaften seltener abgebrochen als in der Stadt. Dort sind nicht nur die Beziehungen zueinander enger, dort ist auch die Moral strenger. Innere Einstellung und äußere Einflüsse erschweren die Abtreibung und ihre Verarbeitung.

13. Medizinische oder eugenische Indikation:
Hier sind Verarbeitungsprobleme sehr häufig. Meist war die Schwangerschaft erwünscht. Zum Verlust kommt bei der eugenisch bedingten Abtreibung die quälende Frage nach den Ursachen der Mißbildung des Embryos. Die Furcht vor einer Wiederholung der Erfahrung kann zwanghafte Züge annehmen.

Manche dieser Risikofaktoren, nämlich die gesellschaftlich bedingten, ließen sich ausschalten, andere nicht. Ein Schwangerschaftsabbruch stellt immer eine Beeinträchtigung im Leben einer Frau dar, und keine Frau trachtet danach, diese Erfahrung zu wiederholen. Daß diese Beeinträchtigung aber dramatisch ist und über Jahre anhält, ist die Ausnahme, nicht die die Regel.

5. Der Schwangerschaftskonflikt und seine Lösung

»Es scheint so, als ob Frauen das möglichst schnell vergessen wollen.«

Mia Volling, Pro Familia, über Abtreibungen

Welche negativen Gefühle können nun im einzelnen während eines Schwangerschaftskonflikts und nach einem Schwangerschaftsabbruch auftreten? Wie äußern sie sich, wie häufig sind sie, wann und warum treten sie auf?

Eine Frau, die unerwünscht schwanger wird, durchlebt vor, bei und nach der Abtreibung verschiedene Phasen, die durch die unterschiedlichsten Gefühle geprägt sind. Es hängt stark von den Lebensumständen, den Begleitumständen und der Einstellung der Frau zu ihrer Schwangerschaft ab, wie sie diese einzelnen Phasen erlebt. Generell dominieren vor einem Abbruch die Gefühle von Angst, Ohnmacht, Panik und Verunsicherung, während danach eher unterschwellige oder bewußt wahrgenommene Schuldgefühle, Traurigkeit und Verlustgefühle auftreten.

Im allgemeinen ist der psychische Streß eines Schwangerschaftsabbruchs um so geringer, je weniger sich die Frau in ihrer Entscheidung allein gelassen fühlen mußte und je besser sie sich innerlich und bewußt auf den Abbruch vorbereitet hat. Frauen, die im Vorfeld schon Verdrängungsarbeit leisten, neigen hinterher eher zu Depressionen und Ängsten als solche, die sich bereits vorher seelisch und moralisch auf den Abbruch und seine Konsequenzen eingestellt haben. Frauen, die mit einer negativen Einstellung den Akt des Schwangerschaftsabbruchs über sich ergehen lassen, haben größere Schwierigkeiten, diesen Einschnitt in ihrem Leben zu verarbeiten.

Es ist schwer, ein Raster für diese Phasen zwischen Entschluß und Bewältigung zu finden. Grob lassen sich die einzelnen Abschnitte etwa so einteilen: Eröffnung, Schwangerschaftskonflikt, Konsequenz, Verarbeitung.

Die Eröffnung

»Als mir der Arzt sagte: ›Sie sind schwanger‹,
dachte ich, mir sackt der Boden unter den Füßen
weg…«

Maren K., 20 Jahre

Wenn eine Frau merkt, sie ist ungewollt schwanger geworden, dann ist das für sie sehr oft erst einmal ein Schock. Gedanken stürmen auf sie ein: Das darf doch nicht wahr sein, das kann doch nicht sein, wie konnte das nur passieren? Für einen Teil der Frauen steht sofort fest: Ich treibe ab. Diese Frauen sind es dann auch, die ihren Entschluß später fast nie bereuen, die geradlinig alles Notwendige in die Wege leiten und nur selten Probleme mit der Verarbeitung bekommen.

Für andere Frauen, die später abbrechen, ist der anfängliche Schreck nicht unbedingt automatisch und unumstößlich mit dem Entschluß gekoppelt, abzutreiben. Sie sind selten erfreut, oft entsetzt über die Tatsache – obwohl sie doch recht oft schon vorher geahnt hatten, was Sache war. Das positive Resultat des Schwangerschaftstests, die Eröffnung des Gynäkologen nehmen sie schockiert und ungläubig zur Kenntnis – das muß erst einmal (nach)wirken. Wird den Frauen die Tragweite des Geschehenen bewußt, löst das Entsetzen und Gefühle von Hilflosigkeit und Verzweiflung aus. Viele Frauen, die sich am Ende gegen ein Baby entschieden haben, sind aber anfangs nicht nur entsetzt gewesen. Sie hatten vom ersten Moment an ambivalente Gefühle. Sie spielten mit dem Gedanken, das Kind zu bekommen – und fühlten bei diesem Gedanken gleichzeitig Panik in sich aufsteigen.

Es sind tausenderlei verwirrende, widerstreitende Gefühle, die auf die Frauen einstürmen. Im Entsetzen kann heimliche Freude mitschwingen, in der Panik kann ein Quentchen Stolz stecken. Manche sind vor Schreck wie gelähmt, andere nur überrascht oder wütend. Hat sich der erste Schreck gelegt, tauchen die Fragen auf: Wie soll es weitergehen? Was kann ich nur tun? Es beginnt der innere und äußere (bürokratische) Weg auf der Suche nach einer Lösung.

Der Konflikt

> »Ein Kind zu bekommen, das war eine reizvolle
> Idee, aber der Gedanke erschreckte mich bis in alle
> Glieder. Ich war hin- und hergerissen. Richtete in
> Gedanken schon ein Kinderzimmer ein. Hatte ich
> einen Punkt für das Kind, standen gleich zehn
> Punkte dagegen.«
>
> *Evelyn K., 28 Jahre*

Eine ganze Palette von Empfindungen – Panik, Furcht, Traurigkeit,
Zorn, Wut, Haß, Zweifel und Verzweiflung, verhaltene Freude,
aber auch nackte Existenzangst, Träume, Phantasien und Hoffnun-
gen – kennzeichnet die Phase des Schwangerschaftskonflikts. Die
Gedanken der ungewollt Schwangeren kreisen um tausend Fragen:
Wie soll ich das alleine schaffen? Was wird mein Partner dazu sagen?
Was wird mit meinem Beruf, meinem Studium? Habe ich genügend
Kraft für ein (weiteres) Kind? Möchte ich überhaupt (noch) ein
Kind? Wird unsere Beziehung tragfähig genug sein? Wie werde ich
einen Abbruch seelisch verkraften? Wie gefährlich ist es überhaupt,
abzutreiben? Wo nehme ich das Geld für einen Abbruch her? Kann
ich durch einen Schwangerschaftsabbruch unfruchtbar werden?
Würden sich vielleicht alle meine Probleme durch ein Kind lösen
lassen?

In dieser Phase muß die Frau zu einer Lösung finden, die die Weichen für ihre weitere Zukunft stellt – oder eine andere Zukunft ver-
baut. Sie muß ungezählte, auch miteinander in Konflikt stehende
Gefühle, Wünsche, Einschätzungen gegeneinander abwägen. Äußere Umstände und innere Bedürfnisse kollidieren. Es taucht die
Angst auf vor Überforderung, vor medizinischen Risiken, vor materiellen Problemen und negativen Auswirkungen auf die Partnerschaft, die Angst vor dem Abbruch selbst, vor dem Verlust der
Stellung oder der Wohnung. Es ist eine Phase unendlicher Zerrissenheit. Je größer die Ambivalenz der Gefühle und je weniger erfahren die Frau im Umgang mit Konflikten und ihrer Bewältigung ist,
desto schwerer wird sie zu einer Entscheidung finden.

Dazu sitzt der ungewollt Schwangeren stets die Angst im Genick,
daß ihr die Zeit wie Sand durch die Finger rinnen und es am Ende zu

spät zum Handeln sein könnte. Fristen müssen eingehalten, Termine vereinbart und Scheine gesammelt werden. Die Hauptmerkmale des Schwangerschaftskonflikts beschreibt ein Berater so:

»Gefühle überschwemmen den Verstand und verwirren das Denken. Zeitdruck erhöht die Panik. Wie soll sie da in Ruhe abwägen und besonnen eine Entscheidung fällen, an deren Folgen sie die nächsten zwanzig Jahre, wenn nicht ihr ganzes Leben tragen wird?«[1]

Oft genug ist die Schwangere in ihrem Hin- und Hergerissensein allein. Manche Frauen, die gegen ihren Willen schwanger geworden sind, quälen sich »im stillen Kämmerlein« mit ihrem Konflikt herum. Sie trauen sich nicht, andere ins Vertrauen zu ziehen, und scheuen die Aussprache mit dem Partner, mit Verwandten und Bekannten, weil sie fürchten, unter Druck gesetzt zu werden. Denn wer auch immer der Schwangeren nahesteht, wird hautnah von ihrer Entscheidung mit betroffen sein und wird nie ganz unparteiisch raten und helfen können.

Der eine Partner droht mit Trennung, wenn die Frau dazu neigt, die Schwangerschaft abbrechen zu lassen, der andere, wenn sie das Kind lieber zur Welt bringen möchte. Die eigenen Eltern sind meistens von der Idee angetan, daß »was Kleines« kommt, und können nicht verstehen, warum ausgerechnet dieser Mann / dieser Zeitpunkt für ein Kind falsch gewählt sein sollen. Zu den eigenen Interessenkonflikten und zwiespältigen Gefühlen kommt eine mindestens unterschwellige, wenn nicht direkte Einflußnahme, die wenig hilfreich ist.

Häufig verdrängen Frauen in dieser Situation ihre Ängste und Zweifel, mit denen sie nie umzugehen gelernt haben und die landläufig als »unmoralisch« gelten. Ein Kind ist doch immer ein Grund zur Freude, sagen die einen. Wie kann die in ihrer Lage nur ein Kind bekommen? entrüsten sich die anderen. Aus berechtigten Bedenken heraus verschließen sich deshalb viele Frauen dem Urteil anderer, weihen höchstens den »Erzeuger« ein und tragen ihren Schwangerschaftskonflikt heimlich aus. Sie fühlen sich genötigt, die Schwangerschaft geheimzuhalten – aus Schuldgefühlen, aus der Angst vor moralischer Verurteilung und Einflußnahme. Doch die Flucht in die Heimlichkeit macht nur noch ratloser. Susanne von Paczensky meint:

»Der Druck, die Schwangerschaft und auch den Abbruch geheimhal-

ten zu müssen, ist für manche Frauen fast unerträglich. Sie fühlen sich isoliert, in ihren Ängsten allein gelassen, in ihrer Entscheidung unsicher. [...] Die Heimlichkeit macht einsam, sie löst Schuldgefühle aus und erschwert es oft, wenn alles vorbei ist, die Erfahrung zu verarbeiten und zu überwinden.«[2]

Der Schwangerschaftskonflikt ist aber eigentlich ein Problem, das zwei zu verantworten haben, und deshalb sollten auch zwei an seiner Lösung arbeiten. Von den Frauen, die ihren Partner in ihre Not einweihen können und wollen – und das ist die Mehrzahl –, finden immerhin mehr als die Hälfte bei diesem auch eine gewisse Unterstützung, wenn sich auch immer wieder zeigt, wie hilflos viele Männer im Umgang mit einer ungewollten Vaterschaft sind. Einmischung, aber auch der Versuch, sich herauszuhalten – beides kann negativ wie positiv interpretiert werden. Einer mischt sich ein, um nach seinen Möglichkeiten zu helfen, der andere, weil er mitbestimmen und seine Interessen vertreten will (die nicht unbedingt die der Frau sein müssen). Ein Mann hält sich heraus, weil er nicht in die Entscheidungsgewalt der Frau eingreifen will, weil er an ihre Kompetenz glaubt und ihre Entscheidung respektiert, der andere aus Gleichgültigkeit, weil ihm der Verantwortungsdruck zu groß oder die Auseinandersetzung zu lästig ist.

Als hätte er nichts mit der ganzen Sache zu tun, reagiert jeder fünfte Erzeuger mit Rückzug, und einer von vieren zeigt sich völlig unbeteiligt, wenn die Frau Rat, Hilfe und Auseinandersetzung mit dem Partner sucht. Solches Verhalten ist symptomatisch für die Unfähigkeit vieler Männer, mit Emotionen umzugehen: Während die von ihnen geschwängerten Frauen die widerstreitenden Gefühle durchleben und durchleiden, verwenden nicht wenige Männer aus Hilflosigkeit, Angst oder Verantwortungsscheu ihre ganze Kraft darauf, diese Gefühle nicht an sich herankommen zu lassen.

So verwundert es nicht weiter, daß zwei Drittel aller Frauen eine freiwillige (!) Schwangerschaftskonflikt-Beratung als positiv empfinden – nur 14 Prozent der Frauen lehnen sie als überflüssig ab. Die Schwangere sucht in ihrer Konfliktsituation offene Ohren von Menschen, die entweder neutral und frei von Interessen zu helfen versuchen oder aber ihre Ängste, Verzweiflung, Zerrissenheit und ihre Zweifel aus eigener Erfahrung nachempfinden können.

Das Mitwirken des Mannes – oder seine Distanziertheit – kann die Entscheidung der Frau wesentlich beeinflussen. Findet die Frau nicht ausreichend Rückhalt, stößt sie auf Zurückweisung oder Gleichgültigkeit, wird ihr das sicher nicht die Entscheidung pro Kind erleichtern. Das Verhalten des Mannes wirkt aber oft nicht nur auf die Entscheidung der Frau, sondern ist unter Umständen folgenreich für die Weiterentwicklung der Beziehung beziehungsweise ihren Fortbestand. Mit dem Schwangerschaftskonflikt und der emotionalen Abwesenheit des Mannes geht bei der Frau öfter ein Gefühl tiefer Enttäuschung und Wut einher, das den inneren Bruch mit dem Partner zur Folge haben kann. Ihr Vertrauen ist erschüttert. Es ist keine Seltenheit, daß eine Beziehung am Schwangerschaftsabbruch oder danach zerbricht. Die Frau treibt gewissermaßen mit dem ungewollten Kind auch ihren Partner ab. Im Schwangerschaftskonflikt werden unbefriedigende Lebenssituationen deutlich – und darin liegt auch die Chance zur Veränderung. Der innere Weg – der subjektive Umgang mit der Situation – ist derjenige, der für die seelische Bewältigung später einmal ausschlaggebend sein wird: Je intensiver eine Frau sich aber mit diesem Konflikt auseinandersetzt und je sicherer sie sich sein kann, frei von Druck und selbstbestimmt die richtige Entscheidung getroffen zu haben, desto eher wird sie später nichts bereuen.

Die Konsequenz

> »Dieses Gefühl der Erleichterung, als alles vorbei war, war so immens, daß ich es gar nicht beschreiben kann. Das war das überwältigende Gefühl die ersten 6 bis 8 Wochen danach – das Ende der psychischen Qualen, verbunden mit Zeitdruck, der Angst vor dem Eingriff selber und eventuellen Folgen. Es war das Gefühl: Ich kann wieder leben, ich bin frei von dieser Geschichte.«
>
> *Sieglinde B., 32 Jahre*

Am Ende der wochenlangen Auseinandersetzung mit dem Für und Wider einer Mutterschaft, mit Gewissensbissen und inneren Zweifeln, ist die Entscheidung gefallen: Ich lasse abtreiben. Die beherrschenden Gefühle sind nun Nervosität, Angst vor dem Eingriff, letzte Zweifel – und die Hoffnung, daß alles möglichst rasch vorübergehen möge. Frauen erleben die Umstände einer Abtreibung sehr unterschiedlich. Ob sie in einer vergifteten, feindlichen Atmosphäre oder in einem freundlich-verständnisvollen Klima abtreiben, ob ihnen eine Freundin, die Mutter oder der Partner zur Seite stehen, ob sie legal abtreiben oder verzweifelt im Ausland Hilfe suchen – dies alles sind Faktoren, die zumindest in der ersten Phase »danach« die Stimmung erheblich beeinträchtigen können.

Wenn der Eingriff überstanden ist, wenn die Narkose nachläßt und die Geschehnisse wie ein böser Traum hinter der Frau liegen, dann macht sich in den allermeisten Fällen erst einmal ein Gefühl grenzenloser Erleichterung breit.

Die Verarbeitung

> »Mehr und mehr fielen mir Mütter mit kleinen Kindern auf, die Stadt schien nur noch aus Schwangeren zu bestehen, und ich erwachte wie aus einem Traum.«
>
> *Karla V., 22 Jahre*

> »Gleich nach der Krankenhaus-Entlassung habe ich erst mal ein paar Wochen getrauert, es war ein Schmerz wie ein Abschiedsschmerz, verstärkt durch Schuldgefühle.«
>
> *Marion S., 33 Jahre*

> »Ich habe mich gefühlt wie nach einem bestandenen Staatsexamen. Ich habe angefangen, ich selbst zu werden. Haben Sie schon mal bedauert, gerettet worden zu sein?«
>
> *Helga W., 25 Jahre*

> »Ich stehe voll dahinter, erspare mir eine Menge Probleme, bin froh, daß ich's gemacht habe.«
>
> *Hanna P., 21 Jahre*

»Der Abbruch ist ein Kapitel meiner Vergangenheit, zu dem ich stehe, das mir aber keine seelischen Probleme bereitet.«

Jutta D., 37 Jahre

Es ist ein Alpdruck, der von der Frau abfällt, wenn die Abtreibung überstanden ist, und meistens sind damit auch die Probleme wirklich aus der Welt geschafft. Wenn die anfängliche Euphorie bald Stimmungen von Nachdenklichkeit und Traurigkeit weicht, deutet das nicht zwangsläufig auf psychische Probleme mit der Verarbeitung des Ereignisses hin. Solche Stimmungen sind nur natürlich nach einem Abbruch und zeugen davon, daß die Frau das Erlebte nicht sofort verdrängt hat. Sie treten übrigens auch nach Geburten häufig auf (siehe auch »Depressionen«).

Der Verarbeitungsprozeß verläuft sehr unterschiedlich. Bei Frauen, deren psychosoziale Lage vor dem Abbruch schlecht war, ändert sich durch die Abtreibung nur eines. Sie haben eine Sorge weniger, aber eine Last mehr zu tragen. Entsprechend schwer wird für sie die Verarbeitung des Erlebten. Frauen, die dem Abbruch mit ambivalenten Gefühlen entgegensahen, die schon vorher Trauer in sich spürten und das Kind gerne behalten hätten, haben auch hinterher größere und länger anhaltende Probleme. Zu dieser Gruppe gehören rechnerisch etwa 15 Prozent aller Frauen.

Wenn eine Frau nach einem Schwangerschaftsabbruch von Stimmungsveränderungen berichtet, dann gehören diese meistens zu den üblichen Begleiterscheinungen, die jede Trauerarbeit kennzeichnen. Nur zwei von zehn Frauen haben auch ein Jahr nach der Abtreibung ihr seelisches Gleichgewicht noch nicht wiedererlangt (was sie nach eigenen Aussagen nicht unbedingt in ihren Alltagsaktivitäten behindert) oder sind psychisch deutlich beeinträchtigt. Und genau diese Frauen mit Bewältigungsschwierigkeiten waren offenbar auch vor dem Eingriff seelisch nicht besonders ausgeglichen. Schon vor der Abtreibung neigten sie eher als die anderen Frauen zu Depressionen, und hinterher zweifelten sie stärker an der Richtigkeit ihrer Entscheidung.

Es gibt keine Regel dafür, wie lange eine Frau braucht, um das Ereignis zu bewältigen. Meine eigenen und andere Untersuchungen

deuten darauf hin, daß sechs von zehn Frauen keinerlei Probleme haben, das Geschehene zu verarbeiten. Sie fühlen sich direkt »danach« erleichtert, und je mehr Zeit vergeht, desto ferner und unwirklicher erscheint ihnen diese unglückliche Erfahrung. Weiteren zwei von zehn Frauen gelingt es über kurz oder lang, nach ein paar anfänglichen Schwierigkeiten, den Schwangerschaftsabbruch in ihre Lebensgeschichte zu integrieren, ohne sich dadurch in irgendeiner Weise seelisch beeinträchtigt zu fühlen. Sie fühlen sich nach der ersten Euphorie und Erleichterung ein bißchen traurig, allein gelassen, deprimiert darüber, daß sie diesem Kind keine Chance geben konnten, und betrauern den von ihrer Lebenssituation her unvermeidlichen Verlust des Babys. Sehen sie eine hochschwangere Frau, geht ihnen der Gedanke durch den Kopf, daß sie jetzt im gleichen Monat wären; treffen sie junge Mütter, rechnen sie im Kopf nach, wie alt denn ihr Kind jetzt wäre, wenn... Sie sind aber keineswegs depressiv, eher nachdenklich und verstimmt. Zu diesen Frauen gehört auch Evelyn L., die mir nach ihrer dritten Abtreibung schrieb:
»Ich glaube, frau kann diese Entscheidung gegen ein Leben nicht so einfach vergessen, verdrängen. Die Erinnerung an die Abtreibung löst in mir Traurigkeit aus. Dennoch kann ich nicht klar sagen, daß ich diese Entscheidung bereue – ich finde es traurig, daß sie überhaupt notwendig war, da ich jedesmal das Gefühl hatte, die Männer (Väter) würden nicht zu mir und diesem Kind stehen. Es ist eine Frage der persönlichen Reife und des Selbstvertrauens, ob frau ein Kind allein großziehen kann, ob sie die Courage besitzt, trotz aller widrigen Umstände eine Schwangerschaft auszutragen.«

Die Verdrängung

Nicht wenige Frauen streichen den Akt der Abtreibung aus ihrer Biographie, versuchen, das traurige, unerfreuliche, erniedrigende Erlebnis so schnell wie möglich zu vergessen – sie verdrängen es aus Selbstschutzgründen. Verdrängung kann hilfreich sein, aber eine Verarbeitung nicht ersetzen. Manchmal gelingt sie – nicht immer. Es ist zwar menschlich, aber nicht ungefährlich, wenn verdrängt wird, was man nicht verarbeiten zu können glaubt. In krisenhaften Lebenssituationen kann das Verdrängte diese Frauen wieder einholen und sie deprimieren. Dann besteht die Gefahr, daß sie das verlorene Kind idealisieren, sich in depressivem Grübeln über die destruktive Frage verlieren, wie ihr Leben verlaufen wäre, hätten sie dieses Kind bekommen.

Verdrängung ist aber Bestandteil eines jeden natürlichen Trauer- und Verarbeitungsprozesses. Viele Frauen geben an, am Anfang jeden Gedanken an die Abtreibung und deren Umstände weit von sich geschoben zu haben. Sie fühlten sich direkt nach dem Eingriff zwar erleichtert, aber auch leer und suchten nach innerer Ruhe. Hier ist Verdrängung eine unbewußte Strategie, zu sich zu kommen, die innere Stabilität und Kraft zur Auseinandersetzung mit den zurück- liegenden Geschehnissen aufzubauen. Erst mit einem Abstand von etlichen Wochen ließen sie das Ereignis nochmals Revue passieren und spürten dann auch eine gewisse Traurigkeit.

Die Trauer

Diese Traurigkeit zuzulassen ist für Frauen nach einem Schwanger- schaftsabbruch nicht leicht. Sie spüren das Gefühl der Trauer als etwas Schizophrenes, denn sie haben es ja selbst verursacht (sofern der Abbruch nicht aus medizinischen oder eugenischen Gründen erfolgte). Ihre Trauer ist aber nicht nur berechtigt, sondern auch wichtig für das Bewältigen des Ereignisses. Oft zeichnete sich das Gefühl der Trauer schon vor dem eigentlichen Eingriff ab, nämlich als eine tiefe Traurigkeit darüber, genötigt zu sein, etwas von sich selbst abzutöten. Es gibt Frauen, deren Trauer sich darin ausdrückt, daß sie Selbstgespräche führen mit sich und dem, was in ihrem Bauch wächst, die dem »Kind« die Nöte erklären, sich entschuldi- gen und vor oder nach dem Abbruch regelrecht Abschied nehmen (siehe auch »Sehnsucht« im 9. Kapitel).

Jeder Verlust löst Trauer aus; mal ist sie erträglich, mal führt sie zu tiefer Verzweiflung. Ob und welche Traurigkeit oder Trauer nach einer Abtreibung aufkommt, hängt stark davon ab, mit welcher Empfindung eine Frau abgetrieben hat. War sie bis zuletzt ambiva- lent in ihren Gefühlen, kämpfte Kopf gegen Bauch, sprachen äußere

Umstände und soziale, materielle, eugenische oder medizinische Gründe gegen ein Kind, dann ist es eine Trauer, die der um ein totgeborenes Kind gleichkommen kann. Ist die Frau Mutter, kann die Trauer sehr konkret sein, denn sie kann nicht nur ermessen, welche Schwierigkeiten mit einem Kind auf sie zugekommen wären. Sie weiß auch, was sie verliert oder opfert: die Faszination, ein Wesen werden zu sehen, die Freude an jedem kleinen Lernfortschritt, das Gefühl von Wärme und Innigkeit, die Chance, an einem neuen Leben teilzunehmen.

Der Verlust kann viele Arten von Trauer bedingen: die Trauer, so etwas erlebt haben zu müssen, die Trauer über die eigene Unzulänglichkeit, die Trauer über die verlorene Chance einer neuen Lebenserfahrung (die andere Lebenspläne umgestürzt hätte), die Trauer, gegen den eigenen Körper gehandelt zu haben. Trauern heißt, loslassen zu müssen: auch Phantasien, Wunschträume, Hoffnungen zu begraben, die nicht mit dem Kind zusammenhingen, aber durch den Schwangerschaftskonflikt offenkundig wurden. Sich mit den Realitäten abzufinden kann Trauerarbeit erfordern.

Trauer ist das Gefühl, mit dem der Mensch Abschied nimmt. Psychologen wissen heute, daß Verlusterlebnisse, die zu schnell verdrängt und nicht genügend aufgearbeitet (»betrauert«) wurden, zu Mitauslösern von später auftretenden Depressionen werden können. Trauer zuzulassen ist wichtig, um das seelische Gleichgewicht wiedererlangen und bewahren zu können. Trauer ist immer auch eine Herausforderung: zum Nachdenken, zur Auseinandersetzung, zur Veränderung. Trauer verlangt nach Abrechnung mit der Vergangenheit und (Neu-)Orientierung in der Zukunft. Darin liegt die Chance, unbefriedigende Lebensumstände zu erkennen und nach neuen Möglichkeiten zu suchen.

Meine Befragungen haben ergeben, daß eine von fünf Frauen irgendwann nach ihrer Abtreibung, möglicherweise erst in einer akuten Krisensituation, auch einmal Phasen von Traurigkeit und Trauer durchlebt. Diese Frauen beschreiben sehr häufig Empfindungen, die man auch bei Menschen beobachten kann, die aus besser nachvollziehbaren Gründen trauern – weil sie einen Elternteil, das Kind, den Lebenspartner verloren haben. Psychologen unterscheiden im Trauerprozeß vier verschiedene Phasen:

1. Das Nicht-Wahrhaben-Wollen:
Der Verlust löst einen Schock und Erstarrung aus. Tiefe Leere und
Empfindungslosigkeit bestimmen das Befinden und gehen einher
mit dem Gefühl des Nicht-Wahrhaben-Wollens.

2. Die Phase der aufbrechenden Emotionen:
Auf die Empfindungslosigkeit folgt eine Zeit voller heftigster Emotionen. Ängste brechen auf, Wut gegen sich und andere stellt sich
ein, Niedergeschlagenheit und Trauer wechseln mit Neid, Schuldgefühlen und Schuldzuweisungen.

3. Die Phase des Suchens und Sich-Trennens:
Es folgt eine Phase, die durch Rückorientierung und Suchen nach
neuen Wegen, Inhalten, Beziehungen gekennzeichnet ist. Die Trennung von der Vergangenheit steht an.

4. Die Phase des neuen Selbst- und Weltbezugs:
Nun kreisen nicht mehr alle Gedanken um den erlittenen Verlust.
Der Tod oder Verlust ist akzeptiert, es tritt ein Prozeß der Klärung
und Erkenntnis ein. Die Auseinandersetzung mit dem Tod oder
Verlust hat Fragen aufgeworfen und Probleme aufgezeigt, die es ermöglichen und verlangen, die Beziehung zu sich selbst und zur Welt
neu zu definieren.

Im Laufe einer konfliktreichen Verarbeitung des Schwangerschaftsabbruchs treten in der Trauer viele dieser Elemente auf, erst die
Leere, dann Wut, Zorn, Schuldgefühle, schließlich die Suche nach
Neuorientierung und die Stabilisierung. Wie bei jedem »normalen«
Trauerprozeß bleiben manche – sehr wenige – Frauen in der zweiten
oder dritten Phase stecken: Ihre Stimmung wird immer depressiver,
sie steigern sich in einen Schuldkomplex hinein, leiden unter Alpträumen und verlieren schließlich ihre Selbstachtung. Die krisenhafte Gesamtstimmung kann psychosomatische Folgen haben. Wie
Menschen, die über einen Verlust nicht hinwegkommen, beginnen
sie unter Herzrhythmusstörungen, Beklemmungszuständen, Eßan-
fällen und Hormonstörungen zu leiden. Doch solche gravierenden
psychischen Probleme sind äußerst selten und haben in der Regel

eine Vorgeschichte, die lange vor dem Schwangerschaftskonflikt begann.

Trauer hat aber nichts mit dem Eingeständnis von Schuld und Reue zu tun. Fast nie bereut eine Frau Monate oder Jahre später in der Rückschau ihren Abbruch. Erinnern wir uns: Nur etwa eine von zehn Frauen würde ihre Entscheidung später gern rückgängig machen. 82 Prozent der Frauen würden in derselben Situation ohne Einschränkung wieder so handeln; nur 7,8 Prozent hegen leichte Zweifel an der Richtigkeit ihrer Entscheidung.

Schuldgefühle

Ein Gefühl allgemeiner Niedergeschlagenheit ist im Anfangsstadium des Verarbeitungsprozesses relativ weit verbreitet. Die am häufigsten geäußerten Empfindungen, die einige Wochen oder Monate nach einem Abbruch auftreten, sind – neben der Traurigkeit – Schuldgefühle und Depressionen. Zumindest die Schuldgefühle, die jede zehnte Frau belasten, haben viel mit negativen Bedingungen zu tun, mit denen eine Frau in der Notlage einer unerwünschten Schwangerschaft konfrontiert ist. Schuldgefühle müßten nicht sein, Verheimlichung und Verdrängung wären überflüssig, wäre die Gesellschaft weniger von verlogener Moral, Lustfeindlichkeit und männlicher Überheblichkeit geprägt. Denn wenn statistisch jede zweite Frau einmal im Leben eine Abtreibung über sich ergehen lassen muß – wo sind dann die Millionen Männer, die sich mitschuldig gemacht haben? Das Gros der Männer maßt sich an, über Frauen zu richten, zu urteilen, hinwegzubestimmen, als wären ungewollte Schwangerschaften auf jungfräuliche Empfängnis zurückzuführen. Bekommen Frauen mit der Abtreibung Probleme, so befinden die Männer, dann ist das ihre Sache.

Wenn Frauen sich nach einer Abtreibung schuldig fühlen oder depressiv sind, kann dies gleichzeitig auch ein Indikator dafür sein, wie stark sie sich doch von Ideologie und gängigen Moralbegriffen beeinflussen lassen. Unter Schuldgefühlen hat man die ganze Palette von Zweifeln und inneren Konflikten zu verstehen. Der Große Brockhaus[3] definiert Schuld als »das Bewußtsein, gegen Gebote der

Pflicht, eine sittliche Norm in Handlung oder Unterlassung bewußt verstoßen und damit in diesem Fall das sittliche Ziel der menschlichen Handlung verfehlt zu haben. Schuld erhält so den Charakter eines sittlichen Makels, eines in ihr enthaltenen Vorwurfs und einer hieraus folgenden Strafwürdigkeit.«

Etwa die Hälfte der Frauen mit Schuldgefühlen belastet der Gedanke, »menschliches Leben« vernichtet zu haben – auch dann, wenn sie noch keine Beziehung zu dem Embryo entwickelt hatten und ihn bewußt ablehnten. Etwa jede vierte der Frauen mit Schuldgefühlen leidet unter der Vorstellung, die Erwartungen ihres Umfelds nicht erfüllt zu haben. Dies ist ein typisch weiblicher Konflikt: Frauen sind zur Anpassung erzogen und neigen dazu, ihre Selbstachtung und ihr Selbstwertgefühl aus der positiven Rückkopplung ihrer Mitmenschen zu beziehen. Sie können sich zwar äußerlich über geltende Normen, Moral und Gesetze hinwegsetzen, stehen aber deshalb längst nicht innerlich souverän über den Dingen. Das typisch weibliche Streben nach Harmonie und der hohe Stellenwert der Meinung anderer für das Selbstverständnis und die Selbstzufriedenheit können Ursache dafür sein, daß Schuldgefühle entstehen.

Verschleppte Gefühle von Schuld werden nicht selten von körperlichen Beschwerden begleitet, zum Beispiel von Bauchschmerzen, Kopfweh, Erbrechen, Verspannungen und Schlafstörungen. Werden Schuldgefühle nicht bewußt wahrgenommen, sondern verdrängt, können sie sich psychosomatisch äußern, das heißt durch körperliche Krankheiten, die durch seelische Probleme verursacht worden sind.

Eine ganze Reihe von psychosomatischen Krankheiten können als Begleiterscheinungen von Schuldgefühlen auftreten, insbesondere auch Suchtverhalten. Dabei wird aber die Sucht nicht etwa durch das Schuldgefühl ausgelöst, sondern ist als ein mißlungener Versuch zur Bewältigung der belastenden Gefühle zu verstehen. Wer nie für süchtige Verhaltensweisen anfällig war, wird im Schuldkonflikt auch kein Suchtverhalten entwickeln. Frauen aber, die auch schon vor ihrem Schwangerschaftsabbruch unfähig waren, Konflikte zu bewältigen, Gefühle wahrzunehmen, zu deuten und angemessen zu beantworten, neigen dazu, die Lösung in der Betäubung zu suchen: Sie beruhigen sich mit Tranquilizern, suchen Vergessen im Alkohol

und stopfen sich mit Lebensmitteln voll. In Medikamentenmiß-
brauch, Alkoholismus, in Eß- oder Magersucht können fehlgeschla-
gene Versuche, die Schuld zu bewältigen, gesehen werden.

Depressionen

In der Medizin werden zwei Formen von Depressionen unterschieden: endogene, die von innen kommen, und exogene, die von außen
kommen. Endogene Depressionen treten plötzlich und anscheinend
grundlos auf – die Betroffenen selbst, ihre Angehörigen und
Freunde können keinen Auslöser für die Gemütserkrankung finden. Exogene Depressionen, die man auch »reaktiv« nennt, entstehen oft nach einem schmerzlichen Erlebnis, zum Beispiel Tod, Verlust, Trennung.
Die depressiven Gefühle, die Frauen manchmal Monate oder Jahre
nach einem Schwangerschaftsabbruch verspüren, sind exogener
Natur. Es gibt eine Reihe von Therapiemöglichkeiten bei Depressionen. Leichtere Depressionen, deren Ursachen bekannt sind und
die aus der Trauer heraus entstehen, sollten adäquat beantwortet
werden: durch Trauerarbeit, durch Arbeit an sich selbst, durch Auf-
arbeiten. Das ist natürlich unbequemer, als Pillen zu schlucken. Die
Auseinandersetzung mit den Ursachen der Depression garantiert
aber eher als jedes Medikament, daß diese Stimmungen nicht immer
wieder aufkommen.
Krankhafte Formen von Depressionen treten in der Folge eines
Schwangerschaftsabbruchs fast nie auf. Aus den Äußerungen zahlreicher Frauen geht hervor, daß die Verzweiflung, die Depression
und die psychische Belastung vor der Abtreibung oft wesentlich
stärker waren als danach. Doch auch hier gilt wieder, daß die Depression durch den Abbruch – wie durch jede andere krisenhafte
Lebenserfahrung auch – bei depressiv veranlagten Frauen verstärkt
werden kann, bis hin zu Selbstmordgedanken. Das ist allerdings die
große Ausnahme.
Nicht selten erkranken übrigens auch Frauen während ihrer
Schwangerschaft oder im ersten halben Jahr nach der Geburt eines
Kindes an einer Depression. Frauen neigen ohnehin stärker zu De-

pressionen als Männer, und es kommt immer wieder vor, daß sie in Zusammenhang mit ihrem Zyklus, einer Entbindung oder Fehlgeburt ein besonderes Tief in ihrer Stimmung erleben. Hormonschwankungen scheinen die weibliche Tendenz zur Depression zu begünstigen. Darauf deutet auch die Beobachtung vieler Frauen hin, daß ihre Stimmung stets am Tag vor der Periode in den Keller rutscht.

Um es noch einmal zusammenzufassen: Es gibt zeitweilige depressive Verstimmungen, die scheinbar von selbst kommen, tatsächlich aber durch bestimmte Erlebnisse und Ereignisse ausgelöst werden, etwa durch akute berufliche Unzufriedenheit, durch die endgültige Trennung vom Lebenspartner oder durch den errechneten Geburtstag des verhinderten Kindes, das in einer anderen Lebenssituation willkommen gewesen wäre. Solche depressiven Phasen haben ihre konkreten Ursachen, und diese können, müssen aber nicht mit der Abtreibung zusammenhängen. Meist handelt es sich eher um Wehmut, Sentimentalität und Niedergeschlagenheit als um eine wirkliche Depression.

Auch der unerwartete Tod eines Kindes oder des Lebenspartners kann die Abtreibung nachträglich in einem anderen Licht erscheinen lassen und zu heftigen Depressionen führen. Nur: Wer erwartet schon, daß ein solcher Schicksalsschlag irgendwann eintritt? Schicksalsschläge kommen immer unerwartet, niemand kann da vorbauen.

Abtreibung und Sexualität

Sehr häufig hinterläßt die Erfahrung eines Schwangerschaftsabbruchs auf einer anderen Ebene als der seelischen tiefe Spuren: in der Sexualität. Nicht wenigen Frauen ist nach ihrer Abtreibung verständlicherweise erst einmal wortwörtlich »die Lust vergangen«. Wenn sie eines gelernt haben aus der traurigen Erfahrung der ungewollten Schwangerschaft, dann das, noch konsequenter zu verhüten. Daß dennoch ein nicht unerheblicher Teil der Frauen – je nach Schätzungen zwischen 20 und 50 Prozent[4] – noch einmal oder öfter ungewollt schwanger wird, hat vielfältige Ursachen. Auch Frauen, die glauben, nichts in der Verhütung versäumt zu haben, überprüfen ihre Verhütungspraxis und entwickeln regelrechte »Schwangerschaftsängste«. Es ist das Gefühl, keinen Einfluß auf den Erfolg der Verhütung zu haben. Sie haben zunächst einmal das Vertrauen verloren, das Vertrauen in sich und ihren Körper, und vielleicht – das hängt vom Einzelfall ab – auch in ihren Partner.

Insofern ist es auch nicht verwunderlich, daß selten langfristig, öfter kurzfristig die sexuelle Empfindungsfähigkeit gestört ist. Eine Frau, die während des Beischlafs Ängste aussteht, erneut schwanger zu werden, kann sich nicht fallen lassen und Befriedigung erleben. Der zwanglose Umgang mit der eigenen Geschlechtlichkeit ist, so er einmal vorhanden war, in Mitleidenschaft gezogen. Wo das Vertrauen gestört ist, wo der Kopf nicht mehr ausgeschaltet werden kann und die Gedanken ständig um die eine Sorge kreisen, daß »es« wieder passieren könnte, leidet die Hingabefähigkeit. Genußvolles Erleben von Lust und körperlicher Liebe ist unter solchen Umständen kaum möglich.

So berichten einzelne Frauen von »Ekel beim Verkehr«, »starker Aversion gegen Sperma« und einem »totalen Zu-Sein«. Viele haben schlicht und einfach erst mal kein Interesse mehr an Sex. Es gibt so vieles, das sie beschäftigt und in ihnen arbeitet, daß Lustgefühle gar nicht erst aufkommen. Wonach sich diese Frauen sehnen, ist Geborgenheit, die Schulter zum Anlehnen, sanfte Zärtlichkeit. Und genau aus dieser Sehnsucht nach Wärme entstehen die meisten Mißverständnisse. Es gibt noch immer viele Männer, die fragen, »na, willste schon wieder?«, wenn eine Frau nur schmusen möchte. In der überempfindlichen Verfassung nach einer Abtreibung nehmen Frauen ihrem Partner diese machistische Gefühllosigkeit besonders übel.

Es dauert eine Weile, bis die körperlichen Wunden der Frau heilen – wegen der Infektionsgefahr ist ohnehin Abstinenz angesagt. Es dauert weitaus länger, bis sich Sinnlichkeit und Lustgefühle wieder einstellen. Etliche Frauen, mit denen ich gesprochen habe, haben das Problem auf ihre Weise gelöst. Sie haben die Beziehung zum Partner beendet, haben sich ihm zu »gefährlichen Zeiten« verweigert oder sich sterilisieren lassen.

Die Abtreibung hat in ihrer Rückwirkung auf das Körperbewußtsein der Frau jedoch auch durchaus positive Effekte. Eine ganze Gruppe von Frauen hat nach dem Abbruch begonnen, sich intensiver mit den Vorgängen in ihrem Körper auseinanderzusetzen, besser in sich selbst hineinzuhorchen und mehr auf die Signale ihres Körpers zu achten. Dadurch haben sie etwas entwickelt, was ihnen bisher fremd oder fern war: einen größeren Zugang zu ihrer Fruchtbarkeit.

Durch ihre bessere Beziehung zum eigenen Körper, durch ihre neue Fähigkeit, eigene Bedürfnisse bewußter wahrzunehmen und auf sie zu reagieren, haben sie ein größeres sexuelles Selbstbewußtsein und einen freieren Umgang mit ihren Gefühlen entwickelt. Die Kehrseite der Medaille: die wachsende Aversion gegen chemische Verhütungsmittel und den täglichen Griff zur Pille. Manche Frauen haben ihren Körper nach der Abtreibung erst richtig oder ganz neu entdeckt. Aus dieser Erfahrung heraus sind diese Frauen auf natürliche Verhütungsmethoden umgestiegen – und haben mit einer erneuten ungewollten Schwangerschaft einen hohen Preis dafür bezahlt. Die Anwendung natürlicher Methoden verlangt große Gewissenhaftigkeit und ein gewisses Maß an Erfahrung.

Andere Frauen wiederum, die schon vorher auf die »sanfte Tour« verhütet hatten, haben ihre Verhütungspraxis, verunsichert durch die negative Erfahrung, radikal geändert und sind zu zuverlässigeren Alternativen übergewechselt: zu Pille oder Spirale. Eine Ironie des Schicksals, daß auch von ihnen einige erneut schwanger geworden sind? Frauen, die »alles probiert« haben und doch immer wieder ungewollt schwanger geworden sind, können es sich selbst nicht erklären. Ärzte und Psychologen sind mit Erklärungsmustern leicht bei der Hand, doch das löst das Problem nicht.

Deshalb ist es wichtig, diese Frauen und ihre Partner zu ermutigen, bewußt(er) mit ihrer Sexualität und ihrer Psyche umzugehen. Schlimm genug, wenn »es« (schon wieder) geschehen ist, aber Schuldzuweisungen und Moralpredigten helfen nicht weiter. Sexualität ist nicht vom Menschen losgelöst, ist nicht technisch und chemisch absolut beherrschbar und sollte es auch nicht sein. Nur ein ganzheitliches Betrachten der Frau und ihrer Lebenssituation (oder der des Paares) kann zu Erklärungsansätzen führen und beitragen, die Ursachen der Problematik zu verstehen.

Wenn die Frau sich selbst und ihre Bedürfnisse besser kennenlernt, erkennt sie vielleicht, daß sie tatsächlich ein Kind will. Vielleicht wird sie sich der wahren Hintergründe und des »Sinns« ihrer Schwangerschaft bewußt und erlebt danach keine weitere ungewollte Schwangerschaft mehr, weil sich etwas in ihrem Leben geklärt hat. Vielleicht bleiben tausend Fragezeichen, aber die Frau lernt, sich selbst mit ihren Abbrüchen zu akzeptieren, notgedrungen damit zu leben und sich von den Schuldzuweisungen Unbeteiligter zu distanzieren.

Denn eines wird gern vergessen in der Diskussion um die Abtreibung: Frauen werden immer wieder ungeplant schwanger, weil sie immer wieder mit Männern schlafen. Es gehören immer zwei dazu, wenn ein Kind gezeugt wird, und wer sagt eigentlich, daß die Schuld generell bei der Frau liegen muß?

Männer im Schwangerschaftskonflikt

Nicht nur zur Schwangerschaft gehören zwei. Auch Schwangerschafts- und Abtreibungskonflikte haben viel mit Männern zu tun. Zum einen sind Männer stets mit verantwortlich, auch wenn sie es sich, zumindest in der Vergangenheit, vielfach recht leicht damit gemacht haben; zum anderen sind es immer Männer gewesen, die jene Gesetze erlassen haben, die Frauen Abtreibungen erlaubten oder verboten (siehe auch »Familienplanung gestern, heute, morgen«, 7. Kapitel).

In den letzten Jahren aber bringen sich nun auch mehr und mehr Männer ein, wenn es um die Schwangerschaft ihrer Frau oder Freundin geht. Die »neuen« Männer wollen mitreden und mit entscheiden können, wenn es um ihre Vaterschaft geht. Einer der selbstkritischsten Aufsätze zu diesem Thema trägt sinnigerweise den befremdlich anmutenden, provozierenden Titel »Der Bauch meiner Freundin gehört mir...«[5].

Angeblich gerät in Deutschland jede Minute ein Mann in die unangenehme Situation, unbeabsichtigt ein Kind gezeugt zu haben.[6] Doch bei der Diskussion über den Schwangerschaftsabbruch bleiben die Schwängerer außen vor. Männer treten als Theologen, Juristen, Ärzte, Politiker in Erscheinung, fast nie als Männer, die an einer Abtreibung beteiligt waren. Susanne von Paczensky hat einmal einen sehr treffenden Essay über die Unsichtbarkeit der Männer verfaßt.[7] Sie malt sich aus, wie Historiker im Jahr 3000 erfolglos der Frage nachgehen, wie es eigentlich zu ungewollten Schwangerschaften gekommen ist, und achselzuckend zu dem Schluß kommen: »Offenbar haben die Frauen sich früher selbst geschwängert – eine besondere Form von Verantwortungslosigkeit, die auch von den Autoritäten häufig getadelt wird. Von anderen Verursachern ist jedenfalls nie die Rede.«

Nach meinen Untersuchungen weihen neun von zehn Frauen, die ungewollt schwanger geworden sind, die Männer in ihr bitteres Geheimnis ein. Da zwei Drittel dieser Männer als Freund oder Ehemann in einer festen Beziehung zu der schwangeren Frau stehen, wundert es nicht, daß sich zumindest die Hälfte dieser Lebenspartner mehr oder weniger engagiert bemüht zu helfen – wenn diese Bemühungen auch selten erfolgreich sind.

Es scheint, als fühlte sich das Gros der »schwangeren Männer« in ihrem Inneren unberührt und nicht betroffen, und die Gründe dafür liegen auf der Hand. Für einen Mann, der noch nie Vater geworden ist, ist die Schwangerschaft seiner Partnerin etwas Abstraktes, emotional kaum Nachvollziehbares. Wie sollte auch ein Mann ahnen, welche Gefühle eine schwangere Frau bewegen, wenn selbst kinderlose Frauen häufig Probleme haben nachzuempfinden, was ihre schwangere Freundin erlebt? Doch die Wurzeln der gravierenden Unterschiede zwischen Mann und Frau im Empfinden bei einer ungewollten Schwangerschaft liegen tiefer.

Die divergierenden Gefühle sind leicht aus der unterschiedlichen Sexualität von Mann und Frau erklärlich. Männer können zum Beispiel Sexualität generell als etwas empfinden, das von Fortpflanzung losgelöst ist, und haben nur selten Probleme, die Möglichkeit einer unbeabsichtigten Schwangerschaft zu verdrängen. Die Mehrzahl der Männer verläßt sich bei der Verhütung ohnehin auf die Frau und kann so ihre Lust unbeschwert ausleben. Anders als bei Frauen, die schon aus Selbstschutzgründen den Gedanken an die biologischen Folgen der Sexualität eigentlich nie gänzlich ausschalten können, ist der Begriff der Schwangerschaft bis zum Moment, in dem sie ungewollt eintritt, für den Mann ohne Kinder ein eher leerer Begriff. Zeugt ein Mann ungewollt ein Kind, liefert er so letztlich auch den

Beweis seiner Potenz und Zeugungsfähigkeit, was natürlich mit Gefühlen von Stolz, Freude und Macht verbunden sein kann.

Eine Frau, die ungewollt schwanger wird, kann sich gelegentlich auch über den Beweis ihrer Fruchtbarkeit, ihrer biologischen Funktionstüchtigkeit und Intaktheit freuen. Doch zumeist ist dies eine sehr durchwachsene, schnell von Gefühlen der Panik und des Entsetzens überlagerte und abgelöste Freude. Und schließlich: Frauen spüren sehr schnell, daß sie schwanger sind, sie sind unmittelbar betroffen – Männer bekommen nur etwas mit, wenn sie eingeweiht werden, und dann laufen ihre Beziehungen zum Baby nicht über das Gefühl, sondern über den Kopf ab. Die Schwangerschaft findet in der Frau statt, sie ist auch eine sinnliche Erfahrung. Ihre Präsenz fordert die Frau heraus, sich ihr und allem, was mit ihr zusammenhängt, gedanklich, emotional, psychisch und physisch zu stellen. Männer können sich dem entziehen, allein schon durch die körperliche Distanz vom Geschehnis.

Wie empfinden nun Männer, die zu einer ungewollten Schwangerschaft beigetragen haben, den Abbruch ihrer Frau oder Freundin? Wissenschaftler wollen herausgefunden haben, daß verhinderte Väter im Gegensatz zu Frauen, die abgebrochen haben, eher an »Spätfolgen« dieser Entscheidung ihrer Partnerin leiden und anfangs wesentlich weniger emotional von der Schwangerschaft berührt sind. Zu diesem Zeitpunkt scheint das beherrschende Gefühl vieler Männer eine Mischung aus Hilflosigkeit, Ratlosigkeit, Schock und Verdrängung zu sein, wobei auch eine Spur von Freude und »Vaterstolz« mitschwingen kann. Zu wissen, daß die Partnerin durch das eigene Mitverschulden ungewollt schwanger geworden ist, löst beim Gros der Männer jedoch Unsicherheit aus – ein Gefühl, mit dem viele nicht umgehen können, denn in ihrem Repertoire vertrauter Verhaltensmuster gibt es dafür keinen Lösungsansatz. Dementsprechend liegt die Verdrängung nahe. Konflikte zu verdrängen heißt aber stets, sie nicht zu verarbeiten. Irgendwann können sie wieder hochkommen, in Form von Gewissensbissen (»Das hätte ich ihr nicht antun dürfen!«) oder Ambivalenz und Schuldgefühlen (»Wir hätten es doch geschafft!«).

Viele Männer halten sich heraus, beziehen wohlweislich keine klare Position und überlassen die Entscheidung über die Schwangerschaft scheinbar ihrer Partnerin. Das heißt aber nicht, daß sie nicht für sich selbst eine Entscheidung träfen. Nicht-mit-Entscheiden, Keine-Stellung-Beziehen und das Verhalten, sich in den Part des neutralen Organisators hineinzusteigern, sind zweifellos auch aufschlußreiche Formen männlicher Äußerung. Sie geben der ungewollt Schwangeren Auskunft über die Haltung des Mannes. Das Ausweichen vor dem Problem, der Rückzug vor der Verantwortung und die emotionale Distanzierung von der Partnerin erlebt diese als Alarmsignale. Aus der scheinbaren Gleichgültigkeit schließt die Frau, daß ihr Partner nicht zu ihr und ihrer Schwangerschaft steht und sie mit dem Kind allein lassen würde.[8]

Wenn sich Männer aus dem Schwangerschaftskonflikt heraushalten, dann hat das immer auch etwas damit zu tun, daß sie sich durch ihr Eingreifen und Einmischen mitverantwortlich machen. Es scheint, als ob nicht wenige Männer die Übernahme solcher Verantwortung für die Entscheidung für oder gegen die Abtreibung scheuen, sei es, weil sie fürchten, für negative Folgen geradestehen zu müssen, sei es, weil sie die Entscheidungskompetenz der Frau respektieren. Besonders, wenn die ungewollte Schwangerschaft Ausdruck eines Beziehungskonfliktes ist, wird der Unterschied zwischen männlichem und weiblichem Empfinden offenkundig: Während es bei der Frau um die Frage geht, wie und ob sie ein Kind in ihren Lebensplan integrieren kann, liegt beim Mann die Frage näher, ob er überhaupt mit der Frau zusammenbleiben will.[9]

Ein Gefühl, das Männer im Schwangerschaftskonflikt sehr häufig begleitet, ist das der Ohnmacht – ein Gefühl, das ebensowenig ins überkommene Rollenmuster des Mannes paßt wie das der Unsicherheit. Die Schwangerschaft der Frau und ihr Umgang mit dem Ereignis ist etwas, das sie nicht managen, nicht in den Griff bekommen können, das sich letzten Endes ihrer Entscheidungsgewalt, ihrem Zugriff entzieht und Unbehagen verursacht. Die Selbstbestimmung der Frau im Schwangerschaftskonflikt schränkt den Anspruch des Mannes auf Selbstbestimmung ein, wenn beider Interessen kollidieren. Werden sie nicht in die Entscheidung einbezogen, fühlen sich viele Männer (in ihrer Ehre) gekränkt und verletzt.

Männer, die nicht mit solchen Empfindungen von Unterlegenheit umgehen können, werden, falls sie nicht gar unbewußt oder direkt psychischen Druck auf die Partnerin ausüben, hier wieder zum bewährten Mittel greifen: verdrängen. So können sie im Moment, in dem bei der Frau die Emotionen kochen, zwar cool bleiben und das Problem von sich schieben. Wenn sie aber einigermaßen sensibel sind, werden sie im nachhinein sehr wahrscheinlich ein schlechtes Gewissen bekommen, und mit dem müssen sie ganz allein fertig werden. Früher hatten Männer es wesentlich einfacher. Entweder heirateten sie die Frau – oder sie ließen sie sitzen.

Für den Mann, der seine Frau als gleichberechtigte Partnerin erlebt, ist ihr Schwangerschaftskonflikt immer auch seiner. Letztendlich muß er im Zweifelsfall zurückstecken, respektiert er ihre Kompetenz und Entscheidung für oder gegen das Kind. Die ungewollte Schwangerschaft der Frau ist für den Mann als passiv Beteiligten immer auch mit einem Moment der Bedrohung behaftet. Wie immer sich die Frau entscheidet, es wird mit großer Wahrscheinlichkeit mit Konsequenzen für die persönliche Beziehung zu ihrem Partner verbunden sein. Entscheidet sich die Frau gegen den Willen des Mannes für das Kind, bedeutet das für ihn in der Regel dreierlei: moralische Verpflichtung, materielle Belastung, Entzug der ungeteilten Aufmerksamkeit der Frau. Auf gut deutsch: Der Mann ist gezwungen, sich entweder in die Rolle des Vaters einzuleben, und hat die düstere Vorahnung, ins zweite Glied gestellt zu werden – oder er setzt sich ab und wird mit Unterhaltsforderungen konfrontiert. Entschließt sich eine Frau gegen seinen Wunsch zur Abtreibung, ist er mehr oder weniger gezwungen, dies in Hinblick auf die weitreichenden Konsequenzen zu akzeptieren, die eine Mutterschaft für das Leben der Frau nach sich zieht.

So gerät der Mann im Schwangerschaftskonflikt in eine Situation, die seiner anerzogenen »männlichen Natur« widerspricht. Ist er nicht ganz und gar Macho, dann fühlt er sich in eine Ecke gedrängt, die eigentlich traditionell Frauen vorbehalten ist, nämlich in die eines sich anpassenden, fremdbestimmten Wesens. Männern mit traditionellem Rollenverständnis fällt es schwer, sich mit dieser Nebenrolle zu begnügen, und so ist es zu verstehen, wenn sie »den Schwanz einziehen und kneifen«, also sich aus allem heraushalten, den Unbeteiligten markieren oder auf organisatorischer Ebene hyperaktiv werden. Das fällt ihnen um so leichter, als sie in keiner

Weise so unmittelbar betroffen sind wie die Frau. Egal wie sich eine Frau entscheidet: So weitreichend wie für die Mutter können die Konsequenzen für den Vater nie im Leben sein. Männer haben das Pech, zur Kasse gebeten zu werden. Doch (fast) niemand erwartet von ihnen emotionales Engagement und das Umkrempeln des eigenen Lebens- und Zukunftsentwurfs.

Erschwert wird vielen Männern die Auseinandersetzung mit der ungewollten Schwangerschaft ihrer Frau oder Freundin nicht zuletzt durch ihre Hemmungen, sich anderen emotional zu öffnen. Nach dem gängigen Rollenideal zeigt man keine Gefühle. Es wäre unfair, zu unterstellen, daß ungewollt »schwangere Männer« keine tieferen Empfindungen umtreiben. Aber auch das, was sie nicht verdrängen, sprechen sie nicht offen aus. Viele Männer fühlen sich im Schwangerschaftskonflikt – übrigens wie ihre Partnerinnen – hilflos und allein gelassen, kennen niemanden, mit dem sie über ihr Problem sprechen könnten. Dennoch gibt es gerade hier einen wesentlichen Unterschied im Konflikterleben: Sie hat normalerweise eine beste Freundin, eine verständnisvolle Schwester oder Mutter, mit der sie über ihre Probleme reden kann – falls sie sich traut.

Er dagegen spricht »darüber« nicht, das männliche Selbstverständnis läßt es nicht zu. Wenn Männer ambivalente Gefühle haben, dringt davon jedenfalls nichts nach außen. Wissenschaftlerinnen, die das Verhalten von Männern im Schwangerschaftskonflikt erforscht haben, kamen zu dem Ergebnis, die meisten Männer würden in ihrem Selbstverständnis »durch einen Abbruch ebenso erschüttert wie durch die Übernahme einer Vaterrolle bei fehlender innerer Bereitschaft«[10].

Männer sind Meister im Unterdrücken von Emotionen, und ihnen fehlt das, was bei Frauen als »Mutterinstinkt« bezeichnet und als natürlich vorhanden unterstellt wird. Haben sie (noch) keine eigenen Kinder, tun sich Männer häufig etwas schwer mit emotionalen Beziehungen zu Kindern. Die wenigsten haben von Natur aus einen intensiven »Vatertrieb« in sich. Ihr Wunsch nach Vaterschaft, so er existiert, richtet sich weniger nach psychischen Momenten als nach äußeren Gegebenheiten (man(n) ist materiell und emotional genügend abgesichert). Nicht wenige Männer erleben die ungewollte Schwangerschaft ihrer Partnerin und den Schwangerschaftskonflikt aber als eine Frage, die ihre Freiheit betrifft: Kind oder Freiheit!

Kinder verpflichten und zwingen dazu, sich in gewisser Weise festzulegen, sich zu etablieren. Ein spontanes Ausbrechen scheint nicht mehr möglich. Manche Männer, die sich im Schwangerschaftskonflikt ihrer Partnerin »neutral« verhalten, hoffen insgeheim, sie möge das Kind austragen – aber bitte nicht erwarten, daß sie sich dadurch binden lassen oder Verpflichtungen auf sich nehmen würden, die nicht mit ihren eigenen Vorstellungen von der Zukunft harmonieren. Die bisweilen nur unterschwellig wahrgenommenen Ängste vor dem Verlust der Freiheit, die im Grunde die Angst vor Veränderung ausdrücken, sind weit verbreitet und beschäftigen viele Männer während der ersten Schwangerschaft ihrer Partnerin, auch wenn diese ein Wunschkind erwartet.

Die inneren Konflikte dieser oft jungen Männer äußern sich nicht selten psychosomatisch: in Kopf- und Rückenschmerzen, Übelkeit und Verdauungsstörungen. Was zu denken geben sollte: Werdende Väter werden »offenbar signifikant häufiger als andere Männer für sexuelle Straftaten verhaftet«, behauptet Herb Goldberg in seinem Buch »Der verunsicherte Mann«[11]. Er glaubt, »daß diese Symptome auch einen unbewußten Protest anzeigen können, den Wunsch, vor der Verantwortung der Vaterschaft zu fliehen – Gefühle, die er sicherlich immer schon hatte, aber bis zur Schwangerschaft seiner Frau verdrängen konnte«.

Besonders extrem kann dieses Fluchtbedürfnis bei Männern werden, die gegen ihren Willen eine Schwangerschaft verursacht haben. Diese Männer wollen aber im Grunde nicht nur vor der Vaterschaft, sondern zumeist schon vor der Entscheidung für oder gegen das Kind fliehen. Denn entweder verspüren sie keine Lust auf ein Kind, das heißt, ihr Kinderwunsch ist im Höchstfall schwach ausgeprägt. Oder sie haben Probleme, sich über die eigenen Wünsche, Bedürfnisse und Gefühle klarzuwerden. In beiden Fällen ist der einfachste Weg der, sich vor der Entscheidung zu drücken (was zugleich bedeutet, die Frau in ihrem Konflikt allein zu lassen). Noch leichter ist es, sich gegen ein Kind auszusprechen, denn damit wird scheinbar keiner der durch das Kind gefährdeten Werte aufs Spiel gesetzt.

Während die Frau ganz Bauch ist, denkt er, der Mann, rational und tendiert eher dazu, die Schwangerschaft, die er verursacht hat, abzulehnen. Dies ist gleichzeitig die für den Mann bequemste Lösung des Problems. Was dahinter steckt, faßt Dieter Schnack[12] in dem selbstanalytischen Satz zusammen: »Über Jahre hinweg habe ich nicht Zeugung und Empfängnis verhütet, sondern Unannehmlichkeiten.« Ohne dies pauschal allen Männern, die ungewollt eine Schwangerschaft (mit)verursacht haben, unterstellen zu wollen, zeugt diese Haltung doch von einer weitverbreiteten männlichen Mentalität: Wenn's kompliziert wird oder ans Herz geht, dann erinnern sie sich der Selbstbestimmungsforderung ihrer Partnerinnen. Es spricht nur für diese Männer, wenn später ihr Gewissen erwacht und sie mit ihrer Haltung im Schwangerschaftskonflikt Probleme bekommen. Im Unterschied zu den Schuldgefühlen, die bei Frauen häufig durch gesellschaftliche und moralische Einflüsse erzeugt werden, haben männliche Schuldgefühle in der Mehrzahl der Fälle nämlich sehr konkrete Gründe.

6. Die Abtreibung und ihre Alternativen

> »Wenn das Kind erst einmal da ist, wird die Mutter sich schon dran gewöhnen.«
>
> *Weitverbreiteter Irrtum*

Die Zahl der Menschen, die auf diesem Planeten leben, nimmt täglich um eine Viertelmillion zu. Die UNO prognostiziert, daß um die Jahrtausendwende schon 6,3 Milliarden Menschen (1995: 5,76 Milliarden) die Erde bevölkern, ihre Rohstoffvorräte plündern, die Umwelt verschmutzen werden. Nach optimistischen Prognosen werden Mitte nächsten Jahrhunderts 8,5 Milliarden Menschen auf diesem Planeten leben, nach pessimistischen Schätzungen sogar 12,5 Milliarden. Zwanzig Prozent dieser Menschen, nämlich die in den wenigen reichen Industriestaaten, beanspruchen 80 Prozent aller Ressourcen, die die Menschheit für sich nutzt. Das heißt, schon heute müssen sich 34 Bangladeschi mit der Nutzung der Rohstoffmenge bescheiden, wie sie nur ein einziger Nordamerikaner für sich allein beansprucht.[1] Verheerende Hungersnöte sind unweigerlich die Folge.

Es wird beklagt, daß die Geburtenrate »nicht so schnell wie erwartet gesenkt werden« konnte.[2] Während die UNO die Schreckensvision einer Bevölkerungsexplosion und aller ihrer erschreckenden Konsequenzen zeichnet, sorgt man sich in unserem Land darum, daß die Deutschen aussterben. »Die Bundesrepublik hat zur Zeit höchstens zwei Drittel der Geburtenzahlen, die zur Erhaltung unserer Bevölkerung nötig wären«, schrieb Siegfried Ernst 1989 an den Direktor der Städtischen Frauenklinik Stuttgart und protestierte gegen die Einrichtung einer Abteilung, in der legale Schwangerschaftsabbrüche vorgenommen werden sollten.[3] Rechnerisch ließe sich das Problem ohne weiteres lösen. Denn zufällig kommt auf zwei Geburten exakt ein Schwangerschaftsabbruch (Dunkelziffer mitgerechnet).

Ungewollt schwanger – was nun? Werdende Mutter, was tun? Jahr für Jahr werden Hunderttausende von Frauen unplanmäßig schwanger, viele von ihnen wollen sich nicht einfach in das Schicksal ungewollter Mutterschaft fügen. Politiker versuchen, diesen Schwangeren mit allerlei Bonbons das Kinderkriegen schmackhaft zu machen: über Steuererleichterungen, Kindergeld, Erziehungsgeld und -urlaub, über materielle Hilfen, über die Einführung eines vielleicht nie umsetzbaren Rechtsanspruchs auf einen Kindergartenplatz (zum Zielvorgabezeitpunkt 1. 1. 1996 fehlten 600 000 Plätze), über ideelle Überzeugungsarbeit und eine gesetzlich verfügte »ergebnisoffene«, aber »zielorientierte« Beratung, die dem Schutz des ungeborenen Lebens dienen soll. Selbst die Einführung einer Strafsteuer für Singles wird – kontrovers – diskutiert.

Aber es ändert sich nichts an der mangelnden Gebärfreudigkeit. Im Gegenteil: Die soziale Misere in den neuen Ländern hat zu einem drastischen Geburtenrückgang und zur Zunahme von Sterilisationen geführt. Kinder sind und waren schon immer wichtig als »Zukunftsinvestition« für die Gesellschaft und ihre Mitglieder. Nur lassen sich Frauen von heute nicht mehr so einfach als »Gebärmaschinen« benutzen. Auch früher wehrten sich viele dagegen und starben auf dem Küchentisch des Engelmachers. Frauen von heute wollen selbstbestimmt ihr Leben planen, ein gutes Recht, das Männer seit jeher selbstverständlich für sich in Anspruch genommen haben.

Mut zum Kind, und dann?

Den Frauen, die heute abtreiben, wird gern unterstellt, sie seien Egozentrikerinnen und karrieresüchtig, sie würden lieber ihrer Selbstverwirklichung nachgehen, als sich selbst (und vor allem dem Staat) ein paar Kinder zu schenken. Tatsächlich aber sind es tausenderlei individuelle, oft emotionale Gründe, die Frauen dazu veranlassen, sich generell oder gerade jetzt gegen ein Kind zu entscheiden: Studium, Beruf, Partnerschaftskonflikte, Wohnungsnot, Alter. Nicht jede Frau hat den Mut oder das Bedürfnis, allen Widrigkeiten zum Trotz ja zum Kind zu sagen. Nach wie vor werden auch die Belange der Mütter – und die ihrer Kinder – von Politik wie Gesellschaft viel zu wenig berücksichtigt.

»Kinderfreundlich wird eine Gesellschaft nicht dadurch, daß sie werdenden Müttern das Austragen eines Kindes ›abkauft‹, sondern indem sie respektiert, daß einige Menschen eben keine Kinder wollen«, schreibt Heiko Ernst in »Psychologie heute«[4]. Und Rita Süssmuth erkannte früh: »Wer heute Kinder hat, spürt ganz deutlich, daß Kinderhaben eher bestraft als belohnt wird.«[5] Die unübersehbaren gesellschaftlichen Defizite ermutigen eine zweifelnde Frau nicht gerade zum Austragen einer Schwangerschaft. Daß Bekundungen des guten Willens nicht weiterhelfen, hat sich inzwischen unter Politiker / innen herumgesprochen. Die baden-württembergische Familienministerin Brigitte Unger-Soyka sagt:

»Eine Beraterin kann der Frau zur Zeit nur sagen, daß ihr Kind im Glücksfall mit vier Jahren einen Kindergartenplatz erhalten wird [...] Vage Hoffnungen reichen da nicht aus. Nur wenn einer schwangeren Frau im Konfliktfall verläßliche Zusagen für ein eigenständiges Leben mit dem Kind gemacht werden können, wird sie sich auch für dieses Kind entscheiden.«[6]

Doch mit Zusagen, auf die wirklich Verlaß ist, hapert es. Dennoch wird mit großer Selbstverständlichkeit auf Frauen eingewirkt, ihre Schwangerschaft auszutragen, und man versichert ihnen, es gebe ein engmaschiges Netz sozialer und materieller Hilfe, das bereitliege, sie in jedem denkbaren Problemfall aufzufangen. In der Praxis ist es dann allerdings häufig nicht allzuweit her mit dem Beistand, den Staat, Kirche und Gesellschaft den mutigen Frauen leisten, die sich trotz aller Zweifel und ungünstigen Lebensumständen für ihr Kind entscheiden. Umfassende, unbürokratische, nicht allein materielle Hilfe ist leider der Ausnahmefall; der entwürdigende Absturz zum Sozialfall keine Seltenheit. Ist die Frau erst einmal Mutter geworden, hat sie keine große Lobby mehr.

Kinder kosten mehr als Idealismus

Studien haben gezeigt, daß die materielle Not bei der Entscheidung für oder gegen ein Kind eher nebensächlich ist. Trotzdem mögen manchmal auch finanzielle Schwierigkeiten beim Entschluß, abtreiben zu lassen, eine nicht unerhebliche Rolle spielen, bei alleinstehenden Frauen, insbesondere aber in den sogenannten unteren sozialen Schichten. Frauen aus diesen Kreisen identifizieren sich in der Regel viel stärker mit dem traditionellen Frauenbild und neigen häufig dazu, sich über die Mutterrolle zu definieren.

Die tragische Folge dieser Prägung ist, daß hier der Abbruch einer ungewollten Schwangerschaft viel eher zu späteren Konflikten führen kann – aber auch das Austragen der Schwangerschaft, denn gerade sozial Schwächere, kinderreiche Familien, Familien, in denen nur einer verdient oder in denen der Ernährer arbeitslos ist, und Alleinstehende können sich ein Kind (mehr) oft schlicht und ergreifend nicht leisten. 1994 gab es in Deutschland über 1,6 Millionen Alleinerziehende, fast 87 Prozent davon (1 415 000) waren Frauen, und von ihnen lebte ungefähr jede sechste von der Sozialhilfe.[7]

Kinder sind dem Staat lieb – aber zu teuer. Natürlich gibt es eine Menge von Ansätzen, Programmen und Angeboten finanzieller Natur. Diese helfen jedoch meist nur, mehr oder minder lange Zeitspannen zu überbrücken, oder sind kaum mehr als ein paar Tropfen auf den heißen Stein. Denn – daran führt kein Weg vorbei – Kinder kosten neben Kraft und psychischer Energie Geld. Sehr viel Geld sogar.

Ein einziges Kind kostet seine Eltern bis zum 18. Lebensjahr über 180 000 Mark (mitberücksichtigt: Verdienstausfall, entgangene Rentenversorgung der Mutter, Zusatzausgaben). Rechnet man noch die Ausbildungskosten hinzu, ist man schnell bei einer Summe von 250 000 Mark oder mehr. Verglichen damit sind alle bisher zur Verfügung stehenden staatlichen Hilfen für alleinstehende Mütter und andere »Bedürftige« Almosen. Viele Milliarden Mark wären nötig, um sozial benachteiligte Familien und alleinstehende Mütter spürbar zu entlasten. Solch gigantische Summen an anderer Stelle des Etats abzuzweigen wäre ein deutliches Signal für einen neuen Weg in der Familienpolitik.

Adoption – ein Ausweg?

»Eine Frau zu zwingen, ein Kind auszutragen und dann zur Adoption freizugeben, ist unmenschlich und grenzt an Sklavenhandel.«

Aus einem Leserbrief an den »Stern«[8]

Immer wieder werden neue alternative Strategien zur »Konfliktregelung« ersonnen. Eine Überlegung geht in Richtung Adoption statt Abtreibung, eine Lösung, die das Gros der Betroffenen »ungeheuerlich« findet. Frauen, die nach ihrer Abtreibung mit dem Vorwurf konfrontiert werden, sie hätten ihr Kind lieber austragen und zur Adoption freigeben sollen, sind empört und weisen diese Forderung ohne zu zögern und eindeutig zurück.

»Abgeben statt abtreiben«, das propagieren insbesondere die Vertreter der evangelischen und katholischen Kirchen. Christliche und konservative Politiker wollen mit dem Hinweis auf Erziehungsgelder und andere staatliche Hilfen den Eindruck erwecken, es gäbe heutzutage eigentlich keine legitimen Gründe mehr für einen Schwangerschaftsabbruch. Daß es Frauen gibt, die sich schlichtweg überfordert fühlen oder einfach keine Kinder (mehr) haben wollen, wird dabei ignoriert. Die Zielrichtung ist etwa folgende: Frauen, die zur Abtreibung entschlossen sind, wird so etwas wie eine »staatliche Abnahmegarantie« angeboten.

Moralischer Druck und marktwirtschaftliche Aspekte

1989 wurden in Memmingen Frauen bestraft, weil sie es gewagt hatten, abzutreiben, statt ihre ungewollten Kinder auszutragen und dann zur Adoption freizugeben. Der Gedanke, Frauen die fragwürdige Perspektive der Adoption als Alternative zum Schwangerschaftsabbruch »anzubieten«, ist nicht neu. Schon 1974, zwei Jahre bevor der reformierte Paragraph 218 in Kraft trat, hatte die damalige Bundesregierung erkannt, daß es darauf ankomme, »auch die Verantwortung der Beratenden zu stärken«.[9] Folgendes stand in einem Entschließungsantrag[10] zu lesen:

»*In vielen Fällen, in denen die Fortsetzung der Schwangerschaft wegen einer persönlichen oder sozialen Notlage der Schwangeren bedroht ist, wird das Leben des Ungeborenen durch eine einfühlsame und helfende Beratung erhalten werden können. Damit rückt die Beratung in den Mittelpunkt der insgesamt auf Lebensschutz ausgerichteten Maßnahmen.*«

Ein bißchen anders klingt, was Ende der achtziger Jahre aus dem Bayerischen Justizministerium verlautete. Nach dessen Vorstellungen sollte es die Aufgabe der Beratungsstellen sein, »der werdenden Mutter behutsam, aber *mit der gebotenen Deutlichkeit* nahezubringen, daß eine Freigabe des Kindes zur Adoption im Vergleich zur Tötung der Leibesfrucht das geringere Übel darstellt«.[11] Die Richtung gab Kanzler Kohl schon 1983 vor[12]: »...die moralische Problematik des Schwangerschaftsabbruchs ist keineswegs verschwunden. [...] Der Staat [...] muß so helfen, daß mehr Frauen ihren Wunsch nach einem Kind verwirklichen können. In diesem Zusammenhang erscheint mir wichtig, unser Adoptionsrecht bald zu verbessern.«

Wer »*mit der gebotenen Deutlichkeit*« Adoption statt Abtreibung propagiert, ist nicht weit davon entfernt, ungewollt schwangere Frauen zu lebenden Brutkästen zu degradieren. Die Idee ist so simpel wie frauenverachtend und scheinbar blauäugig. Hinter ihr steckt weniger menschliches oder gar frauenfreundliches als marktwirtschaftlich-abstraktes Denken, nämlich der Gedanke: Wenn einerseits auf dem Adoptionsmarkt mehr Nachfrage als Angebot besteht – 1991 standen 21 826 Bewerbern 1285 zur Adoption vorgemerkte Kinder und Jugendliche gegenüber –[13], andererseits die Statistik weit über 100 000 Frauen pro Jahr erfaßt, die in Deutschland legal abtreiben, könnte sich doch hier das Angenehme – für die kindersuchenden Eltern – mit dem Nützlichen – für den Staat – verquicken lassen. Die Familienpolitikerin Renate Hellwig, CDU, formulierte in einem Interview mit den »Stuttgarter Nachrichten« die Idee einmal so:

»*Wir müssen von der Scheinheiligkeit herunterkommen, eine Mutter, die ihr Kind zur Adoption freigeben will, weil sie es nicht großziehen kann, als Rabenmutter anzusehen. Ich meine, die Adoption von Kindern müßte erleichtert werden. Leibliche Eltern müssen entlastet werden von der Totalverpflichtung, daß nur sie geeignet sind,*

Kinder großzuziehen. Es gibt so viele junge Elternpaare, die keine Kinder bekommen. Wir könnten viermal soviel Kinder zur Adoption freigeben, wenn sie denn geboren werden würden. Wir könnten für jedes heute abgetriebene Kind ohne weiteres ein gutes Zuhause finden.«[14]

Die Diskrepanz zwischen Angebot und Nachfrage ist enorm. Ein Großteil der statistisch erfaßten Adoptionen findet nämlich innerhalb der Familie statt: Verwandte, Stiefmutter oder -vater nehmen ein Kind aus der eigenen oder der Familie des Partners an. In weit mehr als der Hälfte der Fälle, die 1991 registriert wurden, spielte sich das Adoptionsgeschehen also in der eigenen Familie ab. Nur 2886 von den immerhin 7142 adoptierten Minderjährigen waren nicht mit den Adoptiveltern verwandt. Der »Markt« für die unfreiwillig Kinderlosen ist noch enger, als es auf den ersten Blick scheint. Rechnerisch kamen 1991 auf jedes Kind, das zur Adoption freigegeben wurde, 17 Adoptionsbewerber.[15] Hinzu kommt, daß neun von zehn Adoptionsbewerbern einen Säugling oder ein Kleinkind bis zu einem, höchstens bis zu drei Jahren zu adoptieren wünschen. Von den vermittelten Kindern sind etwa 20 Prozent nicht deutscher Herkunft. Die Hälfte dieser Kinder wurde eigens für die Adoption nach Deutschland geholt; sie stammten zum größten Teil aus südamerikanischen oder asiatischen Ländern.[16] Bevorzugt werden aber deutsche Kinder. Nur: An denen mangelt es, nicht zuletzt auch deshalb, weil es weniger uneheliche Mütter gibt, die Kinder abgeben. Die Zahl der nichtehelich geborenen Kinder steigt zwar seit Ende der siebziger Jahre kontinuierlich an. Doch längst ist die Mutterschaft der Frau ohne Partner eine Lebensform, die nur noch wenige Frauen dazu treibt, ihr Kind zur Adoption freizugeben.

Adoption und Muttergefühle

Adoption statt Abtreibung? Das ist eine Lösung, die auf dem Rükken jener Frauen ausgetragen wird, die sich gegen ein Kind entschieden haben. Denn wenn den Frauen als Alternative zur Abtreibung die Abnahme des Neugeborenen zugesichert wird, heißt das noch weit mehr, als einer ungewollt Schwangeren massive körperliche

Beeinträchtigungen zuzumuten, Beeinträchtigungen, die nur die Frau gern (?) auf sich nimmt, die sich ein Kind wirklich wünscht. Sicher gibt es einige Frauen, die eine solche Möglichkeit aus dem einen, ethischen Grund in Erwägung ziehen würden, dann wenigstens nicht töten zu müssen. Aber nur für eine verschwindend geringe Anzahl von Frauen, die sich mit dem Gedanken an eine Abtreibung tragen, stellt die Möglichkeit einer Adoption eine ernsthafte Alternative dar. Gertrud A., eine Frau, die Anfang der fünfziger Jahre, mit 19 Jahren, von einem früheren Freund vergewaltigt wurde, weiß aus eigener Erfahrung, was es heißt, ein Kind unfreiwillig auszutragen und dann zur Adoption freizugeben. Mehrere Versuche, illegal abzutreiben, waren gescheitert. Sie erinnert sich:

» Machen konnte ich nichts, damals waren die Gesetze so. Daß ich das Kind aus dieser Vergewaltigung nicht haben wollte und auch seelisch nicht verkraften konnte, war mir vom Tage der Befruchtung an vollkommen klar. Aber ich fand keine Lösung. Wenn ich es nun also schon austragen muß, dachte ich, dann gebe ich es sofort zur Adoption frei, es gibt ja Frauen, die Kinder wollen, aber keine bekommen können. Aber was ich mit der Adoption und deren Folgen alles erleben mußte! Eine Frau, die geboren hat, ist nie mehr in ihrem Leben wie vorher. Es war schrecklich, ich kann es nicht vergessen. Und ich kann es dem Staat nicht verzeihen, daß er mich dazu quasi gezwungen hat. Für mich blieb ein Trauma zurück. Diesen Weg würde ich niemals wieder gehen. Wenn schon, dann lieber Abbruch!«

Wenn sich kein anderer Ausweg findet, wie im Fall von Gertrud A., aber auch wenn die Möglichkeit der Adoption der werdenden Mutter *»mit der gebotenen Deutlichkeit«* nahegebracht wird, gerät sie in einer krisenhaften Situation unter massiven psychologischen und moralischen Druck. Denn eigentlich bleibt ihr keine Wahlmöglichkeit mehr. Nicht jede Frau hat das nötige Selbstbewußtsein, die Perspektive der Adoptionsfreigabe entschieden zurückzuweisen. Lehnt die ungewollt Schwangere das »freundliche Angebot« ab, muß sie sich als Mörderin beschimpfen lassen. Nimmt sie es an und die Last auf sich, kann sie sich später von verständnislosen Mitmenschen vorhalten lassen, herzlos und kalt, eine Rabenmutter gewesen zu sein. Das eigene Kind gibt man nicht weg – das eigene Kind tötet man nicht.

Die Perspektive Abgabe statt Abbruch berücksichtigt auch nicht die psychische Verfassung einer ungewollt Schwangeren. In einer Studie der Bremer Universität wurde nachgewiesen, daß sich negative Gefühle der Mutter wie Ablehnung oder Haß negativ auf die Entwicklung des Kindes im Mutterleib auswirken können.[17] Vereinfacht ließe sich sagen: Ein ungewolltes Kind spürt, daß es ungewollt war, und es besteht die Wahrscheinlichkeit, daß seine psychische Gesundheit später dadurch beeinträchtigt wird. Die Mutter-Kind-Beziehung beginnt schon lange, bevor die Mutter ihr Baby im Arm hält. Die pränatale Forschung hat gezeigt, daß der Fötus im Mutterleib unmittelbar an der Erlebniswelt der Mutter teilnimmt und sich im Medium der mütterlichen Gefühle entwickelt. Störungen dieser Beziehung wirken auf den Fötus zurück und können den Nährboden für spätere seelische Schwierigkeiten bilden.

Im Herbst 1992 kam durch den Fall des »Erlanger Babys« eine heftige Diskussion über die posthume Mutterschaft auf. In äußerst fragwürdiger Weise vereinigten sich in dieser Kontroverse die Fragen nach dem Recht auf Sterben (für die hirntote Mutter), dem Recht auf Leben (für den 16 Wochen alten Fötus) und dem Recht auf Forschung (für die Erlanger Ärzte). Damals wurde auch danach gefragt, wie sich das Heranreifen des Fötus in einem toten Mutterleib seelisch auswirken würde. Was die SPD-Politikerin Ulla Schmidt damals für das Erlanger Baby prognostizierte (das dieses Experiment ja nicht überlebte), läßt sich von der Aussage her uneingeschränkt übertragen auf das Kind, dem die Mutter in der ungewollten Schwangerschaft feindliche Gefühle entgegenbringt und das sie schließlich zur Adoption freigibt:

»Psychosomatische Langzeitschäden, die selbst bei Brutkastenkindern nicht auszuschließen sind, werden das spätere Leben des Kindes beeinflussen. Aber unabhängig davon, welche seelischen Beeinträchtigungen das Leben des Kindes bestimmen werden, [...] stellt sich die Frage: ›Was und wie sage ich es dem Kind?‹«[18]

Es kann aber auch etwas anderes passieren: Die Schwangere entwickelt, ohne es zu wollen, eine innere Beziehung zu dem Fötus in ihrem Bauch. Die Wahrscheinlichkeit, daß sich die Gefühle der werdenden Mutter im Verlauf der Schwangerschaft ändern können, wird beim Gedankenspiel »Adoption statt Abtreibung« nicht in einer Weise berücksichtigt, die der Frau und ihrer persönlichen Notlage wirklich gerecht wird, im Gegenteil.

Eine Adoption vorzuschlagen unterstellt auch immer ambivalente Gefühle bei der Frau, etwa nach dem Motto: »Wenn das Kind erst da ist, wird sie es vielleicht schon behalten wollen.« So zu denken zeugt von mangelndem Respekt und Mißtrauen gegenüber der verantwortlichen und gewissenhaften Entscheidung der Frau. Es wird darauf spekuliert, daß Frauen, hindert man sie an der Abtreibung, nach der Geburt des unerwünschten Kindes emotional nicht mehr in der Lage sind, sich von diesem Kind zu trennen. Diese Befürchtung haben teilweise auch die Frauen selbst.

Nach geltendem Recht kann nämlich eine schwangere Frau nicht vor der Geburt in eine Adoption einwilligen. Erst nach acht langen Wochen kann sie ihre Unterschrift beim Notar leisten. Wenn die Schwangere die Absicht erkennen läßt, daß sie ihr Kind zur Adoption freigeben will, kann jedoch alles dafür Erforderliche schon während der Schwangerschaft in die Wege geleitet werden. Es gibt auch die Möglichkeit, Frauen gleich nach der Entbindung von ihrem Säugling »zu befreien«. Man betäubt sie während der Geburt und nimmt ihnen, während sie noch bewußtlos sind, den Säugling weg.

Dennoch sind Versuche, die Frist bis zum rechtlichen Vollzug der Adoption zu verkürzen, bisher fehlgeschlagen. Die interministerielle Arbeitsgruppe zum »Schutz des ungeborenen Lebens« begründet dies offiziell mit dem lauteren Anliegen, die Interessen der Mutter schützen zu wollen:

»Wenige Entscheidungen haben derartig folgenschwere und weittragende Bedeutung wie die Adoptionsfreigabe eines Kindes. Der Gedanke, das Kind zur Annahme freizugeben, mag sich im Verlauf der Schwangerschaft anders darstellen als nach der Entbindung. Ist das Kind erst einmal da, erscheinen vorab gefaßte Entschlüsse und Befürchtungen, den Anforderungen nicht gewachsen zu sein, in einem anderen Licht. Deshalb hat der Gesetzgeber mit der für die Einwilligung zur Adoption gesetzten Frist von acht Wochen nach der Entbindung einen ausreichenden Entscheidungsspielraum geschaffen.«[19]

Unberücksichtigt bleibt in der Adoptionsdiskussion die Tatsache, daß keine Frau leichtfertig abtreibt, daß ihre »vorab gefaßten Beschlüsse und Befürchtungen« in der Regel fundiert waren, reiflichen Überlegungen und gründlichem Abwägen des Für und Wider entsprangen. Die schwerwiegenden Gründe, die gegen ein Kind und für eine Abtreibung sprachen, sind allerdings mit dem willkommenen »Gesinnungswandel« ganz und gar nicht aus der Welt geschafft. Die Frau hat in der Schwangerschaft und nach der Geburt vielleicht das entwickelt, was man »Muttergefühle« nennen könnte. Aber ihre psychosoziale Ausgangslage ist genauso problematisch wie zuvor, mit dem einen, wesentlichen Unterschied: Es kommt ein zusätzliches Problem hinzu. Es ist eine Beziehung zwischen der Mutter und ihrem Kind entstanden, und diese seelische Bindung erschwert eine Freigabe des Säuglings zur Adoption – wenn sie diese trotz aller rationalen Überlegungen nicht gar emotional unmöglich macht.

Denn es gibt einen sehr wesentlichen Unterschied zwischen Abtreibung und Abgabe: Im frühen Stadium der Schwangerschaft besteht bei den meisten Frauen noch keine Identifikation mit dem, was in ihnen wächst. Frauen, die ungewollt schwanger sind, erleben das keimende Leben in ihrem Bauch häufig als etwas Anonymes, Bedrohliches, Diffuses, dessen sie sich so schnell und so unkompliziert wie möglich entledigen wollen. Sobald die werdende Mutter aber die Bewegungen des Fötus im Bauch spürt, personalisiert sich das Schwangersein. Untersuchungen haben belegt, daß Schwangere den ersten Bewegungen ihres Kindes im Mutterleib große Bedeutung beimessen. Sie sind der objektiv wahrnehmbare Beweis, daß da in ihrem Bauch ein Wesen heranwächst, das zumindest in Teilen schon eigenständig ist. Dies ist der Beginn einer bewußten Kommunikation zwischen Mutter und Kind.

Es entsteht bei der ungewollt Schwangeren eine emotionale Bindung und ein persönliches, manchmal mit Gefühlen von Haß, Ablehnung, Wut oder Trauer behaftetes, manchmal ambivalent empfundenes Verhältnis zu diesem »Kind«. Einmal abgesehen von den negativen Auswirkungen, die eine unerwünschte, aufgezwungene Schwangerschaft für den Säugling haben kann, ist die Abgabe eines Kindes, das neun Monate im Bauch der Mutter gewachsen ist, immer ein gravierender Schritt für die Frau, der mit zahlreichen, sich widersprechenden Gefühlen gekoppelt ist: Es ist eben selten nur die Erleichterung, alles überstanden zu haben. Häufig stellen sich Gewissensbisse ein und das Gefühl, verantwortungslos und unmenschlich gehandelt zu haben – gegen das Kind wie gegen sich selbst.

Und es kommt noch eine weitere Komponente hinzu. Eine Frau, die entschlossen ist, nach der Geburt ihr Kind zur Adoption freizugeben, ist gezwungen, zunächst einmal ja zu diesem Kind zu sagen, um die Schwangerschaft überhaupt psychisch und physisch durchstehen zu können. Ist das Kind aber geboren, muß diese wie auch immer empfundene Bindung wieder gelöst werden. Je positiver sich im Verlauf der Schwangerschaft das Verhältnis der Frau zu ihrem Säugling entwickelt hat, desto größer wird der Trennungsschmerz werden, desto wahrscheinlicher stellen sich in der Zeit danach psychische Probleme mit der Verarbeitung des Geschehens ein.

Eine »freiwillige« Entscheidung und ihre Folgen

Untersuchungen haben gezeigt, daß »abgebende Mütter« – so nennt man im Amtsdeutsch Frauen, die ihr Kind zur Adoption freigeben – selbst dann Verlustgefühle verspüren, wenn ihnen ihr Kind schon in der Klinik genommen worden ist. Statt sich erlöst zu fühlen und froh zu sein, alles überstanden zu haben, quälen sie sich nicht selten mit Schuldgefühlen und Phantasien über ihr Kind und dessen Entwicklung. Eine Adoption kann aber normalerweise nicht rückgängig gemacht werden. Mit der Adoption werden rechtlich die verwandtschaftlichen Bindungen gelöst, und die leibliche Mutter verliert alle Rechte an ihrem Kind.

Die Endgültigkeit des Entschlusses kann krisenhafte Stimmungen oder gar ein Trauma bei Frauen auslösen, die ihr Kind weggegeben haben – nicht nur dann, wenn in der Schwangerschaft eine innere Beziehung zum eigentlich unerwünschten Baby entstanden ist, sondern insbesondere auch dann, wenn der Verzicht aufs Kind etwa durch Angehörige, die »Fürsorge« oder Behörden erzwungen wurde. Nach verschiedenen Studien liegen die Gründe, ein Kind freizugeben, zwar überwiegend im ökonomischen oder sozioökonomischen Bereich, aber immerhin werden zwischen fünf und zwanzig Prozent der Frauen zu ihrem zweifelhaften Glück gedrängt oder gar gezwungen.[20]

Es liegt nahe, daß auch ungewollt schwangere Frauen, die sich aus ethischen Gründen »freiwillig« (kann eine Entscheidung aus ethischen Gründen eine freiwillige sein?) zur Abgabe ihres Babys entschließen, um nicht abtreiben zu müssen, ein Mutterideal verinnerlicht haben und eine Einstellung zum werdenden Leben in sich tragen, die die Trennung von diesem Baby nicht gerade begünstigt. Denn sie sind es ja, die nicht sofort vom »Zellklumpen« oder »Parasiten« in ihrem Bauch gesprochen haben. Sie haben vielmehr das, was sich in ihrem Bauch entwickelt hat, als menschliches Lebewesen empfunden und daraus ihre persönliche Konsequenz im Schwangerschaftskonflikt gezogen. Ihre Beziehung zum Embryo war schon im Anfangsstadium persönlicher geprägt.

Dieser Umstand und ethische Bedenken haben die Frauen daran gehindert abzutreiben. Wenn sie sich gegen die Abtreibung entschieden haben und für den schwierigen Schritt, das Kind abzugeben, dann können sie diesen Schritt und den Verzicht auf das Kind selten ohne tiefe seelische Probleme verkraften. Immer wieder holt sie die Vergangenheit ein, sie können das Kind nicht vergessen.

Christine Swientek, eine Diplom-Pädagogin, die jahrelang als Sozialarbeiterin in einer städtischen Adoptionsvermittlung arbeitete, hat 75 der sogenannten »abgebenden Mütter«, ihre Lebenssituation und ihre Motivation zur Adoptionsfreigabe untersucht.[21] Sie hat festgestellt: nur drei dieser Mütter »würden es wieder tun«. Das heißt nichts anderes, als daß 72 Frauen (96 Prozent) ihren Entschluß im nachhinein bedauert oder gar bitter bereut haben. 96 Prozent der Frauen würden sich also nicht wieder für eine Adoption entscheiden. Zur Erinnerung: 82,8 Prozent der Frauen, die abgetrieben haben, haben ihre Entscheidung nie bereut.

Christine Swientek kommt angesichts dieser erschreckend hohen Quote von Negativbeurteilungen zu der Folgerung: »Eine sozialpädagogisch-/-politische Maßnahme, bei der mehr als 90 Prozent einer Zielgruppe ›auf der Strecke bleiben‹ und zeitlebens unter psychischen und psychosomatischen Schäden zu leiden haben, muß eine fragwürdige Maßnahme bleiben.«[22]

Es scheint die Regel zu sein, daß Frauen sich schwertun, ein Kind, das sie eigentlich nicht haben wollten, in fremde Hände zu geben. Wie die einzelne Frau die Trennung verkraftet, hängt zunächst einmal davon ab, ob sie das Kind sofort nach der Geburt oder erst später abgegeben hat, daneben aber unter anderem auch davon, ob sie moralisch und emotional in ihrem Entschluß gestützt und »danach« aufgefangen worden ist oder nicht. Frauen, die sich in der Schwangerschaft schon zur Adoptionsfreigabe entschlossen haben, fühlen sich vielfach allein gelassen und der Willkür der Behörden ausgeliefert. Sie haben nicht selten das Gefühl, die Behörde interessiere sich nur für das eine: ihr Kind. Wo sie sich von der Umwelt seelische Hilfe in ihrer konflikthaften Situation wünschen, stoßen sie auf Unverständnis oder Ablehnung und ernten Vorwürfe. Denn obwohl Zigtausende kinderloser Paare in unserer Gesellschaft sehnsüchtig auf den Säugling einer anderen Frau warten, gibt es wohl kein größeres Tabu als das, das leibliche Kind abzulehnen und wegzugeben.

Wie verarbeiten Frauen nun die Trennung? Christine Swientek hat festgestellt, daß Frauen, die ihr Kind zunächst behalten haben, nach der Trennung meist – vorübergehend – ein Gefühl grenzenloser Erleichterung verspüren, dem jedoch schnell eine Phase des Entsetzens über das Geschehene folgt. Frauen, die nach neun Monaten Schwangerschaft kein Baby im Arm halten, empfinden dagegen anfangs oft ein Gefühl großer innerer Leere, das bald nahtlos in eine Phase seelischer und bewußtseinsmäßiger Betäubung übergeht.

Beiden Zuständen, dem des Entsetzens wie dem des Erwachens aus der Lähmung, folgen Phasen von Hyperaktivität – ein Versuch, das zu vergessen und zu verdrängen, was immer wieder aus ihrer Erinnerung auftaucht und nicht verarbeitet werden kann. Manche Frauen lehnen sich auf, wenn ihnen die Endgültigkeit ihrer Entscheidung zu Bewußtsein kommt; die meisten aber versinken in einen zeitweiligen Zustand von Resignation und Depression. 58 der 75 Frauen klagten nach der Freigabe ihres Kindes über Krankheiten oder psychosomatische Probleme, wie zum Beispiel Eßstörungen, Suchtprobleme, Kreislaufbeschwerden, Schlafstörungen oder Selbstmordgedanken, die offenkundig in Zusammenhang mit der Freigabe standen.[23]

Wenn Frauen ihr Kind weggeben, wird das als unnatürlich oder unnormal empfunden. Sie rühren damit an ein ungeheuerliches Tabu. Infolgedessen werden Frauen, die zu einer Freigabe zur Adoption entschlossen sind, dies ihrem Umfeld verheimlichen, wenn sie auch die Schwangerschaft selbst nicht vor den Augen der Nachbarn verbergen können. Aus der Heimlichkeit resultieren Schuldgefühle. Die emotionale Belastung wird noch gesteigert, wenn die entbundene Frau ohne Kind in ihre alte Umgebung zurückkehrt. Denn schließlich muß sie das ja irgendwie erklären. Bedient sie sich der Notlüge, ihr Kind sei gestorben, können einerseits durch die Lüge selbst, andererseits durch das Schuldbewußtsein die vorhandenen Gewissenskonflikte noch verschärft werden. Daß Frauen sich in einer solchen Situation zurückziehen, löst ihre Probleme nicht, es macht sie höchstens depressiv. Nur: Mit wem könnten sie reden?

Heißt die Alternative Adoption oder Abtreibung, ist es fast unvermeidlich, daß sich ungewollt schwangere Frauen damit für die Zukunft psychische Probleme einhandeln, egal ob sie nun abtreiben oder abgeben. Schuldgefühle werden sie immer haben. Entweder weil sie sich schuldig fühlen, Leben getötet zu haben, obwohl es doch eine staatlich willkommene Alternative gab. Oder weil sie so herzlos waren, ihren Säugling wegzugeben. Es gibt kaum eine Frau, die wirklich freiwillig den Entschluß faßt, ein ungewolltes Kind auszutragen, um es danach zur Adoption freizugeben. Meist steht Druck hinter einem so schwerwiegenden Entschluß – äußerer, innerer oder moralischer Druck, mal sind es religiöse oder Gewissensgründe, mal Ängste oder organisatorische Schwierigkeiten.

Was die Kirche mit dem griffigen Slogan »Abgeben statt Abtreiben« propagiert, bietet Frauen in Not keine humane Perspektive. Nie kommt die Entscheidung aus tiefster innerer Überzeugung zustande. Die meisten der abgebenden Frauen hatten nur die Wahl, das kleinere von zwei Übeln zu wählen, weil es ihnen an annehmbaren, realistischen Alternativen mangelte. Häufig sahen die Frauen keine andere Möglichkeit, als ja zur Adoption zu sagen – ihre Lebensumstände und / oder eine ihnen oktroyierte Moral zwangen sie dazu.

Die Fragestellung »Kann Adoption tatsächlich eine Perspektive im Schwangerschaftskonflikt sein?« wurde im Auftrag des Bundesfamilienministeriums zwischen 1985 und 1990 von einer Forschungsgruppe der Gesamthochschule Essen untersucht. Die Forscher kamen zu dem Ergebnis, daß diese Alternative »Abbruch oder Adoption« real gar nicht existiert, sondern »erst wenn ein Schwangerschaftsabbruch nicht oder nicht mehr in Frage kommt und die Frage des Selbstaufziehens überhaupt nicht mehr gegeben scheint, wird der Hinweis auf Adoptionsmöglichkeiten zur Hilfe«[24]. Zu einer Hilfe, die mit ziemlicher Sicherheit seelische Folgeschäden nach sich zieht...

Vom Schicksal unerwünschter Kinder

> »Der einzig legitime Grund, ein Kind zu bekommen, ist die Freude am eigenen Leben.«
> *Wilhelm Reich, Psychoanalytiker*

Fast alle Frauen, die ihr Kind zur Adoption freigegeben haben, scheinen diese Entscheidung hinterher zu bedauern. Die Gefahr, daß die »abgebenden Mütter« sich mit diesem Schritt anhaltende seelische Probleme einhandeln, ist nicht zuletzt aus diesem Grund sehr viel größer als nach Abtreibungen. Was aber wird aus den Kindern, die trotz allem ausgetragen werden?

In unserem Land tritt die Hälfte aller Schwangerschaften unerwünscht ein; nur jedes dritte Kind wurde bewußt von den Eltern geplant und ist damit ein »Wunschkind«. Angeblich bedauert jede dritte Frau noch nach der Geburt des unerwünschten Kindes, daß es ihr nicht möglich war, die Schwangerschaft abzubrechen. Die wenigsten der Mütter wider Willen geben ihr Kind zur Adoption frei.

In früheren Zeiten, etwa in der römischen Antike, haben Eltern ein unerwünschtes (oder schwächliches) Kind getötet. Heute behalten es die Mütter, aber sie nehmen es innerlich nicht an, sondern bleiben emotional oft reserviert, wenn sie nicht gar feindselige Gefühle gegenüber diesem unwillkommenen Kind hegen. Denn seine Ankunft hat ihren Lebensplan umgeworfen, die persönlichen Lebensverhältnisse beeinträchtigt oder drastisch verschlechtert. Ein uneingeschränkt positives Verhältnis zu ihrem Kind haben die wenigsten Mütter in dieser Situation.

Forscher der Bremer Universität haben durch eine breitangelegte Literaturstudie[25] die These widerlegt, daß sich Frauen an ihre ungewollten Kinder gewöhnen und sie lieben lernen, wenn sie erst einmal da sind. Sie haben etwa 500 Arbeiten zu diesem Thema ausgewertet, die in den vergangenen 30 Jahren im In- und Ausland veröffentlicht wurden. Diese Studie, die von der Bundeszentrale für gesundheitliche Aufklärung in Auftrag gegeben worden war, um herauszufinden, ob finanzielle Hilfen und eingehende Beratung eine ungewollt Schwangere nicht doch dazu bewegen könnten, ihr Kind anzunehmen und ihm eine gute Mutter zu sein, war zehn Jahre lang unter Verschluß gehalten worden.

Die Ergebnisse waren zu brisant. Die Wissenschaftler kamen nämlich zu dem Schluß, daß Kinder, die unerwünscht, wie ein Fremdkörper, ins Leben der ledigen Mutter, in die Partnerschaft oder in die Familie »eingedrungen« sind, eine denkbar schlechte Ausgangsposition fürs Leben haben. Sie werden häufiger mißhandelt, sind öfter suchtgefährdet und leiden meist ein Leben lang unter Beziehungsproblemen. Sie sind sozial unangepaßt und gleiten leichter in die Kriminalität ab.

Diese Verhaltensstörungen und die Probleme auf zwischenmenschlicher Ebene kommen nicht von ungefähr. Es gilt als erwiesen, daß Störungen in der kindlichen Entwicklung nicht selten von der feindseligen Haltung der Mutter zu ihrem unerwünschten Kind rühren. Sowohl die unterschwellige als auch die bewußte Ablehnung des Kindes haben einen direkten Einfluß auf sein späteres Schicksal. Die Folgen der Unerwünschtheit können sich in vielen Formen äußern und in allen Lebensphasen zeigen.

Risiken für Leib und Leben

Psychologen glauben, das Urvertrauen des Kindes in die Welt entstehe bereits vor der Geburt. »Wenn wir im Mutterleib das Gefühl hatten, daß wir kein Wunschkind waren und zu wenig Wärme und Liebe bekamen, werden wir all das in unseren späteren Beziehungen suchen.«[26] Je ablehnender die Haltung der Mutter, desto wahrscheinlicher sind psychosomatische Störungen beim Kind. Schon der Umstand, daß die werdende Mutter in der Schwangerschaft großer Angst und Aufregung ausgesetzt war, führt häufiger zur Geburt von Säuglingen, die sich auffällig verhalten. Ängste während der Schwangerschaft werden von Fachleuten als »bewußtseinsfähige Entsprechung für den unbewußten Wunsch der Frau, das Baby zu verletzen«[27], interpretiert. Babys scheinen schon im Uterus die feindseligen Affekte der Mutter zu spüren, denn besonders drastische Formen auffälligen Verhaltens zeigen Neugeborene, die von der Mutter abgelehnt wurden.

Je mehr die schwangere Frau materielle und soziale Schwierigkeiten, psychische und partnerschaftliche Konflikte durch die Geburt des unerwünschten Kindes fürchten muß, je eher solche Probleme sich dann tatsächlich einstellen, desto negativer sind die Gefühle, die die Frau während und nach der Schwangerschaft gegenüber ihrem Kind hegt. Besonders häufig geraten Frauen, die unverheiratet, noch sehr jung oder schon jenseits der 40 sind, durch eine ungeplante Schwangerschaft und die Geburt eines unerwünschten Kindes in eine kritische Lebenssituation. Sie lehnen, bewußt oder unbewußt, die Schwangerschaft ab, und wenn sie nicht gleich abtreiben, kümmern sie sich folglich kaum um das, was in ihnen wächst.

Die wenigsten Frauen, die ein ungeliebtes Kind im Bauch tragen, unterziehen sich den regelmäßigen Vorsorgeuntersuchungen. Ihnen ist das Kind im Bauch gleichgültig oder lästig, manchmal sogar verhaßt, und so ist es kein Wunder, wenn diese Frauen nachlässig in der Vorsorge für ihr Kind sind. Ohne daß es ihnen zu Bewußtsein kommen muß, sträuben sie sich dagegen, sich von dem »Schmarotzer« tyrannisieren zu lassen. Nur ein Drittel der ungewollt Schwangeren hält die Präventivtermine beim Arzt ein; bei Frauen, die sich ihr Kind wünschen, sind es 94 Prozent.[28] Ungewollt Schwangere stehen unter einem enormen seelischen Streß, sind meist in einer zu labilen psychischen Verfassung und zu kritischen sozialen Situation, als daß sie viel Sinn dafür hätten, auch noch auf das Baby im Bauch große Rücksicht zu nehmen. Werdende Mütter, die ihre Schwangerschaft emotional ablehnen, sind weniger bereit, ihren Lebenswandel auf die eingetretene Situation der Schwangerschaft abzustimmen, als solche Mütter, die sich auf ihr Kind freuen.

Die ablehnende Haltung aber kann drastische Folgen zeitigen.

Schon im Mutterleib scheint das unerwünschte Baby stärker gefährdet zu sein als das erwünschte. Statistiken weisen aus, daß die Frühgeburtenrate bei unerwünschten Schwangerschaften überdurchschnittlich hoch ist. Lehnt eine werdende Mutter ihr Kind emotional ab, treten während der Schwangerschaft und der Geburt häufiger Komplikationen auf als üblich. Auch nach einem scheinbar reibungslosen Verlauf der Schwangerschaft scheinen unerwünschte Kinder eher als andere an Leib und Seele bedroht zu sein.

Mangelnde Fürsorge

Ungewollte Kinder sterben offenbar sehr viel häufiger als der Durchschnitt am plötzlichen Kindstod, an Krankheiten der Atmungs- und Verdauungsorgane oder Infektionskrankheiten; ein Phänomen, das sich teilweise erklären läßt. Eine Frau, die sich nicht mit der Rolle der liebenden, aufopfernden Mutter identifiziert und ihr Baby gefühlsmäßig ablehnt, achtet möglicherweise nicht so genau auf dessen Signale wie die positiv eingestellte Mutter. Besonders wenn das abgelehnte Kind das erste der Mutter ist, kann es passieren, daß sie erste Krankheitsanzeichen übersieht, falsch interpretiert oder einfach nicht als solche erkennt. Schreit, weint, quengelt und zappelt das Kind, dann wird sie vielleicht eher ungehalten und ungeduldig reagieren, als sich um das Kind zu sorgen. Die Frau, die sich für Kinder nicht interessiert, kann in der Regel auch nicht beurteilen, welches Verhalten »normal« und erklärlich und welches »krankhaft« ist. Für den Säugling kann die ungenügende mütterliche Fürsorge lebensbedrohliche Folgen haben.

Körperlich geschädigt werden kann der Säugling bereits im Mutterleib, wenn die Mutter ihren Zigaretten- und Alkoholkonsum nicht einstellt und Medikamente oder Drogen konsumiert, ohne die Folgen für den Embryo zu bedenken. Das Baby ist all diesen biochemischen Einflüssen fast schutzlos ausgeliefert. Die »Plazenta-Schranke«, die das Ungeborene eigentlich gut schützt, Gleichgewichtsstörungen ausgleicht und viele Schadstoffe abfängt, kann durchlässiger werden – und dann treffen die Gifte in aller Intensität auf den Fötus. Wissenschaftler glauben, daß auch chronischer Streß der Mutter körperliche Schäden verursachen kann – eine Mutter, die ungewollt schwanger ist, steht mit Sicherheit unter anhaltendem psychischem Streß.

Das Ungeborene versucht sich auf seine Art gegen diese unterschiedlichen Formen der Beeinträchtigung zu »wehren«: Es bildet nicht nur körperliche Abwehrstoffe, es verändert auch sein Verhalten. Entweder reagiert es zum Beispiel mit übermäßiger Aktivität und strampelt stärker im Bauch der Mutter, oder es stellt die Bewegungen ein und wird apathisch. Wenn die Mutter keine Rücksicht auf ihre Schwangerschaft nimmt oder diese vor sich selbst verleugnet, indem sie versucht, wie gewohnt weiterzuleben, kann das beim Fötus nicht nur zu Mißbildungen führen, sondern auch negativ auf die psychische Entwicklung des Säuglings wirken.

Psychische Folgen

Kommt ein Neugeborenes mißgebildet zur Welt, ist es nur natürlich, daß die Mutter diesem Baby gegenüber, auch und gerade wenn es nicht gewollt war, Schuldgefühle entwickelt. Sie trug schließlich die Verantwortung für das Kind. Solche Schuldgefühle, wie auch generell die Scham, negative Gefühle gegenüber dem eigenen Kind zu hegen, führen oft zu unbewußten Kompensationsversuchen: Das Kind wird aus einem schlechten Gewissen heraus verwöhnt und überbehütet.

In der Abwehr des verinnerlichten Schuldbewußtseins klammert sich die Mutter am Kind fest und behindert durch ihre übersteigerte Fürsorge ungewollt seine gesunde seelische Entwicklung. Wenn eine Mutter ihr Kind wie eine Glucke bewacht und es mit übergroßer Fürsorglichkeit und Liebe erstickt – was übrigens auch vielen Wunschkindern widerfährt –, kann die Entwicklung von Eigenständigkeit, Selbstvertrauen, Selbstbewußtsein und Selbstwertgefühl empfindlich gestört werden. In der Folge können später zum Beispiel Beziehungsstörungen auftreten und Tendenzen zu Suchtverhalten begünstigt werden, bei Mädchen insbesondere Eßstörungen, die sich meist erst im zweiten Lebensjahrzehnt, etwa mit Einsetzen der Pubertät, zeigen.

Ein Kind, das, warum auch immer, überbehütet und auf eine Bezugsperson fixiert aufwächst, hat nie die Chance gehabt, eigene Erfahrungen zu machen, und hat nie gelernt, eine eigene realistische Beziehung zur Welt aufzubauen. Häufig wird es von Selbstzweifeln, Selbstunsicherheit und Minderwertigkeitsgefühlen geplagt, denn das Kind hatte nie oder selten die Chance, seine Möglichkeiten auszutesten, seine Fähigkeiten und Schwächen zu erkennen, zu akzeptieren und richtig einzuschätzen. Wie die Leistungen mißachteter Kinder nie anerkannt worden sind und ihnen zu einem Erfolgserlebnis verhalfen, so haben die überbehüteten Kinder selten oder fast nie die Gelegenheit gehabt, selbst etwas zu leisten, was ihnen eine Vorstellung vom eigenen Wert vermittelt hätte. Beide Formen elterlichen Fehlverhaltens – die Gleichgültigkeit wie die Überbesorgtheit – haben fatale Folgen für das Kind: Es entwickelt weder eine auf die eigene Person bezogene Urteilsfähigkeit noch ein Gefühl für sich selbst und seinen Wert. Statt dessen bilden sich Gefühle der Ohnmacht, der Verunsicherung und Minderwertigkeitsgefühle aus.

Die Minderwertigkeitsgefühle werden bei Jungen und Mädchen auf geschlechtsspezifisch unterschiedliche Weise »verarbeitet«. Jungen versuchen zum Beispiel durch Störungen des Unterrichts, Angeberei und Streiche auf sich aufmerksam zu machen; sie wählen den indirekten Weg, sich soziale Anerkennung zu verschaffen. Mädchen neigen eher dazu, sich durch überangepaßtes Verhalten beliebt zu machen; sie versuchen, die Aufmerksamkeit, Anerkennung und Zuwendung der Erwachsenen durch besondere Leistungen, Perfektionismus und »Erwachsensein« auf sich zu lenken. Sie ziehen sich aber nicht selten gleichzeitig auch in eine Art innere Emigration zurück, protestieren wortlos oder verweigern sich durch ihr Eßverhalten, etwa indem sie eine Magersucht entwickeln und durch ihr Magersein unbewußt die Rabenmutter öffentlich anklagen.

Das Verhalten unerwünschter Kinder wird von ihrer Umwelt als »auffällig« eingestuft, fanden die Bremer Wissenschaftler durch das Studium unterschiedlichster Arbeiten zum Thema heraus. Die Mütter beschrieben ihre unerwünschten Kinder häufiger als ungezogen, störrisch und schlecht gelaunt; von den Klassenkameraden wurden diese Kinder eher als Freund abgelehnt und als Feigling oder frech bezeichnet.

Sündenböcke ihrer Eltern

Es ist leicht nachvollziehbar, daß Mütter oder Eltern, die ihr Kind innerlich ablehnen, auch dazu neigen, es für eigene Unzulänglichkeiten verantwortlich zu machen und es in eine Sündenbockposition hineinzumanövrieren. In Familien, die sich durch ungewollte Kinder belastet fühlen, herrscht nicht selten ein sehr gespanntes emotionales Verhältnis. Es ist ein Circulus vitiosus: Dadurch, daß die Kinder ungewollt zur Welt kamen, fühlen sich die Eltern mehr oder minder bewußt eingeengt und eingeschränkt und stehen »Unarten« und »Auffälligkeiten« ihres Kindes mit einer geringeren Toleranz gegenüber, während sie sich von ihm gleichzeitig Entschädigung und Dankbarkeit für ihre Opfer erwarten. Das überforderte, oft ungeliebte und vernachlässigte Kind ist aus seiner Lebenssituation heraus von Natur aus ein schwierigeres Kind als seine Altersgenossen, und das führt im Rückkopplungseffekt zu mehr Erziehungsproblemen, gereizterer Stimmung und verstärkter Intoleranz bei den Eltern.

Bei Beziehungsstörungen in einer Familie verhält es sich wie bei den Gliedern einer Kette: Es ist immer das schwächste Glied, das reißt; die Störungen innerhalb der Familie manifestieren sich als Entwicklungs- und psychische Störungen beim Kind. Das ungewollte Kind ist stets in der Position des Unterlegenen; das unerwünschte Kind ist es auch, das normalerweise alles ausbaden muß. Weil unerwünschte Kinder nicht selten Problemkinder für Eltern sind, die sich überfordert und enttäuscht fühlen, kann es zu diesem Teufelskreis kommen, bei dem sich die Aggressionen der Eltern sehr oft direkt gegen die unerwünschten Kinder richten. So haben Wissenschaftler herausgefunden, daß ungewollte Kinder besonders gefährdet sind, von ihren Eltern mißhandelt zu werden: Zwei von drei untersuchten mißhandelten Kindern wurden von ihren Eltern als unerwünscht bezeichnet.[29]

Es gibt etliche Merkmale, die mißhandelnden Eltern gemeinsam sind. Ihre Kinder kamen unehelich zur Welt oder zwangen sie viel zu früh zur Heirat. Sie kamen unerwünscht und stürzten die Eltern in finanzielle und soziale Not. Diese Eltern wähnen das unerwünschte Kind bewußt oder unbewußt als schuldig an all ihren Problemen. Sie erwarten Entschädigung für ihre Entbehrungen und unglücklichen Erfahrungen, sie erwarten sich bedingungslose Liebe und Gehorsam. Funktioniert das Kind nicht und erfüllt es nicht die hochgesteckten Erwartungen, kann das Liebesbedürfnis in offene Feindseligkeit umschlagen.

Daß es zur Mißhandlung kommt, liegt aber nicht direkt an der Tatsache, daß ein Kind unerwünscht zur Welt kam. Auslöser für körperliche Übergriffe auf das Kind sind vielmehr die durch das Kind herbeigeführten Krisensituationen. Die Eltern werden mit ihrer Lebenssituation und ihren persönlichen Problemen nicht fertig und reagieren sich am Kind ab. Die Bremer Wissenschaftler haben eine bemerkenswerte Logik bei der Gewalt gegen Kinder festgestellt:

»Das Kind ist unerwünscht, die Schwangerschaft verläuft daher problematisch, das Kind wird dadurch bereits geschädigt, es kommt als besonders hilfebedürftig zur Welt. Seine Anforderungen überfordern die Eltern, sie reagieren auf die auftretenden Schädigungszeichen wie Hyperaktivität abwechselnd mit Apathie, mit Wut und Hilflosigkeit. Die überfordernde Hyperaktivität – das Kind ist nicht ruhigzustellen – löst Schläge aus. Das Kind wird mißhandelt.«[30]

Doch längst nicht alle Mütter oder Eltern unerwünschter Kinder reagieren mit tätlichen Angriffen auf das Kind. Die innerliche Ablehnung kann sich auch in Liebesentzug, Gleichgültigkeit und Vernachlässigung des Kindes äußern. Solche seelische Mißhandlung kann grausamer sein als die körperliche, denn sie tritt nicht in blauen Flecken sichtbar in Erscheinung, und sie hinterläßt tiefe Wunden in der Psyche. Das Kind verarmt und verwahrlost seelisch, ohne daß dies der Umwelt auffallen würde, und wenn, dann wird die Problematik entweder ignoriert, oder das gestörte Kind wird mit Befremden oder offener Feindseligkeit abgelehnt. Die »lieben Nachbarn« hören es ja noch nicht einmal, wenn das Kind von nebenan körperlich mißhandelt wird und schreit – wie sollten sie wahrnehmen, daß sein Verhalten Zeugnis einer mißhandelten Psyche ist?

Eine traurige Karriere

Die Benachteiligung unerwünschter Kinder beginnt schon im Mutterleib, und sie wirkt nicht selten ein ganzes Leben lang fort. Kinder, die unerwünscht, womöglich behindert, zur Welt kommen, haben oft ein schweres, mitunter erbärmliches Schicksal. Psychologen sprechen davon, daß bei den abgelehnten Ungeborenen statt eines Ur-Vertrauens eine Ur-Gespaltenheit erzeugt wird. Im Mutterleib ist der Fötus der Mutter relativ schutzlos ausgeliefert, er ist auf sie angewiesen und kann sich nicht wehren. Werner Gross schreibt dazu:

»*Diese relative Schutzlosigkeit des Ungeborenen ist wohl auch der Grund, weshalb die frühen Störungen im Mutterleib so tief in die Psyche des Kindes eingraviert sind: Hier werden die Grundstrukturen gelegt, ob das Kind die zukünftige Welt eher als Feind oder eher als Freund sieht, ob es eher pessimistisch-ängstlich oder optimistisch-vertrauensvoll in die Welt blickt.*«[31]

Abgelehnte Kinder entwickeln selten ein stabiles Selbstvertrauen, fühlen sich sozial weniger akzeptiert und zweifeln häufig an sich und dem Sinn ihres Lebens. Die seelische, bisweilen auch körperliche Mißhandlung unerwünschter Kinder setzt sich oft in ihrem weiteren Leben fort. Ihre Beziehung zu sich selbst wie zur Umwelt ist durch die negative Prägung beeinträchtigt oder gar massiv gestört.

Es gibt keine Statistiken darüber, wie viele unerwünschte Kinder Selbstmord begehen, aber man weiß: Wenn Kinder sich umbringen, dann ist dies in drei Viertel aller Fälle ein Schlußstrich unter eine lange, tragische Karriere voller Entsagungen, Lieblosigkeit, mangelnder Geborgenheit, Ablehnung, Spott und Demütigung. Aus Abschiedsbriefen und Lebensbeichten von Kindern, die sich das Leben genommen haben, aber auch aus Gesprächen mit Jugendlichen, die einen Selbstmordversuch überlebt haben, geht hervor, wie viele sich dessen bewußt sind, daß sie ungewollte Kinder waren. Diese Kinder, denen die elterliche Liebe vorenthalten wurde, spürten, ungeliebt und unerwünscht zu sein; sie litten so darunter, daß sie dies nicht länger ertragen konnten.

Möglicherweise wäre ein Teil der emotionalen Last, die unerwünschten Kindern und ihren Eltern aufgebürdet wird, leichter zu tragen, wenn letztere diese artikulieren dürften. Aber gerade dieses Thema – die feindseligen Gefühle, die Mütter (und Väter) ihren ungewollten Kindern gegenüber hegen – ist tabu. Dafür gibt es verschiedene Gründe: Einer ist der, daß es kein individuelles, sondern ein gesellschaftliches Problem ist, ein ungeplantes Kind zu sein. Wenn nur jede dritte Schwangerschaft gewollt zustande kommt, kann man sich leicht ausrechnen, wie viele ungewollte Kinder dieses Land bevölkern. Nur: Wer will es schon wahrhaben, wer will schon gern hören, daß sie oder er ein ungewolltes Kind war? Die Erkenntnis wäre schmerzlich und würde die Kindheit im Rückblick in einem ganz neuen Licht erscheinen lassen – aber auch die Gegenwart. Eine Gesellschaft, die zu hundert Prozent aus Menschen besteht, die als Wunschkinder zur Welt kamen, ist eine schöne, unerreichbare Utopie. Dennoch ließe sich das Mißverhältnis zwischen erwünschten und unerwünschten Kindern verbessern. Die Bremer Wissenschaftler glauben:

»Das widersprüchliche Verhältnis, das zwischen zerstörerischen Auswirkungen der kindlichen Unerwünschtheit und dem Anspruch einer humanen Kinderschutzpolitik besteht, läßt sich nur versöhnen, wenn der Kinderwunsch radikal privatisiert und von Staatseingriffen befreit wird. Ein aufgeklärtes Verständnis von Kinderplanung kann sich nicht darüber hinwegsetzen, daß unerwünscht eingetretene Schwangerschaften nicht nur interessenwidrig, sondern entwicklungshemmend für die Frau, das zukünftige Kind, die Partnerschaft und letztlich für die Gesellschaft sind.«[32]

Es gibt unerwünschte Kinder – mehr als es geben müßte. Es wird sie immer geben, und es gibt Mütter, die mit diesem Problem leben müssen. Daß sie nicht über ihre feindseligen Gefühle sprechen dürfen, macht ihre Situation nur noch schlimmer. Sie müssen sich beherrschen, es stauen sich negative Gefühle an, und die richten sich letztlich gegen das Kind. Die Gesellschaft erwartet von Müttern Mütterlichkeit, und die Mütter fühlen sich schlecht und elend, wenn sie diesem Wunschbild nicht entsprechen. Mütter haben immer gütig, friedlich, ausgeglichen, liebevoll – eben ideal – zu sein. Aber Mütter sind auch nur Menschen, und es gibt keine Menschen, die fehlerfrei wären. Sie können Fehler in der Erziehung machen, und sie können nervös, überfordert, überlastet, ungehalten sein, auch wenn sie sich ihr Kind noch so sehr gewünscht haben.

Doch bestimmte politische und gesellschaftliche Gruppen arbeiten daran, daß diese Idealisierung und Verherrlichung der Mütter aufrechterhalten wird. Sie weigern sich, zu akzeptieren, daß das Kindergebären und Kindererziehen eben nicht eine Naturbestimmung der Frau sind; sie weigern sich, einzusehen, daß Muttergefühle nicht automatisch mit einer Schwangerschaft eintreten. Die Studie der Bremer Wissenschaftler hat eines ganz deutlich gezeigt: Das Kindeswohl tritt eben nicht von allein ein. Frauen benötigen für ihre Rolle als Mutter bestimmte Bedingungen, die ihnen das »Ja« zum Kind erleichtern und ihnen helfen, ihre Vorstellungen von der Erziehung umzusetzen und ein sinnvolles Zusammenleben mit ihren Kindern zu organisieren.

Sie müssen aber auch ihre Probleme mit der Kindererziehung und ihre negativen Gefühle äußern können, ohne gleich als »Rabenmütter« beschimpft zu werden. Frauen, die sich selbst negative Gefühle zugestehen dürfen und die diese auch anderen gegenüber artikulieren können, werden besser mit den Belastungen fertig werden, denn sie sind dadurch eher in der Lage, auf die Bedürfnisse des Kindes – und auf ihre eigenen Bedürfnisse – einzugehen.

Wenn Frauen sich für eine Abtreibung entscheiden, dann ist dies oft auch eine gefühlsmäßige Entscheidung. Die wenigsten wollen generell keine Kinder; die meisten, die eine Schwangerschaft abbrechen wollen, sind sich sicher, daß sie den Anforderungen des Mutterseins gerade in diesem Moment nicht gewachsen sind. Wenn Politikerinnen und Politiker immer wieder gegen Abtreibungen argumentieren und damit für das Austragen unerwünschter Kinder plädieren, dann muß dies nicht unbedingt dem lauteren Ziel des Lebensschutzes und dem Kindeswohl dienen. Das Wohl des Kindes kann nicht erzwungen werden, das Schicksal unerwünschter Kinder legt davon ein beredtes Zeugnis ab. In diesem Sinne können Abtreibungen dem Schutz des Lebens dienen – und zwangsweise ausgetragene Schwangerschaften dem Kindeswohl widersprechen.

Doch wenn mit großer Rhetorik für den Schutz des ungeborenen Lebens geworben und für das Kindeswohl eingetreten wird, dann geht es, verbrämt durch eine vermeintlich gottesfürchtige Haltung, gleichzeitig meistens auch um Interessen und Machtfragen. Es geht um die Macht der Männer über die Frauen, die Macht der Gesellschaft über Andersdenkende, die Macht der Politiker übers Volk, die Macht der Kirche über die Menschen. Ein Blick in die Geschichte der Familienplanung, ein historischer Abriß über die Themen Verhütung und Abtreibung, macht dies deutlich. Fast zu allen Zeiten der Geschichte waren bevölkerungspolitisches Kalkül, kirchenpolitische Dogmen und Arbeitsmarktinteressen – in der Neuzeit auch rassistische Ideologien – richtungweisend für die Familienplanung und damit Rechtfertigung genug für den Zugriff des Mannes auf den Bauch der Frau.

7. Familienplanung gestern, heute, morgen

> »Es liegt nicht in unserer Macht, die Frauen zum
> Austragen ihrer Schwangerschaft zu zwingen, sie
> werden von noch unerbittlicheren Meistern
> gezwungen: von Not und Schande, die sie andere
> Hilfe suchen und finden lassen.«[1]
>
> *Herta Riese, Ärztin, 1931*

Bei den Diskussionen um den »Schutz des ungeborenen Lebens«, um die Abtreibungsfrage und das Selbstbestimmungsrecht der Frau wird eines gern vergessen: Abgetrieben wurde schon immer. Die Geschichte der Abtreibung ist wohl so alt wie die der Menschheit. Die Einstellung einer Gesellschaft zum Schwangerschaftsabbruch war nur nie ein wichtiges Thema in der Geschichtsschreibung. Denn Geschichte ist männlich. Eher beiläufig wurde überliefert, wie in früheren Zeiten Familienplanung aussah und wie sie bewerkstelligt wurde. Schwangerschaftsabbrüche gehörten aber als universales Phänomen immer dazu; Abtreibungen hat es zu allen Zeiten und Epochen und in den verschiedensten Kulturen als *eine* Möglichkeit der Geburtenkontrolle gegeben. Wie jedoch ein Schwangerschaftsabbruch beurteilt wurde, das hing im wesentlichen von den jeweiligen Verhältnissen in einer Gesellschaft und den Interessen ihrer Machthabenden ab. Soziale, religiöse, ethische oder metaphysische Kriterien spielten eine entscheidende Rolle dabei, ob die Abtreibung abgelehnt, geduldet oder sogar propagiert wurde.

Schon immer versuchte der Staat im Großen, versuchten die Eltern im Kleinen Einfluß auf die Größe der Familie zu nehmen. Abtreibung war nur eine, oft weitverbreitete Methode zur Geburtenbeschränkung. Man kannte überall und schon früh eine ganze Reihe von Möglichkeiten, ungewolltem Nachwuchs vorzubeugen, solche, die im Vorfeld der Zeugung wirkten, wie solche, die nach der Empfängnis oder sogar erst nach der Geburt ansetzten. Der Maßnahmenkatalog umfaßte alles, von Coitus interruptus über empfängnisverhütende und abtreibende Mittel bis hin zur Aussetzung und Tötung Neugeborener. In den alten Stammesgesellschaften Nordamerikas und bei den australischen Aborigines konnten Frauen frei entscheiden, wie viele Kinder sie wollten. Ihre Kenntnisse auf dem Gebiet der Empfängnisverhütung waren beachtlich; über 200 verschiedene Wurzeln, Kräuter und andere einschlägig wirkende Mittel sollen sie gekannt haben. Von den naturverbundenen Indianervölkern Amerikas sind zahlreiche Rezepturen für Brühen und Elixiere überliefert, die Frauen vor ungewollten Schwangerschaften schützen, sie zeitweilig steril machen oder Fehlgeburten auslösen sollten.[2]

Die Methoden, mit denen primitive und Urvölker einen künstlichen Abort provozierten, waren zum Teil barbarisch und konnten im schlimmsten Fall zum Tod der Schwangeren führen. In einigen Kulturen bestand die Abtreibung darin, den Leib der Schwangeren zu kneten und zu treten. Bei einzelnen afrikanischen Stämmen trampelten Priester und Medizinmänner manchmal so lange auf dem Bauch der Frau herum, bis diese unter Qualen starb. Bei anderen Völkern mußte die werdende Mutter tanzen und springen, um Kontraktionen der Gebärmutter und damit die Abstoßung des Embryos zu bewirken. Auf dem Land war es zur Zeit unserer Großmütter noch üblich, daß ungewollt Schwangere verzweifelt immer wieder vom Heuboden sprangen, um eine Fehlgeburt auszulösen.

Die Abtreibung wurde in Europa zum erstenmal vor fast 1800 Jahren verboten, aus bevölkerungspolitischen Gründen, weil die Ehepflicht für alle erwachsenen Männer und Frauen nicht die erhoffte Wirkung gezeitigt hatte. Der römische Kaiser Septimius Severus (146–211) und sein Sohn Caracalla drohten jeder Frau mit Verbannung, die »ihrem Leib Gewalt angetan hat, um ihr Kind abzutreiben«[3]. Bis dahin hatte sich der Staat um solche Dinge nicht groß gekümmert – die Bürger reagierten überrascht und befremdet. Das Verbot von Schwangerschaftsabbrüchen im heutigen Sinne besteht erst seit gut 500 Jahren. Bevor das weltliche Recht unter den beherrschenden Einfluß der kirchlichen Lehre und des kirchlichen Rechts geriet, wurden Abtreibungen in Deutschland bis ins Mittelalter hinein gebilligt. Denn nach den damaligen Sittlichkeitsbegriffen galten jene als unmoralisch, die mehr Kinder zeugten und zur Welt brachten, als sie ernähren konnten.

Eine Wende trat erst mit der Zeit der Inquisition ein. Die »weisen« Frauen, die um Verhütungsmöglichkeiten und Abtreibungsmethoden wußten, wurden als »Hexen« verbrannt, auf Abtreibung stand die Todesstrafe. Der Hintergrund war ein politischer. Die Fürsten brauchten Menschen, als Arbeitskräfte und zur Kriegsführung. Letztlich ging es damals nicht um die Moral, sondern um die Sicherung der Macht. Und so war es fast immer: Wenn Abtreibungen in der Geschichte verboten und verfolgt wurden, hatte das bevölkerungspolitische Hintergründe. Denn nur, wenn die Bevölkerung wuchs, schien auch die Sicherheit der (Staats-)Macht gewährleistet zu sein. Im Gegensatz dazu wurden Abtreibungen toleriert oder anempfohlen, wenn die Bevölkerung zu stark wuchs und soziale Ausschreitungen drohten.

Altertum und Antike

Die Abtreibung als Möglichkeit, eine ungewollte Schwangerschaft abzubrechen, hat es wahrscheinlich schon im Altertum gegeben. Aus den wenigen geschichtlichen Quellen läßt sich kaum etwas über die Einstellung zur Abtreibung entnehmen, aber unter Strafe gestellt wurde der Abbruch wohl immer dann, wenn ein Herrscher die Zahl seiner Untertanen mehren und sich dadurch seine Position sichern wollte. Im alten babylonischen Reich, vor mehr als dreieinhalbtausend Jahren, wurden Schwangerschaftsabbrüche durch Pfählen geahndet. Bezeugt ist dies durch eine Gesetzessammlung, den Kodex Hammurapi, die unter dem babylonischen König Hammurapi (1728–1686 v. Chr.) in einen Dioritblock gemeißelt und 1901 in Susa entdeckt wurde. Auch der alte Hindu-Kodex Manara Dharma-Sastra stellte Abtreibungen unter schwere Strafe. Die Vernichtung werdenden Lebens maß so schwer wie die Tötung eines Brahmanen und wurde als Sakrileg gegen ein außerordentlich hoch geschätztes Gut gewertet.

In der Antike, im alten römischen und griechischen Reich, wurde Familienplanung mit den Mitteln von Verhütung, Schwangerschaftsabbruch und Kindstötung betrieben. Die Ärzte der Antike kannten allerlei Methoden, auf die Fruchtbarkeit der Frau einzuwirken. Sie konnten durch pflanzliche Mittel und Pessare zeitweilige Sterilität hervorrufen und wußten die Einnistung des befruchteten Eis zu verhindern.[4] Die römischen Ärzte hatten für den Schwangerschaftsabbruch eigene Instrumente entwickelt. Mit den Embryosphactes konnten sie von der Scheide aus in die Gebärmutter eindringen. Abtreibung war kein Tabu. Maßgeblich für diese Einstellung im alten Rom war die stoische Philosophie, nach der die Leibesfrucht nur einen Teil des Mutterleibes bildete. Es herrschte die Auffassung, daß der Säugling erst nach der Geburt einen Teil der Weltseele einatme, und so sah das römische Recht ursprünglich für Abtreibungen keine Strafe vor, was sich in spätkaiserlicher Zeit änderte.

Doch von der Selbstbestimmung der Frau war man trotz so freizügiger Familienplanung in der patriarchalischen Gesellschaft der Römerzeit weit entfernt. Der Familienvater war im römischen Reich mit einer tyrannischen Allmacht ausgestattet, und er war es, der die absolute Entscheidungsgewalt in allen Fragen der Familienplanung als Oberhaupt der Familie (»pater familias«) innehatte. Er entschied über Leben und Tod seiner Kinder. Der römische Geschichtsschreiber Livius (59 v. Chr. – 17 n. Chr.) berichtet, daß die »patria majestas« in dem Augenblick vom Kind Besitz ergreift, »wo es aus dem Mutterschoß kommt: der Vater kann es anerkennen oder ablehnen, er hat das Recht über Leben und Tod des Kindes. Hebt er es hoch, so erkennt er es an: Es darf leben. Läßt er es liegen, wird das Kind an einer Wegkreuzung ausgesetzt, wo es bald stirbt.«[5] Mißgebildete oder schwache Kinder wurden ertränkt oder erstickt. Denn Rom brauchte kräftige Soldaten und robuste Bauern. Auch Armut, Not und eine große Kinderschar waren Legitimation genug für die Kindstötung.

War der Vater zur Zeit der Geburt abwesend, galt für die Mutter die Weisung »Quod erit gnatum me absente lollito«: Zieh auf, was in meiner Abwesenheit geboren wird. Kam der Vater zurück, entschied er über das Schicksal des Neugeborenen. Im krassen Gegensatz dazu stand die Rechtlosigkeit der Frau bei der Entscheidung über unerwünschten Nachwuchs. Wenn sie wagte, eigenmächtig abzutreiben oder ein Neugeborenes auszusetzen, konnte der Patriarch sie zur Strafe töten. Die Kindesaussetzung war auch im alten Sparta und bei den Germanen erlaubt, bei schwächlichen Kindern sogar staatlich geboten. Erst der römisch-byzantinische Kaiser Konstantin der Große (280–337) hob das Recht auf Kindstötung auf und führte für Eltern, die ihre Kinder töteten, die Todesstrafe ein.

Im römischen Kaiserreich weichte das strenge Patriarchat auf. Frauen konnten selbstbestimmter mit Sexualität und Schwangerschaft umgehen. Aber schon der erste römische Kaiser, Augustus (63 v. Chr. – 14 n. Chr.), hatte mit geringem Erfolg versucht, Einfluß auf die Familienplanung im Volk zu nehmen. Aus den Berichten des römischen Geschichtsschreibers Tacitus (55–116) geht hervor, daß es damals als Frevel galt, der Zahl seiner Kinder eine Grenze zu setzen. Nicht ohne Neid kommentierte er die ihm vorbildlich erscheinende Ehemoral der Germanen mit den Worten: »Und mehr wirken dort gute Sitten als anderswo gute Gesetze.« Die Bevölkerungspolitik im römischen Kaiserreich hat zahlreiche Parallelen zu der in der jüngeren Geschichte: Kinderlose wurden benachteiligt, kinderreiche Mütter besonders geehrt, Vaterschaft gereichte dem Mann im augustinischen Rom zur Ehre und war der Karriere förderlich. Der Staat bemühte sich, Anreize zur Fortpflanzung zu schaffen. Konstantin verbot also nicht nur die Kindestötung per Gesetz. Er versuchte gleichzeitig, die Not armer Eltern zu lindern, indem er deren Kinder auf Kosten des Staates erziehen und ernähren ließ – ein Weg, der sozial war, aber bald zu teuer wurde.

Im antiken Griechenland hatten sich schon vor dem Zerfall Athens die Gesetzgeber Solon (640–561 v. Chr.) und Lykurgos gegen Abtreibungen geäußert. Doch änderten sich die Anschauungen bald. Der griechische Philosoph Platon (427–347 v. Chr.) billigte in seinem Idealstaat den Schwangerschaftsabbruch nachdrücklich, sofern er dem Wohl des Staates diente (!) oder die Eltern über 40 Jahre alt waren. Für seinen Schüler, den Philosophen und Naturforscher Aristoteles (384–322 v. Chr.), sprach nichts gegen eine Abtreibung, wenn sie eugenisch angezeigt war und dazu dienen konnte, die Bevölkerung zu reduzieren. Doch machte er eine Einschränkung: Der Eingriff an der schwangeren Frau mußte innerhalb einer bestimmten Frist erfolgen, solange der Fötus noch nicht als »belebt« galt. Die männliche Leibesfrucht galt 40 Tage, die weibliche erst 80 Tage nach der Empfängnis als »belebt«. Welches Geschlecht das Kind hatte, konnte daran festgestellt werden, wann es sich im Mutterleib zu regen begann...

Schon vorher waren durch den Einfluß des Hippokrates (460–375 v. Chr.) ethische Einwände gegen den Schwangerschaftsabbruch laut geworden. Mehr und mehr Ärzte weigerten sich, Beistand bei Abtreibungen zu leisten, weil sie dies für unvereinbar hielten mit dem ärztlichen Eid (der auch heute noch seine Gültigkeit hat), Leben zu bewahren und nicht zu dessen Vernichtung beizutragen. Lange bevor im zweiten und dritten nachchristlichen Jahrhundert Schwangerschaftsabbrüche unter Severus und Caracalla gesetzlich verfolgt wurden, lehnten viele der kenntnisreichen römischen Ärzte Abtreibungen ab. Strafrechtlich verfolgt wurden Abtreibungen nicht, um ungeborenes Leben zu schützen, sondern um die Bevölkerung unter Kontrolle zu halten und zu verhindern, daß unerwünschte Erben beseitigt wurden.

Es ist kein Zufall, daß sich der Bewußtseinswandel im römischen Reich des vierten Jahrhunderts nach Christus parallel zur Ausbreitung des Christentums durchsetzte. Das Verbot zu töten und das Gebot, für Nachwuchs zu sorgen, waren zentrale Anliegen der christlichen Ethik. Im Christentum tat sich eine ideale ideologische Basis für die bevölkerungspolitischen Ziele im römischen Reich auf. Hintergrund für das Verbot der Kindstötung und der neuen Moral des »mehret Euch« war nicht die hehre Menschlichkeit. Es ging vielmehr darum, die Bevölkerung des römischen Weltreichs zu verstärken und mit neuen Arbeitskräften zu versorgen.[6]

Mittelalter und frühe Neuzeit

Schon früh wurde Abtreibung von den Kirchenvätern im Zeichen der Nächstenliebe als Sünde verdammt. Bereits um 200 setzten sie Abtreibung und Verhütung mit Mord gleich. Auf den Konzilen von Elvira im Jahr 306 (damals wurde auch der Zölibat fixiert) und von Ankyra 314 wurden empfindliche Strafen für Schwangerschaftsabbrüche festgelegt. Das Kirchenrecht übernahm im fünften Jahrhundert unter Augustinus (354–430), dem bedeutendsten lateinischen Kirchenlehrer, die aristotelische Zweistadienlehre, nach der der Embryo je nach Geschlecht am 40. Tag beziehungsweise 80. Tag nach der Empfängnis als »beseelt« oder »belebt« galt.

Nur die Vernichtung eines »beseelten« Embryos wurde mit Mord gleichgesetzt. Auf die Abtreibung der »unbeseelten« Frucht stand lediglich eine Geldbuße. Die Zweistadienlehre beruht vordergründig auf einer fehlerhaften Interpretation der hebräischen Urschrift der Bibel durch die griechischen Übersetzer. Es drückte sich darin aber auch die geringe Wertschätzung des weiblichen Menschen aus. Später wurde zwar die »Beseelung« einheitlich für beide Geschlechter auf den 40. Tag nach der Empfängnis festgesetzt. Doch das Dogma erhielt sich im kanonischen Recht bis weit ins 19. Jahrhundert, bis Papst Pius IX. die Zweistadienlehre im Jahr 1869 durch die in einer Bulle niedergelegte Erklärung aufhob, die Leibesfrucht habe ab dem Zeitpunkt der Empfängnis eine Seele. Damit war klar, daß der Schwangerschaftsabbruch nach kirchlicher Lehre generell und objektiv eine »schwere Verfehlung« darstellte und sündhaft war.

Trotzdem waren Empfängnisverhütung und Abtreibung Realitäten im Mittelalter, gegen die der Klerus zunächst nicht einschritt. Bis ins 15. Jahrhundert hinein herrschte teilweise große Sinnenfreude und eine sexuelle Freizügigkeit, die auch den Frauen und deren erotischen Bedürfnissen zugute kam. Ausschweifungen, besonders in klerikalen Kreisen, die von der Ausbeutung Dritter lebten, waren nichts Ungewöhnliches. So berichtet Anfang des 12. Jahrhunderts der Abt Rupert von Deutz bei Köln:

»Diejenigen Priester, die sich der Ehe enthalten, weil sie den Kirchengesetzen zuwider sei, leben nichts weniger als enthaltsam, sondern treiben es nur noch schlimmer, weil kein eheliches Band ihre Ausschweifungen zügelt, und sie desto ungebundener von einem Gegenstand der Lust zum andern schweifen können.«[7]

Da wurden beispielsweise Nonnenklöster »des Adels Hurhäuser« genannt, und für die weltliche Lasterhaftigkeit der frommen Schwestern galt zweierlei Maß. Das belegt ein historisches Dokument von 1261, die Erklärung des Magisters Heinrich vom Mendicanten-Orden zu Straßburg, in der wörtlich steht:

»Wenn eine Nonne, von Versuchung des Fleisches und menschlicher Schwachheit überwältigt, zur Verletzung der Keuschheit getrieben werde, geringere Schuld habe und mehr Nachsicht verdiene, wenn sie einem Kleriker, als wenn sie einem Laien sich hingebe.«[8]

Die Folgen blieben nicht aus, was dazu führte, daß gerade in Klöstern zwei Erzsünden verbreitet waren: Kindsmord und Fruchtabtreibung. Weil die Niederkunft einer Nonne als das größte vorstellbare Verbrechen angesehen wurde, waren Abtreibungen hier keine Seltenheit. In Schriften des späteren Mittelalters heißt es, daß »die Unzucht der Klöster förmlich gen Himmel schrie«! Einer der bedeutendsten Satiriker des 16. Jahrhunderts, Johann Fischart, genannt Mentzer, klagte in seinem »Bienenkorb des heiligen römischen Reichs Immenschwarm« noch:

»Ja wir befinden in täglicher Erfahrung, daß die heilige römische Kirch viel lieber gedulden will, daß ihre liebe heilige Schwesterlein in den Klöstern als Nonnen und Beguinen mit Tränken und Arznei ihre Frucht vertreiben, ehe daß sie geboren werde, oder auch freventlich erwürgen, wanns an das Licht gebracht ist.«[9]

Zahlreiche Beispiele illustrieren die »Sittenverwilderung« unter »frommen« Männern und Frauen der Renaissance: Als er noch päpstlicher Legat in Ancona war, mußte der spätere Papst Paul III. (1468–1549) fliehen – er hatte eine junge Adlige vergewaltigt. Papst Pius III. hatte nicht weniger als zwölf Töchter und Söhne von verschiedenen Mätressen. Die Päpste Alexander IV. (ca. 1430–1503), Julius II. (1443–1513) und Leo X. (1475–1521) hatten sich die Syphilis zugezogen… Das war die eine Seite der Medaille: Unzählige Klöster des ausgehenden Mittelalters und der Renaissance waren »nichts weniger als heiligmäßige Orte, wo man mit Fasten, Kasteien und Beten die Zeit verbrachte, sondern man genoß dort mit vollen Zügen das Leben«, schreibt Eduard Fuchs in seiner »Illustrierten Sittengeschichte« von 1909[10].

Zeitgleich nahm eines der düstersten Kapitel der Menschheitsgeschichte seinen Anfang: der Hexenwahn. Es war kein Zufall, daß Ende des 15. Jahrhunderts der Hexenglaube und die Hexenverfolgung einsetzten. Zwar waren schon vorher vereinzelt Frauen als Hexen bezichtigt und verfolgt worden, doch der Wahn hob erst richtig an, als 1484 die verhängnisvolle Bulle des Papstes Innozenz VIII. (1432–1492) gegen das Hexenwesen (Summis desiderantes) erschien. Den Hexen-Hebammen sollte der Garaus gemacht werden. Man klagte sie an, sie würden »die Geburten der Weiber umkommen machen«. Schon drei Jahre später erschien der teuflische

»Hexenhammer« der Mönche Heinrich Institoris und Jakob Sprenger.

Unter dem steigenden Einfluß der Kirche wurden auch im weltlichen Bereich rechtliche Grundlagen zur Bekämpfung der Abtreibung und zur Verfolgung von Abtreiberinnen geschaffen. Sowohl die »Tiroler Halsgerichtsordnung« von 1499 als auch die »Constitutio Criminalis Carolina« und die »Peinliche Gerichtsordnung« von Karl V. (1532) legten für das Delikt des Schwangerschaftsabbruchs die Todesstrafe fest. Wörtlich hieß es in der Halsgerichtsordnung:

»...so jemandt eynem Weibßbild durch bezwang, essen oder drinkken, eyn lebendig kindt abtreibt [...] so solch übel fürsetzlicher und boßhafter weiß beschicht, soll der mann mit dem schwert, als eyn todtschläger, und die fraw so sie es auch an ir selbst thette, ertrenckt oder sunst zum todt gestrafft werden. So aber eyn kind, das noch nit lebendig wer, von einem weibßbild getrieben würde, sollen die urtheyler der straff halber by den rechtsverständigen oder sunst wie zu end diser ordnung gemelt, radtspflegen.«

Als »lebendig kindt« galt der Fötus übrigens erst nach dem fünften Monat, und dieses »lebendig kindt« abzutreiben war Tötung. – Die »Carolina« war das erste allgemeine deutsche Strafgesetzbuch; es fußte auf der Fortentwicklung und Verschmelzung römisch-italienischen und älteren Rechtsstoffes. Dieses Buch war auch der erste Gesetzestext, in dem der Begriff der Abtreibung auftauchte.

Kirchliche wie weltliche Kreise waren emsig bemüht, Lösungen für das Bevölkerungsproblem zu finden. Ziel der Hexenverfolger war es, das Wissen der »weisen Frauen« um Empfängnisverhütung und Abtreibung zu vernichten, denn seit dem 14. Jahrhundert hatten Hungersnöte durch schwere Ernterückschläge und Pestepidemien die Bürgerzahl drastisch schrumpfen lassen. Von den etwa 80 Millionen Menschen in Europa waren 25 Millionen umgekommen. Es mangelte überall an Arbeitskräften für die Grundbesitzer, und das erschütterte die feudale mittelalterliche Wirtschaftsstruktur in ihren Grundfesten. Daraus erklärt sich der Eifer, das Wissen über Verhütungsmethoden auszurotten: »Frauen sollten die Mittel verlieren, mit denen sie ihre traditionell niedrigen Geburtenzahlen zu halten wissen.«[11]

Die Gesetzesmaßnahmen gegen den Schwangerschaftsabbruch zielten in dieselbe Richtung. Das zeigt: Letztlich ging es also wieder nur vordergründig um Lebensschutz, tatsächlich aber um Bevölkerungspolitik und damit um Machtinteressen. Denn zu den größten Grundbesitzern gehörte der Klerus. Kirchen und Klöster hatten ein leicht erklärbares Interesse daran, daß Frauen durch die Vernichtung der als Hexen verunglimpften »weisen Frauen« am Abtreiben gehindert wurden.

Den »weisen Frauen« wurden sieben Sünden vorgeworfen, die von der Anstiftung zu Unzucht und Ehebruch über Empfängnisverhütung bis zur Abtreibung und Kindestötung reichten. Tatsache war, daß diese Frauen ein breites Wissen über Sexualpraktiken, Verhütungsmethoden und Geburtenkontrolle hatten und medizinische Eingriffe beherrschten, die allesamt den Zweck verfolgten, unerwünschten Nachwuchs zu verhindern. Die Hexenverfolgung war aber nicht nur auf die »weisen Frauen« ausgerichtet. Die Frau selbst als Geschöpf wurde denunziert und der Hexerei bezichtigt.

Dieser Wahn wurzelte in der Stellung der Frau in der altgermanischen Religion: Sie war eine Priesterin, die mit göttlichen Mächten im Bunde war. Die Hexe war gewissermaßen die Nachfolgerin dieser Priesterin. Wichtiger noch war aber der Aspekt der Erbsünde.

Das Weib war die personifizierte Sünde; Eva verführte Adam; jede Bosheit war gering, verglichen mit der Bosheit des Weibes. »Die Ursache allen Übels ist das Weib«, predigte Maximus von Turin von der Kanzel herab, und er gab damit nur die gängige Ansicht der Kleriker wieder. Die Frau war die Inkarnation des Bösen, sie war verantwortlich für den Sündenfall. Den Frauen wurde unterstellt, Buhlschaft mit dem Teufel zu treiben. Einer der beiden Autoren des »Hexenhammers«, der sich brüstete, in einem halben Jahrzehnt 48 Hexen verbrannt zu haben, lieferte die Begründung für die Behauptung, warum Frauen sich dem Teufel verschreiben:

»Alles geschieht aus fleischlicher Begierde, die bei ihnen unersättlich ist. Dreierlei ist unersättlich [...] und das vierte, das niemals spricht: es ist genug, nämlich die Öffnung der Gebärmutter. Darum haben sie auch mit den Dämonen zu schaffen, um ihre Begierden zu stillen.«[12]

Das Weib war aber in dieser christlichen Weltanschauung nicht nur der Inbegriff der Sünde – das Weib war dem Mann durch seine natürlichen Kräfte der Fruchtbarkeit ein Geheimnis und stellte eine Versuchung dar. Im Weib vereinten sich Hexe, Verführerin, Zauberin. Das Weib war bedrohlich und wuchs sich in der männlichen Phantasie zu einem Dämon, zu einer Hexe aus. Nur Gewalt gegen die dämonisierte Frau, nur die Ausrottung der Hexen, konnte den Mann vor der unheimlichen Macht des Weibes schützen... Doch man brauchte die Weiber auch – zur Befriedigung der Manneslust und zur Mehrung der Untertanen.

Die Kirche verbot jegliche Verhütungspraktiken; (ehelicher) Geschlechtsverkehr war einzig und allein zum Zwecke der Fortpflanzung erlaubt. Im Römischen Katechismus von 1566 (dessen grundlegende Bestimmungen zum Abtreibungs- und Verhütungsverbot Papst Paul VI. in der Enzyklika »Humanae vitae« 1968 noch einmal bekräftigte) wurde zwischen den Handlungen der Abtreibung und Verhütung faktisch nicht mehr unterschieden. Da hieß es: »Es ist ein sehr schweres Verbrechen, wenn Eheleute künstlich die Empfängnis verhüten oder die Frucht abtreiben; eine solche Tat ist ebenso zu beurteilen wie gemeiner Meuchelmord.«[13]

Die offizielle kirchliche Lehre propagierte eine Lust- und Körperfeindlichkeit, die in teilweise krassem Widerspruch zum verfolgten Ziel einer höheren Geburtenrate stand. Mit dem Verbot der Geburtenkontrolle wurde ein Wachstum der Bevölkerung angestrebt. Die Geistlichen forderten aber gleichzeitig sexuelle Askese, als Strafe für sexuelle Ausschweifungen und vor allem während einer ganzen Reihe kirchlicher Festzeiten. Sie untersagten »Geschlechtsverkehr während der Menstruation, während und nach der Schwangerschaft und gelegentlich sogar in der Hochzeitsnacht«.[14]

Dahinter stand nicht der Gedanke, die Frau zu schützen. Ihren Bedürfnissen auf sexueller Ebene wurde ohnehin kaum Beachtung geschenkt. Es war ganz einfach so, daß die Frau als unrein galt. Aber weder störten sich die schwarzen Schafe der kirchlichen Hierarchie an dieser Unreinheit – es soll Beichtstühle gegeben haben, »in denen Priap und Venus verwegener gehuldigt wurde als in manchem wohlfrequentierten Bordell«[15] –, noch enthob sie die Frauen der Gebärpflicht – das war ihre Lebensaufgabe.

Wie schon unter Konstantin dem Großen gab es im Mittelalter einzelne Ansätze zu staatlichen Angeboten als Gegenleistung zur Erfüllung der Pflicht, Kinder zu gebären und zu erziehen. Es gab öffentliche Krippen für Kinder von Armen oder alleinstehenden Müttern. Demgegenüber stand in weiten Teilen Europas die Androhung drakonischer Strafen für Verhütung, Abtreibung, Homosexualität und Sexualpraktiken, die als »unnormal« angesehen wurden. Auf Kindstötung stand die Todesstrafe: »Die sol man lebendig in ein grab, ein dornen heck auf ihren leib legen, sie mit erde beschutten, und ir ein eichen pfal durch ir herz schlan«, forderte ein mittelalterlicher Rechtskodex. Die Methoden der Bestrafung wandelten sich mit den Jahren, vom Pfählen über das Ertränken bis zum Enthaupten – das Strafmaß blieb erhalten. Nicht selten wurden Frauen schon wegen versuchter Abtreibung enthauptet. Und die erste Frau eines Dorfes, die als Hexe verbrannt wurde, war traditionsgemäß die »weise Frau« oder Hebamme.

Parallel zur Verfolgung der als Hexen verteufelten »weisen Frauen« wurde mit dem Erlaß der »Hebammenordnungen« ab Mitte des 15. Jahrhunderts die Tätigkeit der frei praktizierenden Hebammen staatlich reglementiert und kontrolliert. Durch das Tabu einerseits, das die Wöchnerinnen umgab, und durch die reiche praktische Erfahrung der Hebammen andererseits, hatte sich im Laufe der Jahrhunderte eine mystische Aura um die Hebammen entwickelt. Sie waren die Trägerinnen abergläubischer Praktiken, kannten vielerlei geheimnisvolle Rezepte für Tinkturen und Arzneien zur Empfängnisverhütung und Abtreibung. Denn die Hebammen wirkten im Mittelalter nicht allein als Geburtshelferinnen, sondern waren auch als Spezialistinnen für die Geburtenkontrolle gefragt.

Diese erfahrenen Frauen wurden dann männlichen Ärzten unterstellt, deren Kenntnisse auf dem Gebiet der Frauenheilkunde allein aus dem Studium antiker Schriften und aus den Auskünften der Hebammen herrührten. Männern war es nämlich im Mittelalter untersagt gewesen, im Bereich der Frauenheilkunde zu praktizieren. Die Hebammen wurden systematisch degradiert, »von qualifizierten selbständigen Medizinerinnen, in deren Zuständigkeitsbereich die gesamte Frauen- und Kinderheilkunde fiel, zu Gehilfinnen des Arztes«.[16] Darüber hinaus wurden sie per Verordnung zu Spitzeleien verpflichtet. Sie sollten alles Verdächtige bei der Obrigkeit anzeigen: heimliche »Kindbettschaften« ebenso wie heimliche uneheliche Schwangerschaften. Durch solche Maßnahmen sollte jede Handlung, die Geburten verhindern konnte, im Keim erstickt werden. Die »weisen Frauen« standen im Zentrum der Hexenjagd; verfolgt wurden aber zum Beispiel auch die Salbenhändler, um eine weitere Quelle der Geburtenkontrolle zum Versiegen zu bringen. Zwischen Ende des 15. und Mitte des 17. Jahrhunderts verwandelte sich ganz Europa in einen einzigen brodelnden Hexenkessel. Hunderttausende, wenn nicht gar Millionen Menschen, zu achtzig Prozent Frauen, fielen dem Hexenwahn zum Opfer. Es gelang, das Wissen der »weisen Frauen« um die Geburtenkontrolle auszurotten, und die Massaker zeitigten schon bald Erfolge. Der Bevölkerungsrückgang stoppte gegen Ende des 15. Jahrhunderts, die Bevölkerung vermehrte sich kontinuierlich bis zu einer wahren Bevölkerungsexplosion im 18. und 19. Jahrhundert (wofür auch Fortschritte in der Medizin und Hygiene entscheidend waren) – mit allen Begleiterscheinungen des Massen- und Kinderelends. Dadurch, daß das Wissen um Verhütung und Abtreibung praktisch ausgelöscht war, beziehungsweise alle Maßnahmen zur freien Geburtenplanung verboten waren, blieb den verzweifelten Frauen bald nur noch das eine letzte Mittel, ungewollte Neugeborene zu töten oder auszusetzen.

Der von der kirchlichen Obrigkeit verordnete Kinderreichtum führte mehr und mehr zu grenzenlosem Elend im Volk; die Kinder selbst wurden vernachlässigt oder verwahrlosten, und die Säuglings- und Kindersterblichkeit schnellte im 18. Jahrhundert in eine Höhe, die in der Geschichte beispiellos ist. Gegen Ende des 19. Jahrhunderts kamen auf jede verheiratete westeuropäische Frau nach der Statistik 5 bis 6,5 Kinder.[17] Jede zwanzigste Frau hatte mehr als zehn Kinder, einige sogar 20 und mehr Kinder.

Neueste Zeit

Mit dem Ende der Hexenverbrennungen und unter dem Einfluß der Aufklärung begann sich zwar das weltliche vom kirchlichen Recht zu lösen. Der Embryo wurde nun nicht mehr mit einem vollwertigen Menschen gleichgesetzt, und entsprechend wurden die Strafen für Abtreibungen abgemildert. Nur: Der Zeitpunkt, zu dem der Strafrechtsschutz für das ungeborene Leben ansetzte, wurde vom 40. Tag nach der Empfängnis (der ursprünglichen Beseelung) auf den Augenblick der Empfängnis vorverlegt. Das hatte zur Folge, daß die Abtreibung nun generell als eine strafbare Handlung angesehen wurde, egal in welchem Stadium der Schwangerschaft sie vorgenommen wurde.

Auf Abtreibung stand nicht mehr die Todesstrafe, aber das Preußische Strafgesetz von 1851 sah andere schwere Strafen für das Delikt des Schwangerschaftsabbruchs vor. Es war diese Regelung des Preußischen Strafgesetzes, die mit dem Zusammenschluß der kleindeutschen Staaten zum Deutschen Reich im Jahr 1871 in der Gesetzgebung aufgegriffen wurde. Im Paragraphen 218 des neuen Reichsstrafgesetzbuches wurde für den Tatbestand der Abtreibung eine Zuchthausstrafe von fünf Jahren festgelegt. Es gab keine gesetzliche Bestimmung oder Ausnahmeregelung, die eine legale Abtreibung aufgrund einer medizinischen Indikation ermöglicht hätte.

Im ausgehenden 19. Jahrhundert kannte man natürlich Verhütungsmittel, um dem ungewollten Kindersegen vorzubeugen. Das Scheidenpessar zum Beispiel war lange vor der Jahrhundertwende entwickelt und eingeführt worden, galt aber erst seit den sechziger Jahren unseres Jahrhunderts als effektives Verhütungsmittel. Erste, ziemlich unsichere Varianten von Kondomen waren schon im 17. und 18. Jahrhundert aufgekommen; sie waren zunächst aus Blinddärmen von Ziegen und Schafen hergestellt worden, ab 1839, als die Vulkanisation erfunden war, dann aus Kautschuk. Doch dem Staat waren die modernen Verhütungsmittel ein Dorn im Auge, und er bekämpfte sie mit Gesetzen.

Vielen Frauen, besonders denen der »unteren Klassen«, blieb nur der Schwangerschaftsabbruch, wollten sie die Zahl ihrer Kinder begrenzen. Selbst strenge Strafen konnten sie nicht daran hindern, abzutreiben. Vor dem Ersten Weltkrieg sollen nach Berechnungen des Frauenarztes Max Hirsch[18] von hundert Schwangerschaften 23 durch eine Abtreibung beendet worden sein. Nach dem Ersten Weltkrieg soll die Zahl auf 30, nach einigen Quellen sogar auf 50 angestiegen sein. Das heißt, die Hälfte aller Schwangerschaften wurde abgebrochen. Das Motiv für die illegalen, gefährlichen Abtreibungen waren die schlechten Lebensbedingungen. Durch Weltwirtschaftskrise und Inflation hatte sich die soziale Lage der Arbeiterklasse drastisch verschlechtert; in der Folge stieg die Zahl der illegalen Abtreibungen unaufhörlich.

Es dauerte nur wenige Jahre, bis sich die Stimmen mehrten, die den Paragraphen 218 scharf, doch erfolglos kritisierten. Daß die Gesetzgeber wohl bei Verfahren gegen Frauen, die der Abtreibung angeklagt waren, relative Milde walten ließen (in 94,5 Prozent der Fälle wurde ihnen Gefängnis statt Zuchthaus zugebilligt[19]), im Grundsatz aber hart blieben und eine Reform des Paragraphen 218 verhinderten, hatte bevölkerungspolitische Gründe. Gegen Ende des 19. Jahrhunderts hatte ein beunruhigender Geburtenrückgang eingesetzt. Außerdem hatte der Erste Weltkrieg schmerzliche Lücken hinterlassen; 1,81 Millionen deutsche Männer starben auf den Schlachtfeldern. Die Verluste glaubte man(n) nur durch den Zwang zum Gebären ausgleichen zu können. Wieder einmal wurden Staatsinteressen über das familiäre und soziale Wohl und vor allem über das Selbstbestimmungsrecht der Frau gesetzt.

Während fortschrittliche Ärzte zu Verhütung und Gebärstreik aufriefen, fielen den Frauen ausgerechnet ihre politisch engagiertesten Geschlechtsgenossinnen in den Rücken. Vorkämpferinnen der Arbeiterbewegung wie Clara Zetkin oder Rosa Luxemburg waren keineswegs gleichzeitig Vorkämpferinnen für die Sache der Frauen. Sie fürchteten nämlich, dem Proletariat könnten durch einen Gebärstreik künftige Soldaten verlorengehen, die man für den Kampf gegen den verhaßten Klassenstaat brauchte.

1918 erhielten die Frauen zwar das allgemeine Wahlrecht, aber von einer Reform des Abtreibungsparagraphen war man noch weit entfernt. Entgegen den Staatsinteressen gewannen in der Weimarer Republik empfängnisverhütende Maßnahmen erst in den Städten, später auch auf dem Land an Boden, und in ihrer Not entschlossen sich nicht wenige Frauen zu Operationen, die sie unfruchtbar machten. Einer der engagierten Verfechter der Sterilisation war der Botschaftsarzt Dr. Leo Klauber. Er argumentierte: »Das Unterlassen dieses einfachen, sterilmachenden Eingriffs ist oft viel schärfer zu

tadeln als die jetzt zu beobachtende Häufigkeit der durch diese Unterlassung verursachten Operationen.«[20]
Denn während die Zahl der Abtreibungen kontinuierlich anstieg, wuchs mit ihr auch die Zahl der Todesopfer von illegalen Schwangerschaftsabbrüchen. 1920 standen noch vier Geburten einer Abtreibung gegenüber. 1927 kam bereits auf drei Geburten eine Abtreibung, und 1930 schließlich endete jede dritte Schwangerschaft vorzeitig durch Abbruch. Auf dem 45. Deutschen Ärztetag 1926 in Eisenach wurde die Zahl der illegalen Abtreibungen durch Nichtmediziner auf jährlich mindestens 800 000 geschätzt[21], wobei etwa 10 000 Schwangerschaftsabbrüche mit dem Tod der Frau endeten und 50 000 Frauen durch die Abtreibung körperlich schwer geschädigt wurden. Nach anderen Schätzungen gab es in den zwanziger Jahren sogar eine Million Abtreibungen jährlich, und an ihnen sollen 44 000 Frauen gestorben sein. 1928 wurden in Deutschland 3775 Frauen wegen Abtreibung verhaftet.
Weder das hohe gesundheitliche Risiko noch die Androhung strenger Strafen konnten Frauen, die ungewollt schwanger wurden, einschüchtern. Viele von ihnen versuchten in höchster Verzweiflung, selbst abzutreiben, mit Stricknadeln oder Seifenlauge. Die Begleitumstände der heimlichen Abbrüche hatten in zahllosen Fällen schlimme Folgen für die Frau: »Jede zweite mußte nach einer illegalen Abtreibung mit hohem Fieber ins Krankenhaus, jede dritte blieb ihr Leben lang geschädigt.«[22] Für Ärzte wie Leo Klauber war der Paragraph 218 mehr als ein Stein des Anstoßes. Er brachte 1927 seine Entrüstung mit diesen Worten zum Ausdruck:
»Das heute noch geltende Gesetz zieht es vor, das ›Verbrechen‹ gegen den Embryo, ein gefühlloses Gallertklümpchen, zu rächen, und dadurch nicht nur einen, sondern oft mehrere Menschen in den Tod zu treiben oder für lange Zeit hinter Kerkermauern zu bannen.«
Der Paragraph 218, ein Gesetz, das am härtesten die traf, die in großer Not und in großem Elend lebten, wurde erstmals in der Weimarer Republik zum heißdiskutierten und erbittert umkämpften Zankapfel. Der Paragraph diskriminierte besonders die unteren Gesellschaftsschichten. Nach Leo Klauber[23] waren »von den wegen Abtreibung verurteilten Personen etwa 92 Prozent der unbemittelten, 7,9 Prozent der weniger bemittelten und nur 0,1 Prozent der

reichen Bevölkerungsklasse zuzurechnen«. Um den Paragraphen 218 entspann sich ein Jahre dauernder Glaubenskrieg, der unterschiedlichste Gesellschafts- und Interessengruppen mobilisierte. Einige Gruppierungen forderten vehement die Abschaffung, andere die Verschärfung. Diejenigen, die die Verschärfung forderten, taten es aus bevölkerungspolitischen Motiven. Die Gegner des Paragraphen, darunter die sozialistischen Ärzte und die Vertreterinnen der Frauenbewegung, argumentierten mit der sozialen Not, die zahllose Arbeiterinnen zu Schwangerschaftsabbrüchen zwinge und sie in ihrem Elend obendrein noch den gesundheitlichen Gefahren illegaler Abtreibungen aussetze.

Politiker aus den Reihen der Unabhängigen Sozialdemokratischen Partei (USPD), der SPD und der Kommunistischen Partei Deutschlands (KPD) unternahmen immer wieder Vorstöße gegen den frauenfeindlichen Paragraphen. Im Jahr 1926 konnten die Gegner des Paragraphen 218 erste bescheidene Teilerfolge verzeichnen. Er wurde reformiert. Auf Antrag der SPD wurde das Strafmaß von Zuchthaus- auf Gefängnisstrafe und die Mindeststrafzeit von einem Jahr auf einen Tag herabgesetzt. Das Reichsgericht erkannte außerdem die medizinische Indikation an, womit es theoretisch für eine Frau möglich wurde, ihre Schwangerschaft abzubrechen, wenn ihr Leben durch das Austragen der Schwangerschaft gefährdet wurde.

Doch längst nicht jeder Arzt war unter diesen Voraussetzungen bereit zu helfen, und zahlreiche Priester stellten den Schutz des Embryos noch immer über das Leben der Frau. Abtreibung ohne medizinische Indikation wurde weiterhin als kriminelle Handlung eingestuft, was die Frauen, insbesondere die armen und kinderreichen, zwang, auch weiterhin die gefährliche Hilfe der Engelmacherinnen in Anspruch zu nehmen.

Während sich nicht wenige Ärzte in jenen Jahren für die sozialmedizinische, zum Teil auch für die rein soziale Indikation aussprachen, wurde als offizielle standesärztliche Verlautbarung anerkannt, was Professor Winter, Direktor der Universitäts-Frauenklinik im damaligen Königsberg, in seiner 1926 verfaßten Monographie »Der künstliche Abort« dringend empfahl: Winter nannte als einzig gerechtfertigte Indikation zur Abtreibung nur schwerste Erkrankungen, wie etwa chronische Nierenentzündung mit Symptomen des Nierenversagens und schwere Lungen- und Kehlkopftuberkulose.[24] Kein Grund für einen Abbruch war für ihn zum Beispiel bei Gebärmutterhalskrebs gegeben, was die Heilungsaussichten für die Frau praktisch zunichte machte, oder wenn die Schwangere durch ihre Anatomie gezwungen war, ihr Kind durch Kaiserschnitt zur Welt zu bringen:

»*100 Kaiserschnitte ergaben zwei Prozent Mortalität [Sterblichkeit] für die Mutter und ca. drei bis fünf Prozent Mortalität für das Kind. 100 künstliche Aborte [Abtreibungen] ergaben Null Prozent Mortalität für die Mutter und 100 Prozent Mortalität für das Kind. Also einem Gewinn von ca. 95 lebenden Kindern steht ein Verlust von zwei Müttern gegenüber.*«

Nationalsozialismus und Zweiter Weltkrieg

Eine Massenbewegung gegen das »Schund- und Schmutzgesetz«, wie 218-Gegner den reformierten Paragraphen nannten, löste das 1929 uraufgeführte Theaterstück »Cyankali« des kommunistischen Stuttgarter Arztes und Schriftstellers Friedrich Wolf aus. Sein Inhalt: Ein Mädchen aus der Arbeiterklasse gerät auf der Suche nach einem Arzt, der ihre Schwangerschaft abbricht, an eine Kurpfuscherin und stirbt durch deren Mittel. Das Stück wurde verboten und rief Skandale hervor. Dennoch gelangte es in fast allen großen und mittleren Städten zur Aufführung.

Der Autor und seine engagierte junge Stuttgarter Arztkollegin Else Kienle, die die einzige Beratungsstelle des Reichsverbandes für Geburtenregelung und Sozialhygiene verwaltet hatten, wurden verhaftet. Das trieb die Massen auf die Barrikaden. Die Aktionen und Demonstrationen gingen auch nach der Haftentlassung der beiden weiter, und Hunderttausende von Männern und Frauen schlossen sich im Kampf gegen den »Schandparagraphen« zusammen. Der Massenprotest gipfelte 1931 in der Gründung eines »Komitees für Selbstbezichtigungen«. Erstmals in der Geschichte der Kampagnen gegen den Paragraphen 218 bezichtigten sich Frauen und Ärzte selbst öffentlich: »Ich habe abgetrieben« oder »Ich habe einer Frau geholfen«.

Doch die Gegenbewegung hatte sich schon formiert. In der Diskussion um den Paragraphen 218 ging es bei den Gegnern der Abtreibung um Ideologien und Machtinteressen. Mit allen Mitteln, politischen wie emotionalen, versuchten die Gegner des Schwangerschaftsabbruchs ihre Interessen durchzusetzen. Ein typisches Beispiel für die Argumentation auf moralisierender und emotionaler Ebene ist diese Stimme von 1931:

»Wieviel stürzt ungewollt zusammen, wenn man einmal anfängt, abzureißen. Unnennbare, ungeheuere Kulturwerte sind zerstört, sobald die Rechtmäßigkeit der Fruchtabtreibung eingeführt ist. Und sind dann Not und Elend aus der Welt geschafft? […] Vor 25 Jahren, als Deutschland reich und mächtig war und jeder Brot und Arbeit haben konnte, da wurde die Notwendigkeit der Abtreibung aus sozialer Indikation erfunden. Heute, wo Deutschland zwar arm ist, dafür aber Wohlfahrtseinrichtungen hat wie kaum je eine Zeit zuvor, heute ertönt der Ruf nach der sozialen Indikation erst recht. – In Rußland wird seit über zehn Jahren abgetrieben auf Staatskosten nach sozialer Indikation; – merkwürdiger Widerspruch, im Paradies des Kommunismus unter der Diktatur des Proletariats immer noch soziale Indikation? Es scheint also keinen staatlichen Zustand zu geben, bei dem man auf sie verzichten kann […]. Deshalb muß man sich um so mehr über die Weltfremdheit der Menschen wundern, die da glauben, mit diesem häßlichen, grausamen, frauenschänderischen Mittel die Armut aus der Welt schaffen zu können. – Seit zwei Jahrzehnten wird in rapider Steigerung […] abgetrieben. Ist unsere Volkswohlfahrt dadurch gestiegen? Nein, aber der Libertinismus auf sexuellem Gebiet, und er wird weiter steigen mit der Fortdauer der Propaganda durch Wort und Schrift, durch Theater und Film.«[25]

Seit 1930 arbeiteten die Nationalsozialisten aktiv an der Gegenpropaganda. Ihnen ging es um den »Schutz der Deutschen Nation«; nur ein großes Volk konnte ein starkes Volk sein. Frauen sollten zu Volksmüttern erhoben (degradiert!) werden. Die Nazis brachten im Reichstag einen Gesetzentwurf mit der Forderung nach Zuchthaus- oder gar Todesstrafe ein für alle, die die »…natürliche Fruchtbarkeit des deutschen Volkes zum Schaden der Nation künstlich hemmen und dadurch Rassenverrat begehen…«. Dieser Entwurf wurde nach der Machtergreifung im Jahr 1933 Gesetz. Forschungsprojekte zu Methoden der Empfängnisverhütung wurden untersagt und der Schwangerschaftsabbruch unter Strafe gestellt. Fast gleichzeitig wurde das Gesetz »zur Verhütung erbkranken Nachwuchses« beschlossen.

Selten hat sich eine Regierung so offen und mit so verheerenden Folgen in die Familienplanung eingemischt wie die Nationalsozialisten. Die Rassen- und Familienpolitik, die Fertilitätsideologie der Nazis ist hinlänglich bekannt. Das alles überstrahlende Motiv der nationalsozialistischen patriarchalischen Familienpolitik war der Gedanke: »Am deutschen Wesen soll die Welt genesen.« Hitler brauchte »gesundes, arisches« Menschenmaterial, und dafür war ihm jedes Mittel recht. Es galt das Gesetz der Auslese.

Menschen, die als minderwertig, asozial oder sexuell abartig eingestuft wurden, wurden »unschädlich« gemacht, also zwangssterilisiert oder umgebracht. »Gesunde Deutsche« sollten sich dagegen vermehren. Neben drakonischen Gesetzen und dem Versuch, das Verhütungswissen auszurotten, wurden verdiente Mütter geehrt, kinderreiche Familien steuerlich begünstigt und andere Maßnahmen ersonnen, die Frauen zur Nachwuchsproduktion animieren sollten. Wieder und wieder wurde ihnen suggeriert, mit ihrer Fähigkeit, gebären zu können, dem ganzen Volke zu dienen. Die NSDAP lehnte es als einzige Partei in der Weimarer Zeit ab, sich von Frauen repräsentieren zu lassen. Daß die Frau ins Haus gehöre, begründete Hitler 1936 auf dem »Parteitag der Ehre« so:

»Es gibt zwei Welten im Leben einer Volksseele: die Welt der Frau und die Welt des Mannes. Die Natur hat es richtig eingeteilt, daß sie den Mann noch vor die Familie stellt und ihm noch eine weitere Verpflichtung aufbürdet, den Schutz des Volkes, der Gesamtheit. Die Welt der Frau ist, wenn sie glücklich ist, die Familie, ihr Mann, ihre Kinder, ihr Heim. Von hier aus öffnet sich dann ihr Blick für das große Gemeinsame.«[26]

Anders als im Reich selbst, waren während des Krieges Maßnahmen zur Geburtenkontrolle in den besetzten Gebieten straffrei und erwünscht – aus Angst, die »Fremdvölkischen« könnten sich rascher vermehren als die Deutschen. Polinnen und Ostarbeiterinnen wurden sogar zu Abtreibungen gezwungen. Der Druck auf die deutschen Frauen, Hitler Kinder zu gebären, wurde indessen gegen Kriegsende aus erklärlichen Gründen immer stärker. Zwei Jahre vor Ende des Zweiten Weltkriegs wurde der Paragraph 218 drastisch verschärft. Beihilfe zur Abtreibung wurde mit der Todesstrafe bedroht. In Absatz drei hieß es: »... hat der Täter dadurch die Lebenskraft des Deutschen Volkes fortgesetzt beeinträchtigt, so ist auf Todesstrafe zu erkennen«.

Nach dem Krieg hob der Alliierte Kontrollrat 1945 die verschärften Bestimmungen auf, und der Paragraph 218 galt wieder in seiner Fassung von 1926. Das Gesetz wurde zunächst recht locker gehandhabt, was zweierlei Gründe hatte. Zum einen wurden zahllose Frauen von Angehörigen der Besatzungsarmeen vergewaltigt und geschwängert, und weil dies allgemein bekannt war, wurden Abtreibungen in den Nachkriegsmonaten vorübergehend aus ethischen Gründen toleriert. Zum anderen brauchte man die Arbeitskraft der Frauen zum Wiederaufbau; Schwangere konnten keine Steine schleppen. Frauen durften (mußten) die Aufbauarbeit leisten. Doch als sich abzuzeichnen begann, daß Deutschland neu aus den Ruinen erstand, fing auch die Diskussion um den Bauch der Frau von neuem an.

Vom Wirtschaftswunder zu den neunziger Jahren

Mit dem wachsenden Wohlstand mehrte sich die Sorge konservativer Politiker wie Konrad Adenauer um das Vergreisen der jungen Republik. Vor diesem Hintergrund wurde 1953 ein Familienministerium geschaffen, und der Familienminister war eifrig bemüht, durch steuerliche und andere Vergünstigungen Anreize zum Kinderkriegen zu bieten. Abtreibung stand nach wie vor unter Strafe, und auch in den fünfziger und sechziger Jahren mußten Frauen, die ungewollt schwanger wurden, noch illegale Wege gehen. Nach dem Gesetz bestraft wurden zwar die wenigsten. Doch körperlich und seelisch waren diese Frauen ohnehin schon genug gestraft durch die erniedrigenden und gefährlichen Umstände illegaler Abtreibung – allein 1969 sollen noch 150 Frauen an Abtreibungen gestorben sein.[27] Das Stigma des Schwangerschaftsabbruchs, die Angst und die

Demütigung der Frauen in Not zeitigten psychische Folgen. Viele verkrochen sich wie geprügelte Hunde, fühlten sich auch so und verschwiegen ihr trauriges Geheimnis.

Die Menschenwürde der Frau galt wenig im Wirtschaftswunderland Deutschland. Noch 1959 sperrten sich die Konservativen gegen den Vorschlag der Großen Strafrechtskommission, eine ethische Indikation in den Paragraphen 218 aufzunehmen, die Frauen nach einer Vergewaltigung einen Schwangerschaftsabbruch ermöglicht hätte. Schützenhilfe leistete die katholische Kirche, denn sie vertrat die Ansicht, daß Frauen eben die »eventuellen Folgen einer ihnen zugefügten Gewalttat demütig als Schicksal hinzunehmen« hätten. Und noch 1963 lehnten die Juristen medizinische, eugenische und soziale Indikationen zum Schwangerschaftsabbruch grundsätzlich ab. Mit dem Contergan-Skandal Mitte der sechziger Jahre aber kam die Frage auf, ob man Frauen wirklich zwingen dürfe, mißgebildete Kinder zur Welt zu bringen.

Ende der sechziger Jahre, mit der Regierungsübernahme der sozialliberalen Koalition, wurden erneut Hoffnungen auf eine Liberalisierung des Paragraphen 218 geweckt, denn das Bündnis unter Willy Brandt hatte im Rahmen seiner Strafrechtsreform auch eine Reform des Paragraphen 218 vorgesehen. Doch die ließ auf sich warten. Daß das Thema nicht von der Agenda verschwand, sondern am Kochen gehalten wurde, ist nicht zuletzt den Auswirkungen der 68er-Studentenrevolte und der neuen Frauenbewegung zu verdanken. Erste autonome Frauengruppen gründeten sich und gingen mit Parolen wie »Mein Bauch gehört mir« und »Kinder oder keine, entscheiden wir alleine« auf die Straße.

Startschuß für eine vehemente Kampagne gegen den altpreußischen Paragraphen war die öffentliche Selbstbezichtigung von 374 Frauen in der Zeitschrift »Stern«. Nach dem Vorbild des Sammelgeständnisses von 343 prominenten Französinnen, darunter Simone de Beauvoir, Catherine Deneuve, Françoise Sagan und Jeanne Moreau, die sich kurz zuvor in der Pariser Wochenzeitschrift »Nouvel Observateur« der Abtreibung bezichtigt hatten, erklärten sie in der Ausgabe vom 6. Juni 1971:

»Ich habe abgetrieben. Ich bin gegen den Paragraphen 218 und für Wunschkinder. Wir Frauen wollen keine Almosen vom Gesetzgeber

und keine Reform auf Raten. Wir fordern die ersatzlose Streichung des Paragraphen 218.«

Alice Schwarzer schrieb dazu:

»Was auf diesen Seiten geschieht [gemeint sind die Seiten des »Stern«-Artikels]*, ist kein Aufstand gegen das Recht, sondern ein Protest gegen die Verlogenheit eines Paragraphen, an den selbst Richter nicht mehr glauben. Der Paragraph 218 verbietet, was Hunderttausende von Frauen tun. Er ist Schuld daran, daß sie es heimlich tun und daß sie ihre Leben dabei in Gefahr bringen.«*

Das Bekenntnis unterschrieben Schauspielerinnen, Sekretärinnen, Studentinnen, Hausfrauen, Journalistinnen und Säuglingsschwestern, Prominente wie Romy Schneider, Senta Berger, Lis Verhoeven, Eva Windmöller, Susanne von Paczensky und Veruschka Gräfin von Lehndorff. Noch im selben Monat bekannten sich im »Spiegel«, dem Konkurrenzmagazin des »Stern«, 329 Ärzte zu Abtreibungen. Kurzfristig hatten diese Aktionen den Effekt, daß Abtreibung nun zum öffentlichen Thema wurde und Frauen offen ihre Erfahrungen austauschen konnten. Zwar gab es massive Gegenaktionen aus kirchlichen Kreisen, aber sie konnten nicht verhindern, daß die Aktionen und Kampagnen auf verschiedenen Ebenen fortgesetzt wurden und daß die von den Liberalen angestrebte Fristenregelung in der breiten Öffentlichkeit mehr und mehr ins Gespräch kam.

Nach jahrelangem Tauziehen konnte dann ein Teilerfolg erzielt werden. Am 26. April 1974 fand in dritter Lesung die entscheidende Debatte und Schlußabstimmung zur Reform des Paragraphen 218 statt. Mit der knappen Mehrheit von 14 Stimmen wurde das Modell der Fristenlösung (straffreier Schwangerschaftsabbruch innerhalb der ersten drei Monate) verabschiedet. Doch der Jubel war verhalten, weil ins Gesetz nachträglich noch die Zwangsberatung eingefügt worden war, und er sollte nicht lang währen. Denn der Bundestag konnte zwar am 21. Juni 1974 trotz Einspruch des Bundesrates das Gesetz verkünden, aber das Bundesverfassungsgericht verhinderte durch eine einstweilige Verfügung, daß das Gesetz auch in Kraft treten konnte.

Am 25. Februar des folgenden Jahres erklärte das Bundesverfassungsgericht die Fristenlösung als unvereinbar mit dem Grundgesetz. Es verwies auf die Verfassungsgrundsätze, nach denen die Würde des Menschen unantastbar ist und jeder ein Recht auf körperliche Unversehrtheit hat. Diese Grundsätze galten für den Embryo; für die Frau, die ungewollt schwanger war, wurden andere Maßstäbe angelegt. Denn in der Urteilsbegründung setzten die Richter voraus, daß der Staat »grundsätzlich von einer Pflicht zur Austragung der Schwangerschaft ausgehen, ihren Abbruch also grundsätzlich als Unrecht ansehen« müsse.

In der DDR galt dagegen seit 1972 die Fristenlösung – der andere deutsche Staat ging auch andere Wege in der Bevölkerungspolitik. Er bemühte sich, nicht durch Androhung von Strafen, sondern durch einen ganzen Katalog von Maßnahmen, die besonders den Wünschen von Frauen nach gleichzeitiger Berufstätigkeit und Mutterschaft entgegenkamen, zu verhindern, daß Frauen nein zum Kind sagten. Gleichzeitig wurde Verhütung als prophylaktische Methode der Geburtenregelung propagiert, und DDR-Frauen bekamen auf Wunsch hormonelle Verhütungsmittel verordnet – kostenfrei.

Nicht ohne daß vorher noch einmal der Vermittlungsausschuß angerufen wurde, trat schließlich am 21. Juni 1976 in der Bundesrepublik das sogenannte »erweiterte Indikationenmodell« in Kraft. Abtreibung stand danach zwar immer noch unter Strafe, war aber nach medizinischer, eugenischer, kriminologischer und sozialer Indikation straffrei. Das bedeutete zwar faktisch eine Verbesserung und Erleichterung für die Frauen, die sich nun nicht mehr in die Hände von Engelmacherinnen begeben oder nach Holland fahren mußten. In den achtziger Jahren wurde aber unter dem Fähnchen des »Lebensschutzes« und vor dem Hintergrund der drastisch sinkenden Geburtenzahlen der moralische Druck auf Frauen, die abtreiben wollten, immer stärker. Konservative Kräfte und Politiker ließen nichts unversucht, um den Frauen das Gefühl zu nehmen, selbstbestimmt über ihren Körper und ihre Schwangerschaft entscheiden zu können und zu dürfen.

Durch den Vorstoß der Konservativen, ein Zwangsberatungsgesetz zugunsten des werdenden Lebens zu installieren, die »Memminger Hexenprozesse« um den Frauenarzt Dr. Theissen, der sich 1988/89 wegen illegaler Abtreibung in 156 Fällen (später auf 79 Fälle reduziert) vor Gericht verantworten mußte, und schließlich durch die Wiedervereinigung entflammten Ende der achtziger, Anfang der neunziger Jahre erneut heftige Diskussionen um die Abtreibungsfrage und den Paragraphen 218. Denn auch im vorletzten Jahrzehnt des 20. Jahrhunderts mußten in der reichen Bundesrepublik insbesondere sozial benachteiligte Frauen in konservativ regierten Bundesländern immer noch unter dem alten Paragraphen leiden. Der Gewerkschafter Detlef Hensche brachte das Problem in einem engagierten Kommentar nach der Urteilsverkündung in Memmingen auf den Punkt:

»Die besseren Kreise hatten noch nie Probleme, mit ungewollten Schwangerschaften straffrei fertig zu werden. Für die unteren Stände bleibt die ungeheuerliche Empfehlung, das ungewünschte Kind zur Adoption freizugeben oder es Pflegeeltern zu überlassen. Das ist nicht nur die Wiederauferstehung uralter männlicher Machtansprüche: Die Frauen haben gefälligst zu gebären; wofür sind sie schließlich da! Das ist zugleich der Abschied von einem Stück Freiheit, Vernunft und Menschlichkeit, das die Reform des Abtreibungsparagraphen 1976 gebracht hatte.«[28]

Schon im Vorfeld des Zusammenschlusses der beiden deutschen Staaten zu einem konservativ regierten Deutschland wurde der Streit um die Regelung der Abtreibungsfrage aufs neue und heftig entfacht. Frauen in Ost und West setzten ihre ganze Hoffnung darauf, daß ein einziges Mal eine Errungenschaft der DDR für Gesamtdeutschland übernommen werden würde: nämlich die Fristenlösung ohne Wenn und Aber. Die Frauen wurden enttäuscht, es kam nicht zur Streichung des Paragraphen 218, nicht zur generellen Straffreiheit von Schwangerschaftsabbrüchen während der ersten 12 Wochen, nicht zum Verzicht auf eine Beratungspflicht.

Zum Greifen nahe schienen 1992 die Beilegung des Streits um die Abtreibungsgesetzgebung, der 121 Jahre gewährt hatte, und eine »Kompromiß«-Lösung. Diese Lösung empfanden die Vorkämpferinnen für das Selbstbestimmungsrecht der Frau als einen ziemlich faulen Kompromiß. Der Abtreibungsparagraph sollte wie gehabt im Strafgesetzbuch bleiben und an eine zwingende Beratung mit festgelegter Zielperspektive gekoppelt werden – eine klare Verschlechterung für die Frauen in den neuen Ländern, eine kaschierte, als Verbesserung gelobte Verschärfung des Abtreibungsrechts für die Frauen im alten Bundesgebiet.

Am 27. Juni 1992 endlich wird die Neufassung der Strafgesetzbuchparagraphen 218 und 219 im Bundestag beschlossen: eine Fristenlösung mit Zwangsberatung, die vorsieht, daß der Schwangerschaftsabbruch weiterhin grundsätzlich als rechtswidrige Tat einzustufen sei, aber unter bestimmten Bedingungen straffrei bleiben soll. Doch kaum hat der Bundespräsident das neue Abtreibungsrecht unterzeichnet, wird der »neue« Paragraph am 4. August 1992 auch schon per einstweiliger Verfügung durch das Bundesverfassungsgericht außer Kraft gesetzt. Erinnerungen an die Reformversuche in den Siebzigern werden wach...

Während in Deutschland noch zweierlei Recht gilt, befaßt sich der »Schneewittchen-Senat« (eine konservative Alibifrau und sieben Männer in roten Roben, darunter vier praktizierende Katholiken) wieder einmal intensiv mit dem Frauengesetz. Am 28. Mai 1993 verkünden die obersten Richter in Karlsruhe ihr Urteil. Sie haben sich auf den kleinsten gemeinsamen Nenner geeinigt: Abtreibung ist auch künftig rechtswidrig, aber straffrei. Diese juristische Spitzfindigkeit hat zur Folge, daß der Staat auf Strafe verzichten darf, die Kassen aber keine »Abtreibung auf Krankenschein« mehr finanzieren dürfen. Die Verfassungsrichter stören sich an dem Beratungskonzept, das für einen wirksamen Schutz des ungeborenen Lebens nicht ausreiche, und halten die Kostenübernahme für »nicht gerechtfertigte« Schwangerschaftsabbrüche durch die gesetzlichen Krankenkassen für unvereinbar mit dem Grundgesetz.

Nicht rechtswidrig ist danach eine Abtreibung bei Lebensgefahr für die Schwangere, bei Schwerstbehinderung des ungeborenen Kindes oder nach einer Vergewaltigung. Soziale Gründe, die zuvor in neun von zehn Fällen für eine Abtreibung geltend gemacht wurden, sollen keine Rolle mehr spielen. Das Opfer, das die Schwangere beim Austragen des Kindes bringen müßte, soll nur dann einen Schwangerschaftsabbruch rechtfertigen können, wenn es den genannten Indikationen gleichkommt. Während die Politiker weiter um eine Neufassung des alten preußischen Paragraphen ringen, gilt ab 15. Juni 1993 für ganz Deutschland eine Übergangsregelung, die im wesentlichen das neue Beratungskonzept vorwegnimmt.

Zwei Jahre nach dem Karlsruher Richterspruch zum Paragraphen 218 stimmt der Bundesrat schließlich Mitte Juli 1995 der parteiübergreifend ausgehandelten Kompromißlösung zu. Vom 1. Januar 1996 an ist ein Schwangerschaftsabbruch ohne Indikationsfeststellung auf Verlangen der Schwangeren in den ersten zwölf Wochen zulässig, wenn die Frau sich der gesetzlich vorgeschriebenen Beratung unterzogen hat. Der Eingriff darf frühestens am vierten Tag nach der Beratung von einem Arzt oder einer Ärztin ausgeführt werden. Die moralische Verurteilung dieser rechtswidrigen, aber straffreien Handlung eines legalen Abbruchs (welche Widersprüchlichkeit!) läßt man(n) Frauen dort spüren, wo es sie am empfindlichsten trifft: am Geldbeutel. Denn die Kosten dafür übernimmt die Krankenkasse nur, wenn das persönliche Einkommen oder Vermögen der Schwangeren bestimmte Grenzen nicht überschreitet.

Liegt dagegen eine Indikation vor, werden die Kosten für eine Abtreibung vollständig von der gesetzlichen Krankenkasse übernommen. Das neue Abtreibungsgesetz läßt tatsächlich nur noch zwei Indikationen gelten: die medizinische und die kriminologische. Die soziale Indikation ist ersatzlos gestrichen worden, ebenso die eugenische. Abbrüche wegen einer schweren Behinderung des Embryos seien durch die medizinische Indikation abgedeckt, meinen die Sachverständigen. Der Verzicht auf diese embryopathische Indikation soll zugleich ein grundsätzliches Nein zur Diskriminierung von Behinderten signalisieren, ohne die Schwangere ihrer Würde zu berauben, denn Belehrung und Bevormundung während der Pflichtberatung sollen tabu sein.

Im Juli 1995, also zeitgleich mit der Endabstimmung über die lästige Neuregelung, spricht sich die Mehrheit der Länder dafür aus, das ab 1996 geltende Recht auf einen Kindergartenplatz einzuschränken: Zunächst soll sich der Rechtsanspruch auf einen Kindergartenplatz nur auf die Dreijährigen beziehen, die vor dem 31.7. des jeweiligen Jahres geboren sind – eine bittere Pille für Frauen, die den dicken Versprechungen der Politiker Glauben geschenkt und im Vertrauen auf die staatliche Unterstützung ihr Kind geboren haben.

Das neue Abtreibungsrecht ist ein typischer Kompromiß, mit dem niemand so recht zufrieden scheint. Während SPD-Frauen Nachteile gegenüber der früheren Regelung in der DDR monieren, wünschen sich CSU-Politiker klarere Vorgaben für den Lebensschutz. Die Tauglichkeit der neuen Lösung wird schon angezweifelt, bevor das neue Gesetz überhaupt in Kraft getreten ist. »Eher früher als später wird sich der Gesetzgeber erneut mit der Strafbarkeit von Abtreibungen befassen müssen. Eine wirkliche Reform wäre die Abschaffung des Paragraphen 218. Die Zeit ist reif. Politiker und Richter sind es (noch) nicht«, kommentiert die »Frankfurter Rundschau« am 29. Juni 1995[29].

Das Selbstbestimmungsrecht der Frau tritt hinter das Lebensrecht des Ungeborenen zurück, das Wohl der Frau hinter das des Kindes. Oder doch nicht? »Daß aus einer ungewollten Schwangerschaft möglicherweise auch ein nicht unbedingt glücklich erwartetes Kind hervorgeht, ist beabsichtigt. Schließlich verlangen die Verfassungsrichter eine auf den Schutz des ungeborenen Lebens gerichtete Beratung«, heißt es in einem Leitartikel der gewiß nicht linksliberalen »Stuttgarter Zeitung«[30]. Das vorige Kapitel hat gezeigt, was für ein trauriges Los es sein kann, als unerwünschtes Kind auf die Welt zu kommen. Eine Frau zur Mutterschaft zu nötigen verletzt ihre Menschenrechte und -würde und signalisiert innere Gleichgültigkeit gegenüber dem Schicksal des »geretteten Kindes«. Wie hoch darf der Preis sein, den der Staat seinen Bürgern in der Bevölkerungspolitik abverlangen kann?

Der kurze Abriß der Familienplanung und der Geschichte des Paragraphen 218 lehrt: Immer standen massive Machtinteressen dahinter, wenn Empfängnisverhütung tabuisiert, Abtreibungen verhindert und Frauen zum Gebären gezwungen wurden – oder wenn Abtreibungen stillschweigend geduldet wurden. Frauen haben in den seltensten Fällen das Recht, selbst über sich, ihren Körper und ihre Schwangerschaft zu bestimmen. Männern wurden, solange sie nicht homosexuell waren, fast nie Vorschriften für ihr sexuelles Verhalten auferlegt, der Körper des Mannes gehörte immer ihm selbst. Der Bauch der Frauen, und sie selbst, waren ein Spielball in den Händen der Machthaber. Brauchten diese Menschenmaterial, mußten die Frauen es liefern. Sahen sie ihre Macht gefährdet, wurden Frauen am Gebären gehindert. Fast ausschließlich waren es Männer, die über den Körper der Frau bestimmt haben, und sehr häufig waren diese Männer, wenn sie offiziell zur Keuschheit verpflichtet waren, noch nicht einmal kundig in der Sache der Elternschaft. Keine Frau hat je aus lauter Übermut die Frucht ihres Leibes abgetötet. Mit welchem Recht maßen sich ausgerechnet Männer an, im Namen Gottes und der Schöpfung, über Wohl und Wehe der Frau zu befinden? Und wer garantiert, daß dieselben Männer, die gegen die Abtreibung sind, nicht auch Zeuger abgetriebener Embryonen sind, wie jener Richter im »Memminger Hexenprozeß«, der wegen Befangenheit ausgetauscht werden mußte? Die statistische Wahrscheinlichkeit liegt im Bereich eins zu eins.[31] Denn rein rechnerisch treibt jede zweite Frau einmal in ihrem Leben ab, weil sie ungewollt schwanger geworden ist. Und dazu gehört ja wohl auch immer ein Mann...

Gegenwart und Zukunft?

Durch die Fortschritte in Wissenschaft, Forschung und Medizin ist in jüngerer Vergangenheit ein neuer Aspekt für die Familienplanung hinzugekommen. Stichworte sind Embryonenforschung, Gentechnik, Retortenbabys, In-vitro-Fertilisation. Seit 1978 Louise Brown, das erste im Reagenzglas gezeugte Baby, in England geboren wurde, arbeiten Fortpflanzungsmediziner in aller Welt fieberhaft an der Neu- und Weiterentwicklung unterschiedlicher Methoden zur Erzeugung menschlichen Lebens in Labor und Praxis. Die Vision des perfekten Menschen, der medizinischen Allmacht, scheint greifbar nahe, und während auf der einen Seite Euphorie und Enthusiasmus über das technisch Machbare um sich greifen, mehren sich auf der anderen Seite ethische und moralische Bedenken. Mit der Forschung am Embryo wird einmal mehr die Frage aufgeworfen, wann Leben beginnt. Die Diskussion um den Embryonenschutz wird auf den so einfachen wie irreführenden Nenner gebracht, daß derjenige, der für die Freigabe des Schwangerschaftsabbruchs stimmt, auch für die Genforschung und Fortpflanzungsmedizin sein muß, derjenige aber, der gegen Embryonenforschung ist, gleichzeitig ein überzeugter Abtreibungsgegner sein müsse.

Naiv ist, wer glaubt, die Genforschung geschehe zum alleinigen Wohle der Frau. Selbst namhafte Verfechter und Betreiber der In-vitro-Fertilisation (IvF) wie der Gynäkologe und Psychosomatiker Manfred Stauber gestehen mit Blick auf die ungewollt kinderlosen Frauen ein, »daß der Einsatz der modernen Reproduktionstechnologien nicht ausschließlich der Erfüllung ihres Kinderwunsches dient, sondern auch im Interesse von Forschung und Wissenschaft liegt«. Die Erfolgsquote der IvF, also der künstlichen Befruchtung im Reagenzglas, liegt bei acht bis zehn Prozent. Mit 16 bis 20 Prozent ist die Erfolgsquote bei der Mikroinjektion, einer Weiterentwicklung der IvF, deutlich höher. Doch was bei den Erfolgsmeldungen gern verschwiegen wird: Die Mikroinjektion kann nur in ganz bestimmten Fällen weiterhelfen, dann nämlich, wenn die Spermien es nicht schaffen, den Kern der Eizelle zu erreichen. Bis 1994 sind weltweit nur etwa 700 Kinder geboren worden, die ihr Leben dem neuen Verfahren der Mikroinjektion verdanken.

Ein Embryonentransfer, aller Hoffnung Anfang, gelang nach der Statistik der Bundesärztekammer 1992 in nur 6383 Fällen. Doch ein geglückter Embryonentransfer ist noch lange keine Option auf ein Wunschkind. Es kam nach IvF-Behandlungen zu 975 Geburten, bei denen in einem Fall Vierlinge, in 40 Fällen Drillinge und in 170 Fällen Zwillinge zur Welt kamen. Insgesamt 1228 Babys wurden so produziert.[32] Viele dieser Geburten resultierten aber aus einer Behandlung im Jahr 1991, für das die Statistik nur 555 Geburten ausweist. 1991 kam es nach den Erhebungen der Reproduktionsmediziner weltweit zu gerade einmal 15 821 Geburten nach einer In-vitro-Fertilisation. Wieviel Tausende und Abertausende von Frauen vergebens hofften und sich quälten, listet keine Statistik, wohl aus gutem Grund, so genau auf. Und die Forschung geht weiter: Neben IvF und Mikroinjektion werden weitere Verfahren erprobt, zum Beispiel GIFT (Gameto-Intra-Fallopian-Transfer), eine Methode, bei der Ei und Samenzelle nicht in die Gebärmutter (wie bei der IvF), sondern in den Eileiter eingebracht werden, wo das Milieu für den ersten Kontakt optimal ist – es werden entsprechend bessere Ergebnisse und höhere Erfolgsquoten erwartet.

Das Unglück der Frauen, die um jeden Preis Kinder wollen und die Torturen der IvF auf sich nehmen, öffnet der Reproduktionsforschung Tür und Tor. Denn diese unfruchtbaren Frauen stellen, wie die Soziologin Renate Sadrozinski schreibt[33], »›freiwillig‹ ihren Körper als Forschungsgegenstand und Experimentierfeld zur Verfügung, sie produzieren kostenlos die menschlichen Embryonen bzw. Zygoten als Ausgangsmaterial für die Experimente und sind sogar bereit, viel für eine Behandlung zu zahlen«. Diese Frauen entrichten häufig noch auf andere Weise einen hohen Tribut für den Kinderwunsch: Früher oder später bedürfen sie einer psychologischen Behandlung, die ihnen hilft, mit den zahlreichen enttäuschten Hoffnungen umgehen zu lernen und auch endlich ihre starke Fixation auf ein eigenes Kind zu hinterfragen.

Feministinnen sind gegen die neue Reproduktionsmedizin. Sie halten sie für frauenfeindlich und gesundheitsschädlich. Die Behandlung ist schmerzhaft, langwierig, entwürdigend und selten von Erfolg gekrönt – ein Argument mehr, sie als Familienplanungsmaßnahme in Frage zu stellen. Befürworter der Fortpflanzungsmedizin rechtfertigen sie mit dem Recht der Frau auf Selbstbestimmung, eben jenem Recht, das Frauen einklagen, die ungewollte Schwangerschaften nicht austragen möchten.

Immer wieder wird die Glaubwürdigkeit derer in Frage gestellt, die einerseits für die Entkriminalisierung der Abtreibung eintreten, andererseits ein Verbot der Embryonenforschung fordern. Was haben nun Embryonenforschung und Abtreibung miteinander zu tun? Welche Gefahren lauern in der Fortpflanzungsmedizin? Birgit Schwarz, Redakteurin beim Nachrichtenmagazin »Der Spiegel«, geht dieser Frage nach.

Birgit Schwarz: Embryonenforschung und Abtreibung

Ausgerechnet Reproduktionsmediziner und Gentechnologen führen zur Verteidigung ihrer Forschungsfreiheit und -interessen das Argument ins Feld, daß nicht für eine Liberalisierung der Abtreibungsgesetzgebung sein könne, wer ein Gegner der Embryonenforschung sei. So heißt es beispielsweise im Tätigkeitsbericht der Bundesärztekammer von 1985:
»Die Diskrepanz zwischen dem Engagement in heftigen Diskussio-

nen um das Schicksal ›überzähliger‹, also nicht implantierbarer menschlicher Embryonen einerseits und dem Tabu, die Tötung Hunderttausender ungeborener Kinder ethisch noch in Frage zu stellen, andererseits, mußte erstaunen und an der Ernsthaftigkeit der Sorge um den Schutz des Lebens bei manchen Diskutanten zweifeln lassen.«

Diese Argumentation ist so simpel wie irreführend, zäumt sie doch die moralische Diskussion vom falschen Ende her auf. Erstens liegt ihr eine rein biologistische Auffassung von »Leben« zugrunde, eine Definition, die Menschsein allein auf die vollständige Anlage des genetischen Programms nach der Verschmelzung von Ei- und Samenzelle reduziert. Zweitens ist die Entscheidung einer Frau gegen die Austragung einer Schwangerschaft eine gänzlich andere als die Nutzung von Embryonen für übergeordnete Zwecke. Drittens – und dies sollte der eigentliche Kern moralisch-ethischer Bedenken sein – richtet sich die Kritik an Gentechnologie und Embryonenforschung nicht dagegen, daß hier einzelne Embryonen »geopfert« oder gar, wie Lebensschützer es sehen, »gemordet« werden. Sie richtet sich vielmehr dagegen, daß der Mensch und seine Individualität schlechthin in Gefahr sind, geopfert zu werden. Gerade der Forderung nach einem Verbot der Embryonenforschung oder zumindest nach striktester Reglementierung gentechnologischer Forschung liegt die Sorge um den Schutz menschlichen Lebens zugrunde.

Eins allerdings zeigt sich an der Verknüpfung der Kontroverse um die Abtreibung mit der um die Embryonenforschung deutlich: Fortschritte in der Gentechnologie und Reproduktionsmedizin haben die Frage nach dem Beginn des Lebens und die Frage nach dem Recht der Frau auf Selbstbestimmung neu aufgeworfen. Mit zunehmender Kenntnis über die embryonale Entwicklung und mit wachsenden technischen Möglichkeiten, diese sichtbar zu machen, weicht in Politik, Rechtsprechung und Medizin die Sorge um die Frau der Sorge um den Embryo.

Je mehr es Forschern gelingt, die Symbiose zwischen Frau und Fötus aufzuheben, desto mehr erhält letzterer den Status eines eigenständigen Rechtssubjekts, desto lauter wird die Frage nach »Lebensschutz« und »Lebensrecht« des Embryos. Der Blastozyte oder dem Embryo den gleichen Rang, die gleiche Wertigkeit und damit die gleichen

Rechte wie dem Säugling, dem Kind, der Mutter oder den im Leben stehenden Menschen zuzumessen ist letztlich eine Entscheidung auf der Grundlage moraltheologischer Überzeugungen. Solche Überzeugungen für sich selbst zu vertreten und entsprechend zu handeln sollte jedem unbenommen bleiben. Allgemeingültige Wertmaßstäbe lassen sich aus ihnen jedoch ebensowenig ableiten wie der Vorwurf an Frauen, die sich gegen die Fortsetzung einer Schwangerschaft entscheiden, sie töteten damit Kinder. Zur geltenden Rechtsauffassung steht dieser Tötungsvorwurf jedenfalls im Widerspruch.

Zu dieser Schlußfolgerung kam 1975, bei der Ablehnung der Fristenlösung durch das Bundesverfassungsgericht, auch das Minderheitenvotum der einzigen Richterin, Wiltraud Rupp von Brünneck. Da heißt es:

»...die Weigerung der Schwangeren, die Menschwerdung ihrer Leibesfrucht in ihrem Körper zuzulassen, [ist] auch rechtlich etwas wesentlich anderes als die Vernichtung selbständig existenten Lebens. Schon deswegen verbietet es sich von vornerein, die Abtreibung im ersten Stadium der Schwangerschaft mit Mord oder vorsätzlicher Tötung prinzipiell gleichzustellen.«

Auch jene Ärzte und Wissenschaftler, die die humangenetische Forschung für unverzichtbar halten, werden sich kaum den Vorwurf gefallen lassen, sie forschten an ungeborenen Kindern oder nähmen deren Vernichtung in Kauf. Wieso in der Frage der Embryonenforschung und der der Abtreibung dennoch mit zweierlei Maß gemessen wird und Argumentationen wie die der Bundesärztekammer in der öffentlichen Diskussion auf fruchtbaren Boden fallen können, erklärt die feministische Historikerin Barbara Duden in »Die Geschichte vom öffentlichen Fötus«[34] mit der vermehrten Sichtbarmachung des Menschwerdungsprozesses:

»Das Leben sucht kein Molekularbiologe, das Leben gibt es in der Welt der Genome nicht. Zu einem Leben wird die Zelle erst, wenn das Gewebe unter dem Mikroskop im Fernsehen erscheint. Was im Gespräch unter Wissenschaftlern Gewebe, Zellen oder Organisationsstadien waren, wird durch die Projektion ins familiäre Wohnzimmer zu einem Menschen, der – weil noch sehr fremdartig – als schon ein Leben bestaunt wird.«

Erschwerend kommt hinzu, daß es sich bei der verbrauchenden Embryonenforschung und der Selektion in der Petri-Schale um klassische Fälle von Dritt-Nutzung und Fremdbestimmung handelt: Eine Schwangerschaft ist eine Symbiose zwischen Frau und Embryo. Keine andere Entscheidung im Leben ist so wenig kompromißfähig wie die für oder gegen die Austragung der Schwangerschaft. Damit die befruchtete Eizelle Mensch werde, muß die Frau zunächst ihren Körper und schließlich, so sie ihre Verantwortung gegenüber dem neuen Leben ernst nimmt, einen Gutteil ihres eigenen Lebens zur Verfügung stellen. Schwangerschaften, wie auch deren Abbruch, sind somit Eingriffe in den Körper der Frau, deren Konsequenzen sie selbst zu tragen hat. Dieser Auffassung schloß sich auch die evangelische Akademie in Bad Boll 1987 in einem Brief an die Bundesärztekammer an:

»Die Argumentation gegen Embryonenexperimente und Reproduktionstechnologien darf nicht ausgespielt werden gegen die Eigenverantwortlichkeit der Frauen im Zusammenhang mit der Notlagenindikation des 218 StGB: Die Frau, die eine für sie existentielle Entscheidung gegen oder für einen Schwangerschaftsabbruch zu treffen hat, steht in einer grundlegend anderen ethischen Konfliktsituation als diejenigen [Vertreter] der Reproduktionstechnologien, die ihre – wie auch immer motivierten Forschungsinteressen – zu legitimieren haben.«

Genau diese Forschungsinteressen aber sind es, die gründlich hinterfragt werden sollten. Denn die immense Gefahr von Gentechnologie und Reproduktionsmedizin, vor allem der In-vitro-Fertilisation, liegt darin, daß sie den Zugriff auf menschliches Erbgut und damit die gezielte Selektion erwünschter und nicht-erwünschter genetischer Eigenschaften erst möglich machen. Um die Jahrtausendwende dürfte die vollständige Sequenzierung des menschlichen Genoms gelungen sein. Je differenzierter aber die Analyse des menschlichen Genoms, je umfangreicher seine Kartierung, desto größer wird der Katalog erkennbarer und damit ausmerzbarer »Abnormitäten«, desto größer wird auch der gesellschaftliche Druck auf Frauen, nur noch »perfekte, hochwertige« Babys zu gebären. Dabei wird sich das, was als hochwertig zu gelten hat, künftig an den Auswahlkriterien der Humangenetik und den Bedürfnissen der Industrie orientieren. »Durch entsprechende humangenetische Selektion«, meint denn auch Albin Eser, Strafrechtsexperte am Freiburger Max-Planck-Institut, ließe sich »eine als minderwertig betrachtete Spezies von Menschen gänzlich ausschalten«.

Dies ist kein Hirngespinst, sondern entspricht öffentlich geäußerten Genetikerträumen, an deren Verwirklichung staatliche Gesundheitsbehörden in Zukunft gar die Hoffnung auf kostendämpfende Vorteile knüpfen. Denn mit den sich rasant entwickelnden Möglichkeiten des Zugriffs auf Erbinformationen zu immer früheren Zeitpunkten des Fortpflanzungsprozesses wächst die Bereitschaft zu eugenischen Eingriffen in Schwangerschaft und Petri-Schale. Die Qualität eines Kindes ist bereits einklagbar geworden. So verurteilte das Oberlandesgericht Bremen eine Ärztin zu lebenslanger Unterhaltsverpflichtung und Übernahme der Behandlungskosten für ein behindertes Kind. Die Mutter hatte sie verklagt, weil sie sich nicht »eindringlich genug« auf die Möglichkeiten pränataler Diagnostik hingewiesen fühlte. Eine ganze Reihe solcher »Wrongful-life«-Klagen, bei denen Schadensersatzansprüche gegenüber Ärzten dafür geltend gemacht werden konnten, daß sie »unrechtmäßiges Leben« nicht verhindert hatten, sind inzwischen aus den USA bekannt.

Qualitätskontrolle ist im Rahmen der IvF Selbstverständlichkeit. Wie bei der Hühnerei-Lese werden Keimzellen und Embryonen nach Güteklassen aussortiert. Embryonen, deren Reifegrad den genau definierten Ansprüchen nicht Genüge tut, werden »verworfen« – im Klartext: in den Ausguß geschüttet. Noch verwahren sich die meisten Ärzte gegen die Möglichkeit eugenischer Selektion. Wie aber mit der in vielleicht zehn, zwanzig Jahren anwendbaren Möglichkeit der Prä-Implantations-Diagnostik, das heißt der Untersuchung von Embryonen auf Krankheiten im Reagenzglas, noch vor der Implantation in die Gebärmutter, umzugehen sei, das sei eine Frage, die »von der Entwicklung der ethischen Grundsätze der Gesellschaft« abhänge, meinen Reproduktionsmediziner.

Hat die Diagnostik im Reagenzglas also eine Zukunft? Ihre Befürworter könnten zumindest ein gewichtiges Argument anführen, nämlich daß man dann endlich aufhören könne, fertige Babys aus dem Leib der Mutter zu »reißen«. So könnten eugenisch begründete Schwangerschaftsabbrüche vermeidbar werden, begründen auch die Max-Planck-Gesellschaft und die Deutsche Forschungsgemeinschaft ihre Forschungsvorhaben. Es kümmert die Forschung wenig, daß die Prä-Implantations-Diagnostik im Vergleich zu vorhandenen Möglichkeiten einer vorgeburtlichen Kontrolle »einen Automatismus zwischen erkanntem Schaden und Verwerfung des geschädigten Lebens fördern könnte«, wie es die bayerische Landesregierung in ihrem 1988 vorgelegten Entwurf eines »Fortpflanzungsmedizingesetzes« formuliert. Und die Ärzte tun sich schwer damit, einen eindeutigen Standpunkt zu beziehen. So fragt Karsten Vilmar, Präsident der Bundesärztekammer:

Wenn Sie zum Beispiel herausfinden können, dieser Mensch wird im Alter von xy Jahren an dieser oder jener Krankheit sterben, im Bereich der embryonalen Tumorforschung ist das bald möglich, überlassen Sie ihn dann seinem Schicksal? Die Bewältigung des Problems der Auslese, das ist die große Gefahr.

Der Kölner Genetiker Walter Dörfler hat den Gedanken längst weitergesponnen. Er hält sogar Eingriffe in die Keimbahn, die das Erbgut dauerhaft verändern, für statthaft, wenn damit eines schönen Tages die gezielte Eliminierung genetischer Defekte für eine ganze, erblich mit diesem Defekt belastete Familie möglich sei. Angesichts solcher Überlegungen ist es nur noch ein kleiner Schritt zu »Krankheitsregistern«, mit denen, wie Eser formuliert, »im Allgemeininteresse eine staatlich verordnete Zwangserfassung individueller Erbanlagen ins Auge gefaßt werden« könnte. Der Schritt zur erzwungenen oder zumindest automatisierten und strafrechtlich sanktionierten Abtreibung von Föten, die als »minderwertig« eingestuft werden, ist da nur unwesentlich größer. Denn je feiner die Methoden zur Feststellung minderwertiger Erbanlagen und je stärker der soziale Druck, von diesen Möglichkeiten dann auch Gebrauch zu machen, desto schwerer wird sich der oder die einzelne den Zwangsmechanismen entziehen können, die auf den Schwangerschaftsabbruch hindrängen.

Gerade vor dem Hintergrund dieser Möglichkeit aber, die eugenisch induzierte Abtreibung könne mit Fortschritten in der Gentechnologie zur staatlich geförderten und geforderten Normalität werden, läßt sich die Befürchtung nicht von der Hand weisen, der Staat könnte, wie schon unter den Nationalsozialisten, den Abtreibungsparagraphen entsprechend instrumentalisieren: Die Eugenik würde ihren gesetzlich legitimierten Einzug in die Retorte halten. Es spricht deshalb vieles dafür, den Gesetzgeber aus der Entscheidung für oder wider das Austragen einer Schwangerschaft gänzlich herauszuhalten und die Betroffene selbst entscheiden zu lassen, ob sie sich der Aufgabe und Verantwortung gewachsen fühlt, ein (behindertes) Kind zu betreuen und ihm ein menschliches Dasein zu ermöglichen.

Diese Entscheidung wird nicht zuletzt auch von der Einstellung der Gesellschaft zu Behinderung und Behinderten abhängen. Die Schwangere trifft eine individuelle Entscheidung, frei von bevölkerungs- und gesellschaftspolitischen Interessen. Doch solange Staat und Ärzteschaft ein Mitspracherecht eingeräumt ist, besteht die Gefahr, daß die immer größeren Ansprüche an Perfektionier- und Machbarkeit auch vor dem Menschen nicht haltmachen werden. Es ist die Gefahr, daß die eugenische Indikation zur Rechtfertigung volkswirtschaftlich möglicherweise »wohlbegründeter« Schwangerschaftsabbrüche herangezogen wird. Einfallstor für solcherlei Entwicklungen ist die künstliche Befruchtung im Reagenzglas, die IvF. Denn sie liefert erstmals eine Möglichkeit, Embryonen außerhalb des Körpers gezielt zu produzieren. Und sie liefert gleichzeitig auch die Rechtfertigung für die Notwendigkeit, an Embryonen zu forschen.

8. Abtreibung und Konfliktverarbeitung

»Sicher lassen viele Frauen, unter dem Druck, daß sie sich so entschieden haben, es nicht an sich heran, daß da eben doch etwas mehr passiert ist als nur ein kleiner klinischer Eingriff; und nach 'ner halben Stunde ist das weg, und nach drei Tagen ist man wieder arbeitsfähig...«

Emma K., 33 Jahre

Wenn auch die wenigsten Frauen nach einem Schwangerschaftsabbruch länger anhaltende seelische Probleme bekommen, so gibt es doch Frauen, die aus vielerlei persönlichen und moralischen Gründen eine Abtreibung »nicht einfach so wegstecken« können. Ihnen nützt es wenig, zu erfahren, daß sie einer Minderheit angehören. Was sie benötigen, ist eine Aussprachemöglichkeit. Für diese Frauen, die unter Schuldgefühlen leiden, die deprimiert sind und glauben, ihr Leben wäre anders verlaufen, hätten sie im entscheidenden Moment die Flucht ergriffen, kann das offene Gespräch unter Leidensgenossinnen entlastend und befreiend wirken und deshalb hilfreich sein.

Stimmungstief, Seelenkrise und Selbsthilfe

In Selbsthilfegruppen, aber auch in therapeutisch geleiteten Nachsorgegruppen, kann gemeinsam an der Aufarbeitung des traumatischen Erlebnisses gearbeitet werden. Selbsthilfegruppen haben nicht zuletzt deshalb einen sehr großen Zulauf, weil sie einen Schonraum für Menschen bieten, die sich von ihrer Umwelt nicht verstanden oder verachtet fühlen. Selbsthilfe in der Gruppe kann auch nach einem Schwangerschaftsabbruch wieder auf die Beine helfen. Die Arbeit in der Gruppe kann aber die Arbeit an sich selbst nicht ersetzen. Die Gruppe sollte deshalb als erster Schritt in einem Entwicklungsprozeß fungieren, als ein wichtiges Übergangsstadium vom akuten Krisenfall zum Gesundungsprozeß betrachtet werden, nicht als Dauereinrichtung.
Diese Arbeit in der Selbsthilfegruppe ist ein dynamischer Prozeß.

Anfangs wird jede Frau in der Gruppe nur das eine Bedürfnis haben, immer wieder von sich und ihrem Erleben zu erzählen. Später kann die Gruppe beginnen, die Hintergründe zu analysieren und nach Bewältigungsstrategien zu suchen.

Gruppenselbsthilfe – ein Interview

Emma K. gehört zu den Frauen, die nach ihrer Abtreibung mit ihren Konflikten allein nicht klarkamen und Hilfe in einer Betroffenengruppe gesucht haben. Die Gruppe hat ihr das Selbstvertrauen zurückgegeben und ihr dabei geholfen, ein neues Verhältnis zu ihrem Partner zu finden. Durch die Gruppe hat Emma es geschafft, die Erfahrung der Abtreibung als etwas in ihre Lebensgeschiche zu integrieren, das nicht nur mit negativen Vorzeichen behaftet ist. Emma berichtet auf meine Fragen von ihrer eigenen Geschichte, aber auch von den Erfahrungen in und mit der Selbsthilfegruppe. Sie war zum Zeitpunkt des folgenden Gesprächs 33 Jahre alt, arbeitete als Journalistin und lebte noch immer mit dem Mann zusammen, von dem sie schwanger geworden war. Unser Gespräch fand drei Jahre nach Emmas Schwangerschaftsabbruch statt, ich fragte zunächst nach ihren persönlichen Erfahrungen:

Es scheint eher die Ausnahme zu sein, daß Frauen nach einer Abtreibung ein seelisches Tief durchleben. Wie war es bei Ihnen?

Es gibt Frauen, die können das einfach so wegstecken. Ich konnte das nicht. Mein Problem war, daß ich mit meinem Partner nur bis zu einem bestimmten Punkt darüber sprechen konnte, und dann war es für ihn endgültig erledigt. Er hat einfach zugemacht, und ich habe auch gemerkt, jetzt kann ich ihn nicht mehr damit »belästigen«.

Stand für Sie von Anfang an fest, daß Sie abtreiben würden?

Im Vorfeld war es schon mal insofern schwierig, als ich fast nicht mehr zum Abbruch bereit gewesen wäre. Ich hatte das Gefühl, da passiert was in mir, und der Zeitpunkt war auch von der Beziehung her sicherlich kein Zufall. Es passierte nach einer Versöhnung, und es stimmte halt mal alles. Jeder Arzt hatte mir gesagt, bei meiner hormonellen Situation würde ich nie ein Kind kriegen, und da war das schon ein wahnsinniges Erlebnis, daß ich jetzt wirklich funktionierte.

Wie war Ihre Lebenssituation, als Sie ungeplant schwanger wurden?

Ich hatte meine Ausbildung gerade beendet. Ich war ohne einen Pfennig Geld, und mein Freund sagte: »Du mußt jetzt dein Leben leben.« Und ich wollte natürlich auch mein Leben leben und sah, was das bedeuten würde, nicht abzutreiben. Ich habe eine alleinerziehende Schwester und weiß, wie das ist. Mein Freund sagte einfach ganz rigoros: Ich will nicht. Also entschied ich mich zu sagen: Okay, ich will die Beziehung, aber ich will kein Kind alleine.

Wie fühlten Sie sich dabei? Wie wirkte sich diese einsame Entscheidung später aus?

Es war furchtbar. Mir war monatelang schlecht, und ich habe nur geheult vor dem Abbruch. Es war eine ganz harte Entscheidung. Ich will nicht sagen, ich habe es wegen ihm gemacht – das wäre unfair. Aber genau an diesen Punkt kam ich dann später nach vielem, vielem Grübeln und nachdem er mir einfach sagte: »Du, ich kann da nicht mehr drüber reden, es ist für mich abgehakt.« Das waren dann vielleicht drei, vier Monate, in denen ich merkte, ich mache das Radio an, es kommt irgendeine Schnulze von Gitte oder von Heino oder so, und ich stehe in Tränen. Da hat man einen seelischen Knacks weg. Man sieht schwangere Frauen überall, Kinder... Seelisch war da vieles im argen.

Wie kamen Sie dazu, in einer Selbsthilfegruppe Hilfe zu suchen?

Irgend jemand erzählte mir, daß es diese Selbsthilfegruppe bei Pro Familia gibt, und das war von Anfang an einfach schön. Ich hatte im Mai meinen Abbruch und kam im Dezember zu der Gruppe, als ich merkte, es geht nicht mehr. Eigentlich hatte ich auch meinen Freund dazu bringen wollen, mal mit mir ein therapeutisches Partnerschaftsgespräch zu machen, aber er wollte nicht, er konnte nicht, er hat einfach zugemacht. Als ich in die Selbsthilfegruppe ging, erklärte er mich für verrückt. Aber ich habe einfach den Wunsch gehabt, mich wieder aussprechen zu können, und man kann eben nicht mit jeder Freundin und jedem Freund darüber sprechen. Hinzu kommt noch, daß man unter der wahnsinnigen Belastung steht, etwas gemacht zu haben, was gesellschaftlich tabuisiert ist. Ich habe ja auch nicht in Stuttgart einen Arzt gefunden, sondern ich mußte nach Hessen gehen.

Was hat Sie am stärksten belastet?

Daß man mit der besten Freundin nicht darüber sprechen kann, weil man fürchtet, als Mörderin bezeichnet zu werden. Daß man sich nirgends äußern kann. Daß man natürlich nicht einfach mit diesen Vorstellungen brechen kann, wenn man eben in dieser Gesellschaft lebt. Man kann nicht über die Situation dann sprechen, wenn man gerade mal das Gefühl hatte, jetzt möchtest du es. Man kann eben auch nicht sagen, mir geht's heute schlecht, weil... Man trägt das alles mit sich rum, und es ist auch viel Bitterkeit dabei. Ich habe auch so einen Haß gehabt, daß in einer solchen kinderfeindlichen Gesellschaft ich als Frau, die eventuell das Kind hätte allein aufziehen können, ganz schlecht dagestanden hätte, ein Sozialfall geworden wäre. Mich kann niemand dazu zwingen, ein Sozialfall zu werden. Und das wäre ich geworden.

Ich hatte das Gefühl, mir ist was weggenommen worden, das ich unter anderen Umständen gerne behalten hätte. Ich habe nicht ein Kind, sondern eine Chance und etwas, das in dem Moment zu mir gehörte, weggenommen bekommen. Ja, jemand hat es mir weggenommen. Ich habe es nicht weggegeben, es ist mir weggenommen worden. Es ist ganz wichtig, daß ich's wirklich so gesehen habe und teilweise noch so sehe, was natürlich praktisch nicht stimmt, denn ich habe mich selbst dagegen entschieden. Aber das ist ja eine Entscheidung, zu der es unter bestimmten Umständen keine Alternative gibt.

Wenn ich Katholikin bin, werde ich immer meine Probleme damit haben. Da kann ich mir tausendmal sagen, daß das ja in dem Moment etwas ist, das ich ganz allein entscheide. Aber es wird mir mit jeder Predigt, die ich wieder höre, doch vorgehalten, daß ich eine Todsünde begangen habe, und das wirkt unterschwellig. Das ist in unserem Hinterkopf drin. Es sind lauter so Kleinigkeiten, die man vielleicht bewußt gar nicht wahrnimmt, die sich aber summieren.

Insofern ist es sicherlich eine Art von Schuld fühlen. Schuld fühlen, obwohl ich, wenn ich die Geschichten der anderen gehört habe, bei mir dachte: Wer übernimmt eigentlich die Verantwortung dafür, daß diese Frauen sich schuldig fühlen?

Welches waren Ihre ersten Eindrücke in der Gruppe?

Mich hat von vornherein sehr mitgenommen, daß sehr viele Frauen dabei waren, die schon zwei, drei Kinder hatten und die sich wirklich damit quälten, das dritte oder vierte Kind nicht bekommen zu haben in einer Situation, in der die ganze Familie draufgegangen wäre, wenn das Kind gekommen wäre. In einem Fall war es so, daß es eine große Tochter gab und zwei kleine Kinder von zwei und drei Jahren, die die Eltern so forderten, daß sie ein Jahr schon nicht mehr durchgeschlafen hatten. In dieser Situation wurde die Mutter schwanger, und die Große drohte auch noch: Mama, noch ein Kind, und ich gehe. Die Frau war am Ende ihrer Kraft. Und trotzdem hat sie bitterlich geweint, jedesmal, wenn wir drüber sprachen.

Ich denke, daß wir in einer Gesellschaft, die zu diesem Thema anders steht, nicht in dieser Form gelitten hätten, so wie ich später darunter gelitten habe und diese Frauen, bei denen ich mir sagte: Mein Gott, ihr hattet doch eine Verantwortung der ganzen Familie gegenüber, ihr habt so verantwortlich gehandelt. Ich bin selber katholisch und dachte immer: Was tut dieser Glaube Frauen an? Er müßte ihnen doch helfen in der Situation.

Über was haben Sie in der Gruppe gesprochen?

Wir haben am Anfang unsere Geschichten erzählt. Welche Themenkomplexe wir angesprochen haben, das ergab sich so aus unserer Stimmung. Manchmal sagte eine: »Es wird immer schlimmer«, manchmal eine andere: »Heute hatte ich ein schönes Erlebnis – ich glaube, ich kann wieder in einen Kinderwagen gucken.« Wir haben uns zehnmal getroffen, und es kam immer wieder zu Tränen.

Sehr häufig haben wir über Partnerprobleme gesprochen. Es gab sehr viele unterschiedliche Erlebnisse. Bei einigen war die Abtreibung mit einem Partnerwechsel verbunden – die Beziehung zerbrach daran –, andere, die verheiratet waren, die hatten wieder andere Probleme – lange Phasen des Auseinanderseins und Wieder-zu-sich-Findens. Und wir kamen auch immer wieder auf das Schuldgefühl und auf das Erlebnis: wie es gewesen ist, wie der Abbruch an sich stattgefunden hat, was ja auch manchmal traumatisch ist.

Wir haben über vieles gesprochen, über Freundschaft, über Liebe, über unser Verhältnis dazu. Wir haben auch über uns selbst gesprochen. Ich erinnere mich noch daran, daß wir ein Blatt rundgehen ließen, auf dem jede etwas über die andere aufgeschrieben hat. Im nachhinein habe ich gemerkt, daß mir das in der Situation sehr geholfen hat. Denn ich wußte über meine Gefühle oder darüber, wie ich wirke, gar nicht mehr Bescheid, weil ich so verunsichert war und mich so kalt fühlte, so klein und fertig. Von diesen Frauen, denen ich mein Innerstes geöffnet hatte, dann ein Urteil zu haben fand ich echt und ehrlich. Weil man ja wirklich ganz Intimes von sich gibt, ist das auch eine Sache, die ein Grundvertrauen voraussetzt.

Ist es das, was das Geheimnis der Selbsthilfegruppe ausmacht, das Gefühl, sich öffnen zu können, ohne Angst vor Ablehnung haben zu müssen?

Ja, eigentlich so grundlegend das Gefühl und das Wissen darum, das sind Frauen, die wissen, wovon ich spreche. Ich kann mich denen einfach anvertrauen: Ich kann hingehen und mich aussprechen. Da ist niemand, der sagt: »Mensch, hör mir auf mit dem Thema, ich will davon nichts hören«, oder: »Was, das hast du gemacht? Das verstehe ich nicht. Ein Kind ist doch das Schönste von der Welt...«, sondern da sind Menschen, die haben genau das durchgemacht, was ich durchgemacht habe. Man muß nichts mehr erklären, da genügt manchmal nur ein Wort oder ein Blick, und man weiß ganz genau, das meint sie, und das kennst du auch von dir.

Es gibt verschiedene Arten von Selbsthilfegruppen, offene, wo jederzeit hinzustoßen kann, wer sich betroffen fühlt, und geschlossene, die niemanden mehr aufnehmen. Es gibt Gruppen, die bestehen eine genau festgelegte Zeit, andere werden irgendwann gegründet, und man überläßt es Zufall und Bedarf, wie lange sie bestehen. Welche Form halten Sie für sinnvoll bei einer Gruppe von Frauen nach einem Schwangerschaftsabbruch?

Eine Selbsthilfegruppe für solche Frauen muß als geschlossene Gruppe eine bestimmte Zeit laufen. Neue sollten nicht hinzukommen, weil die Gruppe einen Anfang und ein Ende haben muß. Der Anfang sieht immer wieder so aus, daß man fragt: Wie war's? Was sind die Probleme? Wie war deine Geschichte, erzähl mal. Wenn man nach zehn Stunden an einem Punkt angelangt ist, wo man schon einen kleinen Schritt nach vorn gemacht hat, und dann kommt eine Neue, die von vorn anfängt, fällt man genau wieder in die alte Situation zurück. Oder man macht einfach dicht und denkt: Verdammt noch mal, ich kann das nicht mehr hören, womit man der Neuen natürlich nicht gerecht wird. Jede muß die Chance haben, in eine Atmosphäre hereinzukommen, in der alle noch heiß darauf sind. Insofern ist es sicherlich wichtig, daß die Gruppe geschlossen ist.

Ist es sinnvoll, von vornherein eine zeitliche Begrenzung festzulegen?

Wir hatten damals nach zehn Stunden das Gefühl, das ist zuwenig. Aber im nachhinein betrachtet war es richtig so. Ich glaube, wenn das so eine offene Geschichte ist, verläuft es entweder im Sande, oder es gibt Leute, die sich daran klammern, die daraus eine Institution in ihrem Leben machen, was auch nicht der Sinn der Sache sein kann. Das ist ja keine Krankheit, die wir kurieren, sondern es ist eine schwere Phase in unserem Leben, mit der wir anders umgehen lernen wollen. Insofern war die Begrenzung auf zehn Stunden mit der Möglichkeit, sich danach auf freiwilliger Basis weiterzutreffen, bei uns genau das Richtige.

Wie sah Ihre Gruppe aus, und was hat sich verändert bei den einzelnen Frauen innerhalb der zehn Stunden?

Wir waren neun Frauen von Ende Zwanzig bis Anfang, Mitte 40. Acht Frauen hatten nach sozialer Indikation abgetrieben, eine nach medizinischer.
Für uns war es am Anfang ungeheuer wichtig, jemanden zu haben und sprechen zu können. Von dem ersten Unbedingt-Reden-Wollen ging das über in eine Phase, das zu verarbeiten. Da fragte man dann nicht mehr: »Bist du schuld oder bist du nicht schuld?« Das

Hauptthema war, das Geschehene anzunehmen. Wir wollten alle dazu kommen, zu sagen: Das war so, das hast du so entschieden, und das ist jetzt so und ist gut so. Und wir versuchten, diesen Entschluß, den wir ja mal wissentlich getroffen haben, für uns positiv zu machen, also zu sagen: Es war zwar ein Abschied, aber wer weiß, wozu es gut war. Wie ein Leitfaden zog sich durch diese Stunden die Entwicklung, daß wir irgendwann über das einfach nur Austauschen und auch Weinen dazu gekommen sind, das Geschehene anzunehmen, endgültig, und zu sagen: Ich nehme das nicht als nur negative Geschichte in meinem Leben an, sondern ich will darin das Positive sehen, es muß etwas Positives für mich haben.

Dieser Prozeß lief bei den einzelnen Frauen unterschiedlich ab. Eine Frau war richtig depressiv, fiel immer wieder sehr tief ins Loch zurück, wollte unbedingt Kinder und war nicht in der Lage, mit sich selbst fertig zu werden. Sie dachte eben, alles würde mit Kind besser. Mittlerweile geht es ihr auch besser. Bei einer anderen Frau hat es im Laufe der Zeit mit einer neuen Schwangerschaft geklappt, sie ist jetzt ganz glücklich darüber. Und das mußten wir natürlich auch verkraften, eine solche Frau in unserer Reihe zu haben. Damit mußten wir auch umgehen lernen. Im Moment ist das erst mal ganz sonderbar, aber da hat man dann auch gemerkt, wer soweit ist und damit umgehen kann.

In ihrem Fall war es so, weil sie mehr oder weniger auf Wunsch ihres Mannes die Abtreibung vorgenommen hatte und dann so depressiv wurde, daß sie in Behandlung mußte und diese Gruppe sogar schon zum zweiten Mal machte. Aber dann merkte man irgendwann, bei ihr war dieser Prozeß jetzt abgeschlossen: Sie beteiligte sich nicht mehr so ganz am Gruppengeschehen, was ja auch ein Zeichen für einen Fortschritt ist, und sie hat dann gesagt, für mich ist dieses Thema jetzt eigentlich erledigt.

Bei allen anderen habe ich gemerkt, daß das Thema zwar immer wieder bearbeitet wurde und daß wir immer wieder, aber immer weniger darauf zurückkamen. Einige sagten dann auch: »Es ist für mich jetzt abgeschlossen.« Das ist jetzt zwei, drei Jahre her, und das ist dann eigentlich so das Ende des Prozesses: Man hat eine bestimmte Einstellung zu der Geschichte bekommen, und ich sehe heute Abtreibungsdiskussionen ganz anders. Aber ich kann nicht jeden Tag wieder daran rühren bei mir. Ich habe es akzeptiert, ich nehme es hin und lebe auch mit dem bißchen Restschmerz, der da ist. Aber es steht jetzt nicht mehr zwischen mir und meinem Partner. Und jetzt habe ich etwas Neues, eine Kraft für mich gewonnen, und ich muß mit dieser Kraft arbeiten und nicht mit dem Gefühl, etwas verloren zu haben, sondern etwas gewonnen zu haben.

Was ich bei mir, aber auch bei anderen beobachtet habe: Der Schmerz hat sich eigentlich umgewandelt in einen Großteil Wut, weil ich diese Frauen gesehen habe, die unter einer moralischen Bürde litten, die durch unsere Gesellschaft gegeben ist, die vielleicht durch den Glauben begründet ist und auch einfach durch diese gesellschaftlichen Normen, weil man das nicht macht.

Sehen Sie Ihre Abtreibung nun nach diesem Entwicklungsprozeß in einem anderen Licht? Hat sich für Sie etwas verändert?

Bei mir hat die ganze Geschichte mit der Abtreibung einen sehr, sehr bitteren Nachgeschmack hinterlassen. Ich bin auch sehr viel härter danach geworden, weil ich einfach am eigenen Leib erfahren habe, wie die Gesellschaft reagiert, wenn man etwas macht, das nicht so ganz in den Regelkatalog paßt. Für mich persönlich hat das Ganze schon dazu geführt, daß ich in dieser Diskussion, was Familienpolitik im allgemeinen betrifft, viel härter geworden bin und viel aggressiver reagiere, weil ich eben die Frau wirklich als Opfer sehe – egal was sie macht, sie macht's verkehrt.

Was mich immer wieder sehr gekränkt hat: wenn das Thema ganz allein an den Frauen hängenblieb nach dem Motto »Na ja, wenn man sich's leicht macht…« und wenn man fragt: Wo nehmen diese Frauen ihren Egoismus her? Das ist eine Erfahrung, die ich auch in der Selbsthilfegruppe gemacht habe: Die Frauen, die da weinten und sich grämten, waren alles andere als egoistisch. Sie haben nicht abgetrieben aus egoistischen Gründen, weil sie noch ein neues Kleid wollten, sondern weil sie wirklich über den Tellerrand hinausgeguckt haben. Daß diese Frauen, die so verantwortungsvoll gehandelt haben, sich dann unter moralischen Bürden ducken und sich selbst anklagen, das habe ich als große Ungerechtigkeit empfunden.

Die Gruppe hilft dir, zu deiner Entscheidung zu stehen, sie endgültig anzunehmen, und zwar nicht als Kreuz, unter dem du nun ein Leben lang gebückt gehen mußt, sondern als eine Erfahrung, die ab jetzt ganz zu dir gehört.

Schwangerschaftskonflikte und ihre Bewältigung

Selbsthilfe- und Nachsorgegruppen für Frauen nach einem Schwangerschaftsabbruch sind zwar nicht allzuweit verbreitet, aber ein wichtiges Stabilisierungsangebot für alle, die von einem Konflikt in den nächsten geraten sind. In reinen Selbsthilfegruppen steht oft das Gespräch über das Geschehnis selbst im Mittelpunkt. Auch ohne ambitionierte Versuche, die Zusammenhänge psychoanalytisch zu hinterfragen und soziologisch zu deuten, entsteht ein Klima, das den Druck lindern kann. Das Gespräch in angeleiteten Nachsorgegruppen geht im allgemeinen tiefer. Da werden Konflikte thematisiert, einer kritischen Analyse unterzogen und positive Aspekte der Problematik aufgezeigt.

Für die Verarbeitung einer Abtreibung kann es hilfreich sein, in die Vergangenheit zurückzublicken. Die eigenen unerwarteten Schwierigkeiten zu verstehen kann besser gelingen, wenn eine Frau durchschaut, welche Funktion ihre (abgebrochene) Schwangerschaft vielleicht gehabt haben könnte und welche Rolle dabei der Schwangerschaftskonflikt spielte. Oft ist der Schwangerschaftskonflikt nur Ausdruck anderer Konflikte und Schwierigkeiten, die bewältigt sein wollen.

Ein Schwangerschaftskonflikt ist nicht selten die Spitze eines Eisbergs, meint die Pforzheimer Sozialpädagogin Gisela Vogler. Sie arbeitet seit 1984 in der Schwangerschaftskonfliktberatung, hat im schwäbischen Leonberg eine Nachsorgegruppe für Frauen nach einer Abtreibung geleitet und ist seit 1993 auch in freier Praxis tätig. Auf den folgenden Seiten schreibt sie aus ihrer Praxis über Erfahrungen im Umgang mit einem Schwangerschaftskonflikt und zeigt damit auch einige Ansatzmöglichkeiten zu seiner Bewältigung auf.

Gisela Vogler: »Selten war ich mir so nah…«

»Selten war ich mir so nah wie zu Zeiten einer Schwangerschaft.«
Dies ist der Satz einer Frau, die sich zu einem Schwangerschaftsabbruch entschlossen hatte und sich ein Jahr später zu einer Nachsorgegruppe bei mir anmeldete. Sie gab an, den Schwangerschaftsabbruch
nicht verkraftet zu haben. Sie leide seitdem unter Schlafstörungen,
starken Trauergefühlen und Antriebsschwäche. Sie habe zu nichts
mehr Lust und müsse immer daran denken, ob die Entscheidung
richtig gewesen sei. Diese junge Frau war zur Schwangerschaftskonfliktberatung in unserer Beratungsstelle gewesen. Nach wie vor war
für sie die Tatsache ein zentrales Thema, daß sie den Schwangerschaftsabbruch auf Drängen ihres Freundes hatte vornehmen lassen.
Inzwischen war die Beziehung gelöst, und sie zweifelte, ob sie mit
dem Abbruch den richtigen Weg gegangen war. Diese Zweifel ließen
sie nicht ruhen.

»Selten war ich mir so nah…«, diese Aussage kenne ich aus meiner
Tätigkeit als Beraterin für Schwangerschaftskonflikte sowohl von
Frauen, die gewollt schwanger sind, als auch von Frauen, die sich für
einen Schwangerschaftsabbruch entscheiden. Beide Gruppen von
Frauen sind sich und ihrem Körper, ihrer momentanen Lebenssituation als Schwangere sehr nah. Diese beiden Frauengruppen un-
terscheidet jedoch, daß die einen in einem Glücksgefühl die Bewegungen und das Wachstum ihres Kindes beobachten. Sie sind »guter
Hoffnung«. Die anderen sind von der Tatsache ihrer Schwangerschaft geschockt, wie betäubt oder gar gelähmt. Sie befinden sich im
Zweifel, ob sie austragen wollen oder nicht. Sie sind im »Guter-
Hoffnungs-Konflikt«. Um diese Frauen, die sich mit der Frage nach
einem Schwangerschaftsabbruch beschäftigen, soll es auf den folgenden Seiten gehen.

Reifung am Schwangerschaftskonflikt

Die Entscheidung für einen Schwangerschaftsabbruch steht nie isoliert vom sonstigen Leben einer Frau oder eines Paares. Sie ist einge-
bettet in die Lebensgeschichte und Entwicklung der Frau. Bei einem

Schwangerschaftskonflikt gibt es am Ende keine wirklich »gute« Entscheidung für oder gegen das werdende Leben. Das zeichnet den Konflikt nun einmal aus. Wenn es aber schon keine gute Entscheidung gibt – schaut man sich die hohe Rate von Kindesmißhandlungen und -mißbrauch an, ist das Austragen eines Kindes nicht immer zwangsläufig die bessere Entscheidung –, so besteht doch die Möglichkeit, an dem Konflikt zu reifen. Diese Reifung setzt jedoch die Bereitschaft dazu voraus, sich des Problems und seiner Konsequenzen, der emotionalen wie der faktischen, anzunehmen und sich selbst zum Brennpunkt der momentanen Krise werden zu lassen. Dazu braucht man Mut und Vertrauen, Eigenschaften, die uns in der heutigen Zeit immer öfter fehlen. Ein Großteil unserer individuellen, gesellschaftlichen, politischen und kirchlichen Probleme entsteht durch zu viele unverdaute, nicht wirklich bearbeitete oder gelöste Konflikte.[1]

Menschen die Reifung am Konflikt zu ermöglichen ist ein Hauptbestandteil der Schwangerschaftskonfliktberatung. Zu diesem Prozeß, der mitunter schmerzlich sein kann, sind aber Menschen nur bereit, wenn sie sich nicht bewertet, bevormundet oder gar manipuliert fühlen. Die Beratung darf nicht von fremden Richt(er)werten überstimmt oder determiniert werden, sondern muß das Wertesystem der Frau aktivieren – jede Frau hat ja ein eigenes Gewissen. Genau dieses Gewissen wird ihr auch zugestanden und nicht überprüft, wenn sie unbedingt ein Kind möchte, sei es auf dem »zwischenmenschlichen« Weg oder dem der künstlichen Befruchtung. Der zwanghafte Kinderwunsch hat mindestens genausoviel mit Narzißmus und Ich-Bezogenheit zu tun wie der Wunsch nach Abtreibung.

Wir Menschen reifen jedoch nicht nur im Schwangerschaftskonflikt, sondern in jedem anderen Konflikt auch. In der Art und Weise, mit der wir versuchen, einen Schwangerschaftskonflikt zu lösen, begegnen wir anderen Alltagskonflikten und Problemen auch – ob wir 18 oder 58 Jahre alt sind. Es ist in der Beratung immer wieder zu beobachten, daß Parallelen zu sonstigen Konfliktlösungsstrategien bestehen. Wer etwa Schwierigkeiten im allgemeinen gerne umschifft und vermeidet, wird es in einem Schwangerschaftskonflikt vermutlich auch tun wollen. Wir lernen von klein auf, mit

Konflikten umzugehen. Auch das Vermeiden von Konflikten ist ein Umgang mit ihnen, so wie eine nicht getroffene Entscheidung auch eine Entscheidung ist, die Konsequenzen hat.

Veränderung ist Reifung

Einen Schwangerschaftskonflikt zu lösen und auch noch daran zu reifen ist ein enormes Stück Arbeit. Am Ende einer Beratung steht die Entscheidung Abbruch oder Austragen des Kindes – wenn die Entscheidung nicht schon vorher gefallen ist. Diese Entscheidung ist meist von großer Tragweite für die Frauen und Paare und wird häufig als Gratwanderung empfunden. Die Frauen, die das Kind austragen, leben von dem Stück Hoffnung, daß durch ein neues Leben, das in ihnen wächst, auch ihr eigenes Leben eine positive Veränderung und Bereicherung erfahren wird. Veränderung heißt immer auch Reifung. Und die Frauen, die sich zum Schwangerschaftsabbruch entschließen, können genau wie die anderen, die das Kind austragen, am und im Konflikt reifen.

Frauen, die zu uns in die Beratung kommen, erleben ihre ungewollte Schwangerschaft häufig als die Spitze eines Eisbergs. Sie klagen darüber, bereits seit Monaten überfordert, erschöpft oder psychisch extrem belastet gewesen zu sein und schwelende Probleme vor sich hergeschoben zu haben. Sie leben seit längerer Zeit von der Reserve und zeigen Symptome des Burn-out, eines Zustands der totalen physischen, psychischen und geistigen Erschöpfung. Die nun eingetretene Schwangerschaft erscheint ihnen als zusätzliche Zumutung, die das Maß der Belastbarkeit zu übersteigen droht. So schlimm eine solche Situation ist, so wirksam kann sie aber auch sein. Denn solche existentiellen Krisen sind eine Art Notbremse, die den bisherigen Lebensrhythmus in Gestalt einer unüberwindbar erscheinenden Belastung stoppen. Die Frauen hatten demnach schon vor dem Eintreten der Schwangerschaft beachtliche Probleme und Konflikte, die in eine ungewollte Schwangerschaft hineinmünden und nach Lösung rufen. Hier muß zwischen primären und sekundären Konflikten unterschieden werden, um eine Trennung zwischen ur- und nebensächlichen Motiven zu erreichen.

Immer wieder kommt es zum Beispiel vor, daß Frauen ein Kind von einem verheirateten Mann erwarten und nun auf dem Gipfel der Krise eine Entscheidung von ihm fordern, die sie bis dahin so konkret nicht gefordert haben. Jetzt geht es nämlich um mehrere Entscheidungen gleichzeitig, also Trennung von seiner Frau oder nicht, Trennung und Auflösung der außerehelichen Beziehung oder nicht, Kind ja oder nein... Beziehungen, die schon vor der Schwangerschaft unklar waren, werden plötzlich genauer betrachtet und überprüft, was zu einer Trennung, aber auch einer noch engeren Verbindung führen kann.

Man kann auch beobachten, daß Frauen in Trennungssituationen schwanger werden. Ein oft jahrelanger Beziehungsstreit wird durch das Beenden der Beziehung unterbrochen, die Partner trennen sich, und bei einer »letzten Begegnung« wird die Frau schwanger. Keiner von beiden wollte wirklich noch ein Kind, schon gar nicht jetzt, aber beide sind nun gezwungen, die Trennung und ihre Bedeutung erneut zu überprüfen. Gerade Menschen, die sich nur schwer entscheiden können und nie wissen, ob sie sich richtig entschieden haben, geraten immer wieder in solche Entscheidungsnöte. Zufall? Schicksal? Chance? In der Nachsorgegruppe für Frauen nach dem Abbruch stellten vier von fünf Frauen fest, daß sie alle von ihrem Partner schwanger geworden waren, nachdem sie sich innerlich bereits verabschiedet hatten.

Beziehungs-, Sexual- und Partnerprobleme bilden häufig den breiten Unterbau der Spitze des Eisberges, der in der Schwangerschaft gipfelt. Dieser Unterbau hat eine lange Geschichte und ist oft in Monaten und Jahren entstanden. Das bedeutet, daß viele der Probleme mit der Schwangerschaft an sich gar nichts oder wenig zu tun haben, mit dem Abbruch der Schwangerschaft aber die Hoffnung verbunden wird, nicht nur die Spitze des Eisberges zum Schmelzen bringen zu können, sondern auch alles, was sich darunter zu verbergen scheint. Durch die Beseitigung des sekundären Problems erhofft man sich die Lösung aller primären Probleme. Wer Konflikte so zu lösen versucht, muß unweigerlich mit einem nicht ruhenden Gewissen, psychosomatischen Beschwerden und Depressionen rechnen. Mit einem Schwangerschaftsabbruch wird lediglich die Schwangerschaft abgebrochen. Sich all das anzuschauen, was sich möglicherweise hinter dem Schwangerschaftskonflikt verbirgt, kann hilfreich sein, Weichen stellen und Beziehungen klären. Es kann aber auch sehr weh tun.

Konflikte als Chance

Man(n) betrachtet selten sein Leben so intensiv wie zu Zeiten einer ungewollten – oder auch gewollten – Schwangerschaft. Man zieht vielleicht gar eine Art Bilanz, und so manche ungelösten Probleme und nicht verheilten Wunden brechen wieder auf. Eine Schwangerschaft wirft auch immer die Frage nach dem Sinn oder Unsinn des Lebens auf, stellt Fragen an das Elternhaus, an die Partnerschaft, an die Gesellschaft, hat zu tun mit Sexualität, Kinderwunsch, Rollenverständnis und Reife, konfrontiert uns mit Unzulänglichkeiten, Fehlern, Kränkungen, Trennungen und Mißbrauchserfahrungen. Eine Schwangerschaft ist eine Form archaischen Erlebens, das alte Empfindungen an die Oberfläche spülen kann. Das hält nicht jede / r aus, denn wie wäre es sonst zu erklären, daß so viele Männer die Flucht ergreifen, wenn sie erfahren, daß ihre Partnerinnen von ihnen schwanger sind? Sie fliehen nicht wirklich vor ihren Partnerinnen, sondern vor ihrer eigenen Lebensgeschichte und ihrer eigenen Unreife. Alte, ungelöste Konflikte sind Brutstätten für neue.
Wir schieben unseren ganzen Kummer auf die Schwangerschaft, meinen aber vielleicht einen anderen Kummer. Eine Form der Reifung wäre, sich der alten, also primären Probleme konsequenter anzunehmen und dadurch möglicherweise zu einer Lösung des aktuellen Konflikts zu kommen. Dieser Umweg ist hilfreich für die Verarbeitung eines Abbruchs, denn nun kann er im Kontext verstanden und bearbeitet werden. Vielen Frauen und Paaren erscheint dieser Um-Weg zu mühsam, unnötig oder auch zu schmerzhaft oder zu bedrohlich. Zu dieser Erfahrung kann niemand gezwungen werden, auch wenn der Gesetzgeber durch Strafandrohungen genau dazu zwingen will. Über Strafe aber kann dieses alte Problem nicht gelöst werden: Der Konflikt und die Uneinigkeit der Parteien und

Verbände werden verschoben und verlagert. Zuerst ans Bundesverfassungsgericht, von dort zurück an die Parteien, bis der Parteien-Konflikt schließlich in Form von Sanktionen und Kontrolle an die Beratungsstellen delegiert wird: Hier geschieht die gleiche Konfliktverschiebung von primär nach sekundär wie bei den schwangeren Frauen. Man(n) will der Sache Herr werden, übersieht aber, daß es hier um Frauenschicksale geht.

Ob bei einer Frau oder einem Paar die Bereitschaft zur Konfliktlösung besteht oder geweckt werden kann, hängt zum einen maßgeblich von der Beratungsbeziehung ab, zum anderen von der Konfliktfähigkeit und -belastbarkeit der Frau / des Paares (und der Beraterin). Ist die Bereitschaft zur Konfliktlösung vorhanden, kann ein Konflikt, auch wenn er noch so schwer ist, eine enorme Chance in sich bergen. Die Bewältigung eines Abbruchs oder einer anderen Krise findet bereits mit dem Entstehen der Krise statt. Die Bewältigung liegt im Prozeß und nicht im Abbruch – der Weg ist das Ziel.

Den Konflikt einmal unter dem Aspekt der Chance zu betrachten ist schöpferisch und sinnvoll. Je konfliktfähiger wir uns fühlen, um so mehr sind wir in der Lage, Krisen auch zu bewältigen. Es ist vielleicht tragisch und leidvoll, wenn Frauen diese Erfahrung über einen Schwangerschaftskonflikt machen müssen. Aber manchmal scheint es so, als würden Menschen sich immer wieder unbewußt in Situationen bringen, in denen sie sehr tiefe Erfahrungen machen, um intensiver fühlen und spüren zu müssen – eine Art innere Herausforderung. Die mangelnde Konfliktfähigkeit in unserer Gesellschaft setzt die Bereitschaft herab, sich auf Kinder einzulassen, denn Kinder fordern uns heraus, sie zwingen uns zur Konfliktfähigkeit. Weitergedacht hieße das, die Angst vor Herausforderung und der Wunsch nach Kindern stehen in einem dialektischen Verhältnis zueinander.

Aber nicht nur Kinder fordern uns heraus, sondern auch eine Partnerschaft, das Leben in der Familie und in der Gesellschaft. Die Zunahme der Beziehungslosigkeit und Unfähigkeit zur Beziehungserklärung muß irgendwo ihren Ursprung haben, und ich glaube, je besser es uns materiell in einer Gesellschaft geht, um so schlechter ist es um unsere Konfliktfähigkeit bestellt. Erst bei sehr tiefen Einschnitten, sei es durch Tod, Krankheit, Trennung, Partnerschaftsprobleme, Verhaltensauffälligkeiten unserer Kinder, finanzielle Sorgen oder Schwangerschaftskonflikte, beschäftigen wir uns mit unseren tiefer liegenden Schichten und überprüfen Angewohnheiten, Ansichten, Rollen und Wertverteilungen. Es sind eben nicht ausschließlich die materiellen Gründe, die Frauen zur Abtreibung bewegen, sondern auch die zwischenmenschlichen, die intra- und interpsychischen.

Die Lebensabschnitte, die Narben hinterlassen, sind die wertvollsten. Menschen gewinnen ihre soziale und psychische Intelligenz und Kompetenz überwiegend durch Erfahrungen negativer, schmerzlicher Art, also wenn sie entdecken, daß elementare Lebensqualitäten wie etwa Geborgenheit, Vertrauen, Zufriedenheit, Glück, Ehrlichkeit fehlen oder verlorengegangen sind. Diese Entdeckung macht traurig. Wenn wir diese Traurigkeit spüren, dann hat die Krise ihren Sinn gehabt, und dann sind auch die psychischen Folgen einer Krise geringer. Lebensreife wird nicht durch Druck, Sanktion oder Strafe gewonnen. Wenn die Krise ein Wendepunkt ist, war sie gut; wenn sie nach dem Augen-zu-und-durch-Prinzip zu bewältigen versucht wurde, wird sie sich potenzieren.

Trauerarbeit, nicht Trauerkampf

Frauen im Schwangerschaftskonflikt stehen vor dem Problem, sich entscheiden zu müssen. Wer eine Entscheidung trifft, geht immer auch das Risiko ein, sich falsch zu entscheiden.[2] Es besteht die Gefahr, daß man die Gründe falsch gegeneinander abgewogen hat. Wenn eine Frau nach einem Schwangerschaftsabbruch das Gefühl hat, sich falsch entschieden zu haben, ist in ihrem Konflikt- und Entscheidungsprozeß etwas falsch gelaufen. Um einen Abbruch verarbeiten zu können, muß ein Großteil der Trauer- und Konfliktbewältigung zum Zeitpunkt des Abbruchs schon stattgefunden haben, sonst war die Entscheidung noch nicht reif. Nicht jede Frau braucht intensive Beratung, und nicht viele Frauen nehmen Nachsorgegespräche in Anspruch. Was aber alle Frauen brauchen, ist das Gefühl der Akzeptanz und Wertschätzung.

Die Frauen, die den Mut zu Nachsorgegesprächen aufbringen, blikken noch einmal auf den Prozeß zurück in der Hoffnung, diese Entscheidung als Meilenstein auf ihrem Lebensweg annehmen zu können, einem Weg, der immer auch mit Schuld zu tun hat. Ohne Schuld kommen wir nicht durchs Leben. Daß Frauen über ein gesundes Maß an Verantwortungs- und Schuldbewußtsein verfügen, steht außer Frage. Frauen fühlen sich sogar eher für Fehler verantwortlich als Männer. Trotzdem wird Frauen immer wieder und immer restriktiver das Verantwortungsbewußtsein abgesprochen. Das gilt aber nur, wenn Frauen sich gegen ein Kind entscheiden. Bei der Entscheidung für ein Kind wird keiner Frau hereingeredet oder gar Strafe angedroht.

Einen Konflikt muß man bearbeiten, nicht bekämpfen. Es heißt ja auch Trauerarbeit, nicht Trauerkampf. Eine Frau, die einen Schwangerschaftsabbruch gut verkraftet, ist nicht automatisch kaltherzig. Sie hat genauso Abschied von dem Kind genommen wie die Frau, die hinterher daran trägt, denn Trennung heißt immer Abschied nehmen, und Abschied zu nehmen setzt eine Entscheidung voraus. Wer behauptet, Frauen trieben leichtfertig ab, muß sich die Frage stellen lassen, um wen oder was er bei diesem Konflikt wirklich besorgt ist. Oft steht im Hintergrund wohl das Bedürfnis, eigene Verfehlungen zu bearbeiten, und es geht eben nicht wirklich um das werdende, fremde Leben. Eigene Schuld auf andere zu projizieren, daraus eine Rechtmäßigkeit abzuleiten und das Dogma hochzupreisen ist auch eine Form verschleppter Konfliktbewältigung.

9. Schicksale und Fallbeispiele

>»Nicht, was wir erleben, sondern wie wir emp-
>finden, was wir erleben, macht unser Schicksal
>aus.«
>
> *Marie von Ebner-Eschenbach, Schriftstellerin*

Dieses Buch hat gezeigt, daß es zwar anscheinend tausend Gründe und Hintergründe für Schwangerschaftsabbrüche gibt. Aber im Grunde kristallisieren sich nicht viel mehr als eine Handvoll typischer Gemeinsamkeiten heraus aus den Biographien von Frauen, die abgetrieben haben. Es sind die ewig gleichen Konflikte, die ewig gleichen Bedenken, die ewig gleichen Umstände, die Frauen vorbringen, wenn sie sich gegen ein Kind entscheiden. Fast nie sind es Egoismen und Karrierewünsche, fast immer die Lebensumstände, die gegen eine Schwangerschaft und gegen das Muttersein sprechen. In den seltensten Fällen ist es ein Faktor allein, der entscheidend ist. Wenn es auch noch so viele Parallelen im Vorfeld einer Abtreibung gibt, können doch der Konflikt und das Danach sehr verschieden aussehen.

Die vorigen Kapitel haben aufgezeigt, welche inneren und äußeren Einflüsse dafür verantwortlich sind, wenn eine Frau seelische Probleme mit einer Abtreibung bekommt. Am Ende dieses Buches sollen nun einige Frauen selbst zu Wort kommen und ihre Geschichte aus der eigenen Perspektive schildern. Vieles, was im vorangehenden Teil theoretisch ausgeführt worden ist, findet sich hier am praktischen Beispiel wieder, in authentischen Fällen, die sehr verschieden sind.

Die kleine Auswahl von Beiträgen – Ausschnitte aus Briefen, Tagebuchabschriften, Aufsätze und Versuche, die Geschehnisse schreibend zu verarbeiten – kann natürlich nicht repräsentativ sein. Aber sie veranschaulichen einige Facetten und Aspekte von Abtreibungsgeschichten am konkreten Fall. Die Texte dokumentieren, wie unterschiedlich Frauen das Davor, den Eingriff selbst und das Danach erleben. Wie die Frauen über die verschiedenen Stadien des Geschehnisses berichten, läßt auch darauf schließen, wie sie die einzelnen Erfahrungen gewichten.

Die Frauen, deren Texte hier abgedruckt sind, haben sich zu jung oder schon zu alt für ein Kind gefühlt, hatten bereits Kinder oder wollten nie welche haben. Sie waren zum Zeitpunkt ihres Schwangerschaftsabbruchs zwischen 18 und 42 Jahren alt, waren ledig, verheiratet oder geschieden und haben einen oder mehrere Abbrüche hinter sich. Ihre Abtreibungen liegen unterschiedlich lange zurück. Ich meine, daß sich jede Frau, die schon einmal ungeplant schwanger geworden ist und abgetrieben hat, in einer dieser Geschichten wiederfinden kann. Ich habe wenig redigiert und gekürzt – die Texte sprechen für sich.

Erfahrungen, Erlebnisse, Erkenntnisse, Erinnerungen

Härtetest

Heidrun S., 23 Jahre, ledig, Psychologie-Studentin, keine Kinder, 1 Schwangerschaftsabbruch mit 22 Jahren, soziale Indikation.

3. Juni
Die Semesterarbeit steht kurz vor ihrer Beendigung. Angst vorm Vordiplom; noch etwas über drei Monate Zeit. Wenn ich's schaffen will, darf ich keinen Tag mehr vertrödeln. Ich denke manchmal, daß ich gar nicht mehr studieren will. – Ich habe kein Geld mehr auf der Bank. Ich werde nach dem Vordiplom arbeiten müssen.

13. Juni
Vielleicht bekomme ich ein Kind. Meine Vernunft scheint völlig dahin. Kein Gedanke an Abtreibung. Harald äußert sich nicht ganz offen, aber tendenziell scheint es ihm sehr viel weniger gelegen zu kommen. Ich bin zuversichtlich, sehe mich nicht als »alleinerziehende Mutter«. – Die Semesterarbeit war ein Erfolg. Der Prof ist begeistert. Vordiplom will ich machen – muß ich –, denn im Februar bekomme ich ja vielleicht DAS KIND. Eine Tochter würde ich Hannah Edina nennen, vielleicht.

16. Juni
Ich bin schwanger, aber ich werde es nicht neun Monate sein.

18. Juni
Von Harald fühle ich mich –? Was soll ich dazu fühlen? Wenn ich abtreibe, zieht er mit mir zusammen, würde mich sogar heiraten, sagt er. Ich lache mit ihm und will ihm das glauben, dabei hat er doch nur einen Gedanken: Kind weg! Ich fühle mich jetzt nicht mehr schwanger. Weiß aber immer noch nicht, was ich tun werde. Das Kind zu kriegen wird immer unvorstellbarer. Harald: »Das Ding« macht mir alles kaputt. Ich will nicht! Wenn er sich nicht so extrem ausdrücken würde – irgendwie hat er recht. Wie soll ich das alles – selbst *mit* ihm – packen? Studium, Kind usw. Ich kann mir nicht vorstellen, daß er kinderlieb wäre.
Ich bin mißtrauisch. Auf einmal habe ich eine Macht durch meine Schwangerschaft, die mir als das erscheint, was sie ist: vorübergehend. Vorbei, sobald das Kind weg ist oder sobald klar ist, daß es bleiben wird. Er bietet mir – auf einmal – an: Zusammenwohnen, Heiraten, Lebensgemeinschaft, Kind in einem Dreivierteljahr. Das ist so ungeheuerlich. Wie kann mich das beeindrucken?
Ich fürchte mich vor einer Abtreibung, aber sie rückt ins Wahrscheinliche... Ach Harald, warum kannst du mir nicht meine miesen Gefühle nehmen... Mein Grundleiden am Leben scheint mir unlösbar. Diese tiefe Verzweiflung, dieses Unvermögen, überhaupt etwas aushalten zu können. ANGST... Ich will nicht versagen. Will das Vordiplom, dann das Diplom und will, glaube ich, KEIN KIND. Das Kind als Ganztagsjob – nee. Das würde mich krank machen. Einkaufen, Aufräumen, Fernsehglotzen, Putzen, Labern... und keine Tätigkeit, die mich weiterbringt wie mein Studium.

21. Juni
Ich bin ziemlich verzweifelt, denn ich bin schwanger und soll das Kind abtreiben, was ich mir nicht vorstellen kann. Er sagt zu mir: Dann krieg halt das Kind und sieh zu, wie du damit fertig wirst. Ich bezahle meine Alimente, und damit hat es sich. Ich bin ziemlich verzweifelt, und Harald macht sich von dannen. Er ist wütend, weil

ich zu ihm sage, daß ich es nicht tun kann. Daß ich es mit ihm haben will. Er verläßt mich, weil er nur an sich denkt. Was sagt er? Ich will's nicht. Mach das Scheißding weg!

28. Juni
Mit Harald ist es aus, ich glaube, endgültig. Damit konfrontiert, daß ich ein Kind bekomme, gibt er auf.

11. Juli
[vier Tage nach dem Abbruch]
Ich weiß nicht, mit wem ich reden soll; es gibt niemanden, mit dem ich über DAS reden kann. Ich wollte es nicht abtreiben, aber ich habe es getan, weil er es so wollte. Er wollte es, ich wollte eigentlich nicht, und jetzt ist es tot. Ich habe kein Kind mehr in mir, und ich kann es nicht vergessen. Er spürt von alledem nichts, und mich macht es krank. Ich weiß nicht mehr weiter. Ich ertappe mich dabei, daß ich mir wünsche, es wäre noch da. Für ihn ist es fort, weg, nie gewesen, und mich läßt es nicht los. Ich hatte ein Kind – ich hätte eins bekommen können... Und jetzt ist es fort, und es ist doch nicht wie vorher.

10. Mai
Es ist jetzt beinahe ein Jahr vergangen – der Schwangerschaftsabbruch war am 7. Juli. Ich bin stolz darauf, daß ich trotz allem mein Vordiplom geschafft habe – allerdings unter meinem sonstigen Leistungsniveau. Das liegt wohl daran, daß ich ziemliche Schwierigkeiten hatte, von meinem psychischen Zustand abzusehen. Worauf ich auch stolz bin: Ich sagte mir oft, wenn ich da durch bin, werde ich etwas Wesentliches für mein Leben gelernt haben: mich Konflikten zu stellen und zu verarbeiten. Im Rückblick habe ich, wider meine Erwartungen, diesen Eingriff, glaube ich, schon gut verkraftet.

Von dem Eingriff habe ich immer als »meiner kleinen Operation« gesprochen. Auf Nachfrage rückte ich dann mit der Wahrheit raus, denn natürlich denkt keiner an Abtreibung, wenn das Wort »Operation« fällt. Daran zeigt sich, daß ich ein Mitteilungsbedürfnis hatte, wohl auch wegen der Umstände. Denn der größere Schock kam fünf Tage nach der Abtreibung: Mein Freund schmiß mich raus und erklärte seine Beziehung zu mir als beendet. Deshalb fällt es mir auch schwer, die Abtreibung als isoliertes Geschehen zu betrachten. Denn die Trennung, die Harald an mir vollzog, überschattete das Ganze und machte mir das Erlebnis der Abtreibung gleichzeitig zu einem Erlebnis eines »großen Verrats«.

Nachdem sich Harald trotz meines heftigen Widerstands von mir getrennt hatte, hatte ich daran sehr viel zu knabbern, so daß die Verarbeitung der Abtreibung erst mal unterging. Heute bin ich, wie ich meine, über den Verlust »meines Freundes« hinweg und kann mir auch wieder Gedanken über die Abtreibung machen. Heute ist mir klar, daß ich weniger ein Kind haben wollte, sondern vielmehr versuchte, die Beziehung zu meinem Freund, von deren unsicherem Boden ich wohl wußte, zu retten. Wenn ich mir vorstelle, daß ich heute Mutter eines drei Monate alten Babys wäre, bin ich mir sicher, daß es das reinste Chaos wäre.

Mein Studium macht mir Spaß, aber es beansprucht viel Zeit. Ich hätte keine Zeit, nebenher ein Kind zu versorgen. Vor allem würde es mir auch an Kraft fehlen, beides zu tun. Und wenn ich nur das Kind hätte, wäre ich sicher auch unzufrieden mit meinem Leben. Ich bin froh, die Möglichkeit zum Schwangerschaftsabbruch gehabt zu haben. Ich fühle mich seelisch dadurch nicht mehr belastet. Das heißt nicht, daß ich nicht mehr daran denke. In meinem Denken existiert die Tatsache, daß ich eine Abtreibung gemacht habe, nicht mehr die, daß ich ein Kind vernichtet habe.

Heute kann ich sehr offen davon sprechen, daß ich ein Kind abgetrieben habe. Ich glaube auch, daß meine moralischen Skrupel vor dem Abbruch größtenteils Ausdruck meiner eigenen inneren ambivalenten Haltung waren. Ich konnte vor mir selber nicht zu dem Abbruch stehen, weil ich das Kind – als Symbol für die Liebe von Harald – nicht hergeben wollte. Inzwischen weiß ich, daß wir keine glückliche Familie geworden wären. Damit fehlt für mich auch die Motivationsgrundlage für das Kind: Es sollte helfen, mir meine Familie zu geben, die ich in meiner Kindheit so vermißt habe.

Nie wieder!

Marion S., 33 Jahre, verheiratet, Hausfrau, 3 Kinder (4, 5, 10 Jahre alt), Abtreibung mit 25 Jahren, eugenische Indikation.

Im Herbst vor acht Jahren mußte ich einen Schwangerschaftsabbruch vornehmen lassen. Ich bin verheiratet und hatte damals eine zwei Jahre alte Tochter. Meine zweite Schwangerschaft war erwünscht und geplant. In den ersten vier Schwangerschaftswochen, als ich noch nicht »sicher« war, wurde bei mir ein Abszeß im Gehirn festgestellt. Trotz aller meiner Hinweise, daß ich schwanger sein könnte, wurde ich etwa ein dutzendmal geröntgt und bekam diverse Medikamente, darunter sechs Antibiotika. Nach meinem Krankenhausaufenthalt stellte sich dann die Schwangerschaft als sicher heraus. Nun begannen die Ängste und Zweifel. Nach Rücksprache mit diversen Ärzten, die meinem Mann und mir alle zu einer Abtreibung rieten, entschlossen wir uns zu diesem Eingriff. Sehr schweren Herzens. Auch der Berater des Jugendamtes war stark dafür. Also ab ins Krankenhaus.
Es war Ende des zweiten Monats. Ich wachte auf der Wachstation auf, mit EKG, Bluttransfusionen und Sitzwache. Nach langem Warten erschien der Oberarzt und erklärte mir, es sei »etwas schiefgelaufen«. Die Kürette hätte den Uterus perforiert, und es bestünde Verblutungsgefahr. Aber die Schwangerschaft sei noch intakt. Ob ich das Kind nicht doch austragen wolle? Ich war völlig ratlos und noch verzweifelter als zuvor. Nachdem die Gefahr einer Blutung gebannt war, wurde ich nach vier Tagen entlassen. Mit dem Rat der Ärzte, das Kind zu bekommen, bestimmt sei es gesund...
Nochmals drei Wochen Ringen. Besuch bei Pro Familia, Gespräche mit Röntgen-Fachkräften, Briefe an die Redaktion von »Eltern«: Fast alle waren für den Abbruch. Wieder Krankenhaus. Vor dem OP Gespräch mit dem Chefarzt: Wenn die Kürette wieder »abrutscht«, wird's ein »kleiner« Kaiserschnitt... Ich wachte auf mit einem Kaiserschnitt und hörte, es sei »gut« gewesen, mich von dem Kind zu trennen. Ansonsten kein Kommentar der Ärzte.
Wir hatten allen Bekannten erzählt, ich sei wegen eines Myoms im Krankenhaus, um mich nicht permanent rechtfertigen zu müssen –

aber dadurch hatte ich auch keine Gesprächspartner. Erst war ich erlöst von der Angst um das Kind, schuldbewußt, doch erleichtert, es hinter mir zu haben. Gleich nach der Entlassung, 14 Tage später, stürzte ich mich voll in die Arbeit, lenkte mich ab und verdrängte alle Gefühle und Gedanken an den Abbruch.

Im März / April, um das errechnete Geburtsdatum herum, brach ich zusammen. Hatte Weinkrämpfe, Schwindelanfälle und ahnte die Zusammenhänge nicht. Eine Psychologin, die ich daraufhin aufsuchte, machte mir die Problematik erstmals bewußt. Ich mußte Trauerarbeit um das verlorene Kind nachholen und lernen, es in mein Leben einzugliedern. Es hat lange gedauert und war oft schmerzhaft, aber mit der Zeit konnte ich es loslassen. Vergessen werde ich dieses Kind, das nicht leben durfte, niemals.

Ich bin noch zweimal schwanger geworden, zwei und drei Jahre später, und habe nun drei gesunde Töchter. Bereut habe ich den Eingriff nie, aber ich würde niemals mehr einen Schwangerschaftsabbruch machen lassen. Ich habe ein Stück von mir abtreiben lassen, und ein zweites Mal würde ich es nicht können. Und trotzdem bin ich dafür, daß jede Frau die Freiheit hat, sich selbst zu entscheiden. Die superklugen Weißkittel mit ihrem smarten Lächeln waren für mich ein Beispiel der Unmenschlichkeit.

Nicht noch mal von vorn!

Elfriede F., 48 Jahre, verheiratet, Dozentin in der Erwachsenenbildung, 3 Kinder (15, 17, 18 Jahre), Abtreibung mit 42 Jahren, soziale Indikation.

im Juni 1984
Ich habe abgetrieben!: Das Bekenntnis klingt schrecklich in seiner Aktiv-Form. Das tue ich nie! Ich glaubte auch nicht, je in diese Lage zu kommen, war es doch zehn Jahre gutgegangen.
Und dann mitten im Urlaub. Ich fühlte mich so elend, hatte so große Angst vor der Erkenntnis: Du bist schwanger!. 42 Jahre, 43 bei der Geburt, Aufgabe der geliebten Tätigkeit als freie Mitarbeiterin in der Erwachsenenbildung, die es mir erlaubt, meine Zeit frei einzu-

teilen, selbständig und unabhängig von Anweisungen zu sein, Ideen zu entwickeln, mich weiterzubilden, gut zu vereinbaren mit der großen Familie, mit den Kindern, die glücklich über ihre zufriedene Mutter sind – und das alles vorbei? Wieder von vorne beginnen, einen Abschnitt meines Lebens wiederholen, der, wenn auch schön, nicht wiederholt werden möchte?

Trost durch die Familie – Freude über ein Baby – wer würde sein Zimmer hergeben? Kurzer Gedanke beim Anblick goldiger Babys auf Elternarmen – wie süß – wie niedlich!

Meine Entscheidung traf ich allein: Ich wollte nicht! Warum nicht? War's nicht mein Leben, das von mir gewählte, gern gelebte Leben, über dessen Fortgang *ich* entscheiden wollte?

Der Urlaub quälte sich dahin. Angst, immer wieder diese Angst – werde ich eine Indikation bekommen? Wird meine Ärztin da sein? Wir fahren früher zurück. Hauptsache, ich bekomme die Indikation. Wenn ich die Indikation habe, ist alles gut. Nach der Rückkehr bei der Ärztin. Ich, die starke, selbstbewußte Frau, ein Häufchen Elend, heulend vor ihr sitzend. Sie gibt mir, widerstrebend, die Indikation. Ich spüre trotzdem keine Erleichterung. Mir ist übel, übel, übel. Anruf bei der Privatklinik. Kühl, geschäftsmäßig, 1500 Mark soll ich für den Klinikaufenthalt anzahlen. Ich stelle keine Frage, wieso? Termin bei Pro Familia.

Endlich kommt die Beraterin. Ich heule, bin wütend, daß sie mich so lange hat warten lassen – ich kenne mich selbst nicht mehr, bin schwach und verzweifelt. Unter Tränen: Sie brauchen keinen Versuch zu machen, mich umzustimmen. Ich bin fest zu einem Abbruch entschlossen. Vermeide das Wort Abtreibung. Sie geht liebevoll und verständnisbereit auf mich ein, meldet aber wegen der Privatklinik, in die ich gehen will, vorsichtige Bedenken an. Wir sprechen darüber, welche Verhütungsmittel ich bisher angewandt habe. Die Beraterin hält sie für äußerst unsicher. Der Chefarzt der Privatklinik wird später das Gegenteil sagen.

Depressive Stimmung weiterhin, unfähig, den Haushalt zu versorgen. Gespräch mit unserem elfjährigen Sohn. Ich spüre bei ihm die Angst, daß ich bei dem Eingriff sterben könnte: Unsere Biologielehrerin hat erzählt, daß bei einer Abtreibung die Frauen sterben. Eine Woche später, an einem Montag, gehe ich zur angegebenen

Zeit allein in die Klinik. Haben Sie die Anzahlung dabei? Meine Frage, ob heute der Abbruch vorgenommen würde, wird verneint. Warum muß ich dann heute schon kommen? Verlegenes Lächeln. Eine junge, freundliche Ärztin untersucht mich. Sie weist mich darauf hin, daß ich erst Samstag (!) die Klinik wieder verlassen könne. Dabei weiß ich, daß so ein Abbruch ambulant vorgenommen werden kann. Ich fahre wieder nach Hause. Am nächsten Morgen um 7 Uhr bin ich in der Klinik. Beruhigungsspritzen – um 10 Uhr in den Operationssaal – Eindruck »wie am Fließband« angesichts der wartenden Frauen – erwache eine Stunde später unter heftigem Erbrechen in meinem Zimmer – rufe die Kinder an, die sich allein versorgen – beruhige sie, daß es mir gutgehe.

Abends, erst auf meine Aufforderung hin, kommt mein Mann. Ich bin ihm dankbar für seinen Entschluß, sich sterilisieren zu lassen. Am zweiten Tag kommt eine Freundin mit Blumen. Sie behandelt mich wie eine Kranke – auch das tut gut. Ich beschließe, die Klinik auf eigene Verantwortung zu verlassen, schreibe einen Zettel und lege ihn der Krankenschwester aufs Zimmer, da sie nicht zu erreichen ist. Zu Hause tiefe Depression. Ich kann nichts tun – fühle mich weiterhin so elend, weine nur noch vor mich hin. Das hinterläßt seelische Spuren, so leicht geht das nicht vorüber, höre ich von einer Freundin.

Ich besorge mir wieder einen Schwangerschaftstest in der Apotheke. Ich mache ihn nach Rücksprache mit meiner Ärztin. Der Test ist positiv! Ich will nicht wieder in diese Klinik, gehe trotzdem hin. Ein zweiter Eingriff wird vorgenommen, dieses Mal heimlich zwischendurch – schwache Vollnarkose – wache gleich ohne Erbrechen auf – liege in einer Abstellkammer, die vollgepackt ist mit Watten, Tüchern, Medikamenten. Ich erfahre, Reste des Mutterkuchens waren in der Gebärmutter zurückgeblieben. Die Ärztin, die den erneuten Eingriff vornimmt, drängt mich, nach Hause zu gehen. Nach zwei Stunden holt mein Mann mich ab. Ich fühle mich gut.

im Juli 1990
Ich bin jetzt 48 Jahre alt, das Kind wäre 5, also noch ein Kindergartenkind. Seine Geschwister gehen allmählich ihre eigenen Wege, haben viele andere Interessen, so daß es wie ein Einzelkind aufgewach-

sen wäre. Ich selbst hätte viel aufgeben müssen. Fremden Personen hätte ich es nicht anvertrauen mögen.

Schuldgefühle hatte ich nicht nach dem Abbruch, obwohl eine Psychotherapeutin versuchte, sie mir einzureden. Ich wollte auf keinen Fall noch ein Kind und hätte es schrecklich gefunden, wieder ein Leben zu führen, das doch schon hinter mir lag. Schuldgefühle habe ich bis heute nicht empfunden, ich stehe zu meiner damaligen Entscheidung. Ein wesentlicher Grund dafür scheint mir, daß ich diese Entscheidung in eigener Verantwortung getroffen habe. Ich wurde nie in dieser Haltung verunsichert, daß es letztlich um mich ging und ich deshalb auch allein entscheiden mußte. Heute verstehe ich auch plötzlich die Haltung meines Mannes, der ja offensichtlich das Kind gern gehabt hätte und mich nicht mal im Krankenhaus besuchen wollte. Er hatte Angst, mir mit seinem Wunsch die Entscheidung zu erschweren und spürte wohl auch, daß ich allein entscheiden mußte. Seine Liebe spürte ich in seinem Entschluß, sich sterilisieren zu lassen. Wir haben seitdem ein viel erfüllteres Sexualleben.

Was mir geholfen hat, mit dem Abbruch fertig zu werden? Zuerst mal das Schreiben darüber und außerdem, daß ich in der Familie und im Freundeskreis darüber reden konnte. Alle zeigten Verständnis, und niemand machte mir Vorwürfe. Mir war es auch wichtig, darüber zu sprechen, weil ich einfach auch dazu stand und stehe.

Ein ganz bewußtes Nein

Marita N., 24 Jahre, ledig, feste, stabile Partnerschaft, Studentin, keine Kinder, Abtreibung mit 23 Jahren, soziale Indikation.

Angst war die große Komponente vor der Abtreibung gewesen. Angst vor etwaigen Schmerzen, aber auch vor der Ungewißheit: Werde ich danach Gewissensbisse haben? Ich war kurz vor der Abtreibung und einige Zeit danach besonders empfindlich, wenn das Gespräch mit Personen, die nichts von meiner Schwangerschaft wußten, auf den Paragraphen 218 kam.

Der Eingriff war schrecklich, gleichzeitig aber Beginn des Danach.

Die Umstände waren recht gut, doch zum ersten Mal empfand ich es als demütigend, mich auf den gynäkologischen Stuhl zu setzen. Dann: abwarten. Der Gedanke einer Hinrichtung drängte sich auf: nicht meiner. Mein Freund war beim Eingriff dabei, aber nicht nur seine Anwesenheit war großartig, sondern auch sein Verhalten: Er hielt meine Hand, streichelte mich, sprach mit mir, versuchte, mich abzulenken. Ich wollte die Abtreibung nicht nur »geschehen« lassen. Nein, ich wollte sie miterleben, deshalb fand ich die örtliche Betäubung in Ordnung. Die Schmerzen waren auszuhalten, aber als der Arzt mit dem Dehnen des Muttermundes begann, glaubte ich die Angst und die Schmerzen als die eigentliche Tötung des Lebens in mir zu begreifen.

Das war kein medizinischer Eingriff, sondern das Herausreißen des unerwünschten und abgelehnten Etwas in mir. Es ist egal, wie ich es nenne, nein, ich habe nicht gerne von der Abtreibung des »Kindes« geredet. Ich habe vom »Es« geredet. Als ich das Geräusch des Absaugens höre, der Gedanke: Jetzt ist »es« weg. Ich schluchze und weine, nicht vor körperlichen Schmerzen, sondern aus Trauer, das Etwas in mir zu verlieren. Mein Körper scheint mir entfremdet. Danach klettere ich vom Stuhl, benommen, kann kaum glauben, daß alles vorbei ist. Ich liege in einem kleinen Zimmer alleine da, weine die ganze Zeit vor mich hin. Das Etwas in mir ist gestorben. Ich halte meinen Bauch fest, rede mit dem Etwas: Du bist jetzt weg, ich wollte dich nicht haben, keiner wollte dich, aber du warst da.

Das Gefühl der Leere, ja, ich bin wieder leer, mit mir allein, breitet sich aus. Ich weine noch eine Stunde lang, alles muß raus: die Angst, die ich die ganze Zeit gespürt hatte, die Trauer – das sind die Nachwehen. Etwa drei Stunden später, als die Schmerzen nachlassen, kommt Erleichterung auf, fast Euphorie. Die Leere wird zur Freiheit, ich fühle mich wieder eins mit meinem Körper. Richtig glücklich fühle ich mich, genieße es, von meinem Freund umsorgt zu werden. Ein Riesenappetit signalisierte mir, daß ich die Freiheit auch wieder körperlich empfand: Ich wollte genießen, aufnehmen. Nach zwei Wochen Übelkeit und Appetitlosigkeit war ich wieder ich selbst. Meinen Bauch hatte ich abgelehnt, weil er mit dem gefüllt war, was ich nicht wollte.

Vier Wochen später mußte ich die gleiche, nein eine ähnliche Prozedur noch mal mitmachen: In der Gebärmutter war etwas Blut zurückgeblieben, geronnen, hatte sich an der Wand festgesetzt und verursachte starke Schmerzen. Meine erste Assoziation war, das da in mir, das will nicht weg, will dableiben, besteht auf seiner Existenz.

Während meiner Schwangerschaft habe ich meinen Körper und mich selbst gehaßt – ich habe das gehaßt, was da in mir war. Ich habe eine Auflehnung gegen dieses Leben in meinem Bauch gespürt. Ich bin mir sicher, wenn ich das Kind gewollt hätte, wären mir etwaige Unpäßlichkeiten nicht so aufgefallen. Die hätte ich dann hingenommen, weil ja die Freude auf das Kind vorrangig gewesen wäre. Ich bin der Auffassung, ein Leben, das auf die Welt kommt, hat ein Recht darauf, gewollt zu sein, erwünscht.

Meine Mutter und meine Freundin haben mich nach der Abtreibung behandelt wie ein rohes Ei: Ich müßte damit jetzt fertig werden, und das könnte lange dauern, bis ich darüber hinweg wäre usw. Meine Freundin, die vor kurzem ein Kind bekommen hat, fragte mich sogar, ob ich das denn verkraften könne, das Kind zu sehen und anzufassen. Dieses Verhalten hat mich anfangs völlig erstaunt. Dann wurde ich nachdenklich. Ich kann mir vorstellen, daß eine Frau um so mehr über die Weigerung derjenigen, die kein Leben austragen will, entsetzt ist, je mehr sie die Verbindung zwischen dem Weiblichen und der Gebärfunktion verinnerlicht. Das heißt: Eine Frau, die sich stark über ihre Fähigkeit definiert, gebären zu können, und Frausein hauptsächlich an diesem Komplex orientiert, dürfte immer Schwierigkeiten haben, zu begreifen, daß eine Frau Leben in sich auch ablehnen kann.

Zwei Tage nach meinem Schwangerschaftsabbruch habe ich im Krankenhaus eine Bekannte besucht, die gerade ein Baby bekommen hatte. Ich habe das Kleine auf den Arm genommen und fand das ganz toll. Aber ich habe nie daran gedacht, daß meine Entscheidung falsch gewesen sein könnte. Das heißt natürlich nicht, daß ich nicht auch manchmal überlege, wie alt unser Kind jetzt wäre, daß es bald zur Welt kommen würde. Ich denke daran – aber ohne Schuldgefühle, ohne dabei unglücklich zu sein. Ich glaube, daß ich den Eingriff sehr gut überstanden habe – in jeder Hinsicht.

Maßgeblich, da bin ich sicher, sind meine unumstößliche Entscheidung gewesen und das Verhalten meiner Freunde und Freundinnen. Alle, auch die, die sagten, sie könnten nicht abtreiben, haben meine Entscheidung akzeptiert, nicht einmal versucht, mich zu beeinflussen. Alle haben sich rührend um mich gekümmert, haben mich besucht, angerufen, ob ich wieder o.k. sei, und sich einfach nach meinem Befinden erkundigt.

Ein »Nachher« wird immer bleiben. Ich zucke zusammen, wenn sich Leute in meiner Umgebung plötzlich über Abtreibung unterhalten. Denke oft, was wissen die davon! Diskutiere aber sachlich mit, wie sonst auch. Von Anfang an habe ich gewußt, daß ich in meiner Situation (Studium) abtreiben würde. Nie hätte ich mich anders entschieden. Schuldgefühle hatte ich nicht – ich möchte das Trauer nennen. Trauer über jemanden oder etwas, das plötzlich weg ist. Das bißchen, was an Traurigkeit geblieben ist, akzeptiere ich. Ich würde wieder so handeln, wenn ich auch hoffe, nie wieder in eine solche Situation zu kommen.

Kinderwünsche

Beate H., 44 Jahre, verheiratet, Studium, Journalistin, verschiedene Jobs, zwei Kinder (9, 13 Jahre alt), 3 Abtreibungen mit 27, 29, 33 Jahren, soziale Indikation.

Meine drei Abtreibungen, 1977, 1979 und 1983, unterschieden sich für mich in ihren äußeren Bedingungen wenig, allerdings war meine eigene Einstellung dazu jeweils unterschiedlich, und ich gehe davon aus, daß dadurch auch das Erleben des Abbruchs selbst und der nachfolgenden Gefühle unterschiedlich waren.

Was für mich gravierend ist, ist das Verhalten der verschiedenen Männer, die immer in gewisser Weise Nicht-Verhalten zeigten. Ich habe jeweils mit Freundinnen, Frauen und anderen befreundeten Menschen intensiv über meine Absicht zum Abbruch, meine Zweifel und danach auch über meine Gefühle sprechen können. Dieser offene Austausch war mit den Männern nicht möglich. Es war eher ein (Schlag-)Abtausch von ohnehin schon feststehenden Ansichten.

1977 wollte keiner der beiden Männer, zu denen ich eine Beziehung hatte, ein Kind mit mir, das heißt, sie wollten nicht Vater werden. Ihr Statement fiel knapp aus, und ich merkte, wie erleichtert sie waren, daß auch ich im Grunde entschieden war. Danach wurde wenig über meine konkreten Erfahrungen und Empfindungen gesprochen. In gewisser Weise ist das Thema bei Männern tabu, ähnlich habe ich auch ihr Verhütungsverhalten erlebt. Für mich persönlich, damals als Pillenkonsumentin und als Frau, die von den Ideen der neuen Frauenbewegung beeinflußt war, galt ähnliches. Die Frage, ob ich vielleicht einen Kinderwunsch hatte, war keine.

Die erste Abtreibung war unproblematisch. Ich hatte mich auf den Rat von Frauen aus dem Frauenzentrum verlassen, nach Holland zu fahren. Dort sei man in der Ausführung von schonenden Abtreibungen erfahren, und die Atmosphäre sei sachlich. So war es auch. Allein der Umstand, daß ich beim Empfang gleich das Geld für den Abbruch bezahlte, machte die Angelegenheit eher zu einem »Geschäft«. Im Wartezimmer saßen Frauen verschiedenen Alters. Ich hatte das Gefühl, eine von vielen zu sein, nichts Außergewöhnliches fand hier statt. Vor dem Eingriff keine Fragen, keine Beratung. Lediglich eine kurze Information über die Sache selbst und die Feststellung: »Sie wollen kein Kind.« Danach ausruhen in einem kleinen Raum mit drei Liegen, zwei andere Frauen mit mir. Atmosphäre: selbstverständlich. Der Eingriff selbst kurz, schmerzlos (Betäubung des Muttermundes vor dem Öffnen). Danach habe ich ein paar Tränen vergossen, die Frau neben mir ebenso. Dann bin ich mit der Freundin, die mich begleitet hatte, zurück nach Hause gefahren.

Die äußeren Bedingungen waren »optimal«. Genauso wichtig (vielleicht noch wichtiger?) war aber, daß ich selbst mich klar entschieden hatte, jetzt kein Kind zu wollen. Vorrangig ging es mir damals um einen schonenden Eingriff, so schnell wie möglich, um eine Atmosphäre, in der ich mich nicht verunsichern zu lassen brauchte. Nach der ersten Abtreibung war ich leicht nachdenklich geworden. Ich fragte mich, ob ich nicht irgendwo doch einen mir nicht bewußten Kinderwunsch gehabt hatte, ob ich später mal ein Kind wollte. Kam aber zu keiner Entscheidung. Nahm kurzzeitig die Pille (wieder), um nicht schwanger zu werden.

Als ich 1979 zum zweiten Mal schwanger war, setzte ich mich intensiv mit Frauen aus meiner Frauengruppe und Freundinnen darüber auseinander, ob wir uns Kinder wünschten und unter welchen Bedingungen. Meine Schwangerschaft war Anlaß, daß wir das thematisierten, und ich staunte nicht schlecht, als einige Frauen Kinder in ihre Lebensplanung einbezogen – trotz aller Schwierigkeiten, die für Frauen nach wie vor mit der Mutterschaft verbunden sind. Ich hatte das Gefühl, daß sich mein Kinderwunsch sozusagen heimlich durchgesetzt hatte. Damals studierte ich, hatte eine Beziehung zu meinem geschiedenen Mann, von dem ich schwanger war, und eine weitere Beziehung. Im Gegensatz zu meiner ersten Schwangerschaft wußte ich genau, wer der Vater war. Ich lebte wieder in einer Wohngemeinschaft und stellte mir vor, das Kind dort allein zu haben. Mein Exmann wollte *eigentlich* kein Kind, aber wenn, dann mit mir zusammen in Zweiergemeinschaft.

Das wollte ich wiederum um keinen Preis. Ich hatte mich nicht scheiden lassen, um erneut eine traditionelle Zweierbeziehung zu leben. Als ich davon sprach, daß ich überlegte, das Kind allein zu haben, reagierte er mit Druck: Du in deinen chaotischen Beziehungen und Lebensumständen bist nicht in der Lage, ein Kind allein aufzuziehen. Er drohte mir sogar, er werde das Kind »beanspruchen«, es mir wegen meiner »Unfähigkeit« wegnehmen lassen und so fort. Der andere Mann, der nicht für die Vaterschaft in Frage kam, reagierte mit »Vernunft«: Das schaffst du nicht – Studium, Beruf etc.

Ich selbst hatte zwar gefühlsmäßig den Wunsch – wenn auch nicht sehr ausgeprägt, eher vage –, es doch schaffen zu wollen. In die Praxis begleitete mich eine Freundin; von meinem Exmann hätte ich keine Hilfe gewollt. Der andere Mann versorgte mich nach dem Abbruch bei sich. Dort ruhte ich mich aus, erholte mich. Die Freundin war auch da. Ich erfuhr also von Menschen Unterstützung, die nicht direkt mit meiner Schwangerschaft zu tun hatten.

Psychisch war die Abtreibung kein Problem. Der Arzt war verständnisvoll, die Atmosphäre sachlich, aber mitfühlend. Meine Freundin saß neben mir. Ich weinte dennoch. Es war aber keine Verzweiflung, sondern Traurigkeit: noch mal in die Situation gekommen zu sein und sie nicht – glücklich – lösen zu können. Danach bedauerte ich meinen Entschluß nicht, mir war allerdings klar, daß ich keine weitere Abtreibung wollte. Mit einem Kinderwunsch habe ich mich nicht weiter auseinandergesetzt. Nach der Abtreibung erholte ich mich schlecht, langsam. Fühlte mich – grundlos – niedergeschlagen, überlegte, das Studium aufzugeben. Begann ein paar Monate später eine Therapie, unterbrach das Studium, nahm einen Job an – und wurde bald darauf wieder schwanger und bekam das Kind.

Heute glaube ich, daß ich die Erfahrungen mit der zweiten Abtreibung und ihren gesundheitlichen (besser: krank machenden) Folgen nicht verkraftet habe, sie einfach weggedrückt habe. Das hatte weniger mit Bedauern zu tun als mit dem Empfinden, daß ich nicht sehr gut für mich selbst sorgte, mit meinem Körper Raubbau trieb, wie es eine Freundin nannte.

Die Erfahrungen mit dem Kind und in meiner Beziehung waren positiv. Ich studierte wieder gern, jobbte nebenbei, kriegte alles unter einen Hut (beziehungsweise zwängte es unter einen Hut). Ich dachte daran, ein zweites Kind zu bekommen. Sicher auch, weil ich erstmals ein bewußteres Verhältnis zu meinem Körper entwickelte, mich an meiner biologischen Fähigkeit freute, ein Kind in mir wachsen lassen zu können.

1981 war mein erstes Kind geboren worden. 1983 hatte ich dann die dritte Abtreibung. Ich wollte erst nicht abtreiben. Mein Freund wollte kein zweites Kind. Dennoch riskierte ich es, schwanger zu werden. Damit habe ich mir zu viel zugemutet. Entgegen meiner Entscheidung, das Kind doch zu kriegen, wurde ich verzweifelter, war gelähmt, kriegte Panik, weil ich fürchtete, all das – zwei Kinder, Ende des Jahres Examen und vor allem die inzwischen schlechte Beziehung – nicht miteinander vereinbaren zu können.

Als ich bereits in der zwölften Woche war, ließ ich abtreiben. Der Eingriff tat sehr weh, ich weinte unentwegt. Eine Bekannte tröstete mich. Danach kam eine Freundin, holte mich ab und versuchte, mich zu beruhigen. Mein Freund war zu sehr mit sich selbst beschäftigt, er hatte sich herausgehalten. Er hätte sich auch herausgehalten, wenn ich schwanger geblieben wäre, vermutlich hätte er das Kind sogar angenommen. Ich war sehr verzweifelt, fühlte mich allein gelassen, dachte noch Monate später daran, daß jetzt irgendwann das Baby gekommen wäre, träumte viel davon.

Die letzte Abtreibung ist für mich eindeutig deshalb so schmerzlich gewesen, weil ich mich in eine Situation hineinmanövriert hatte, die mir über den Kopf wuchs, und weil ich gefühlsmäßig ein Kind gewollt hätte. Ich entschied mich gegen meinen Wunsch und auch gegen meine Fähigkeiten.

1985 bekam ich mein zweites Kind, und da traute ich mir dann doch zu, all meine Bedürfnisse unter einen Hut zu kriegen. Im nachhinein scheinen mir die Bedingungen der Abtreibungen relativ unwesentlich, wenngleich ich natürlich gemerkt habe, wie wichtig es ist, daß Abtreibungen schonend und die Beratung sachlich-mitfühlend sein müssen. Wichtiger scheinen mir aber meine eigene Unklarheit oder Klarheit und meine eigenen Lebensumstände für die Verarbeitung gewesen zu sein.

Sehnsucht

Iris F., 24 Jahre, ledig, ohne feste Bindung, in der Ausbildung zur Kindergärtnerin, keine Kinder, 1 Abtreibung mit 19 Jahren, soziale Indikation.

ich schlafe abends nicht ein, wälze mich manchmal stunden in meinem bett herum, denke, denke an den morgen, stuhl, spritzen, warten, tränen, angst, arzt, tastet, spange, spritze, weiten, *zeit*, musik wird lauter, schlauch, krach, zeit, viel zeit, ewigkeit, aufstehen, blut!, schmerzen, worte, ich kann nur berichten: es tat weh.
ich habe von anfang an alles verdrängt, wollte es nicht wahrhaben, und jetzt noch erscheint es mir wie ein traum, nicht einmal wie ein traum, träume sind mir näher, ich versuche es mir zu verdeutlichen, ich will mich an alles genau erinnern, ich will nicht mehr verdrängen, mir geht es mies, ein unerklärliches gefühl, es erinnert mich an heimweh, ich möchte schreien oder einschlafen und in meine traumwelt versinken, endlich einschlafen! erleichterung! ich muß den ausweg finden, aber keine flucht! durchleben, damit leben, bloß nicht verdrängen, sonst verfolgt es mich noch zu lange.
ich frage mich, wie es für dich war, hast du schon etwas gespürt? ich weiß nicht, du warst noch so klein, ich habe dich nicht gekannt, habe

es nicht wahrhaben wollen, daß es dich gibt. jetzt bist du nicht mehr da, und ich würde so gerne mit dir reden. wo kann ich dich finden? zu spät, du bist gegangen, durch den schlauch mir entrissen, wie kann ich sagen entrissen, ich wollte es doch, ich mußte es doch, es war zu früh, ich habe noch so viel zu tun, ich glaube, du verstehst mich, was hätte ich tun sollen? ja, natürlich hätte ich dich geliebt und hätte all das versucht zu tun, was ich für richtig halte, aber wie hättest du es empfunden? wäre es für dich gut und richtig gewesen?

meine brüste sind noch immer gespannt, ich betrachte sie im spiegel, finde gefallen, sie schmerzen noch manchmal, gestern kam milch. weiß. und doch wie wasser, klebrig wie zucker. ich habe sie vorsichtig probiert. ich weiß nicht, wie es schmeckte, ich hätte weinen müssen, habe die tränen unterdrückt, ich war hilflos, hätte weglaufen mögen, bin geblieben, ich suche dich. ich habe deine nahrung! essenszeit, hier, was soll ich damit? ich möchte dich an meine brust legen, ich habe milch für dich!

ich freue mich über meinen körper, ich fühle mich gesund. du hättest weiter bei mir bleiben können, mein körper war einverstanden mit dir, ich hatte sogar aufgehört zu rauchen für dich. aber du mußt verstehen, du mußt mich verstehen, ich habe noch so viel zu tun, ich weiß nicht, ob ich je damit fertig werde, aber ich werde wissen, wann die zeit gekommen ist. wenigstens noch etwas zeit, wenigstens noch einiges tun können. du mußt verstehen, es ist so schwer hier, ich hätte für dich kämpfen müssen. ich habe keine kraft, nicht genug für dich, ich muß erst welche sammeln, dann.

zeit ist vergangen, ich beginne an meiner entscheidung zu zweifeln. mein körper zittert. es wäre schwer geworden, aber vielleicht doch zu schaffen gewesen. ich hab dich lieb. wir hätten uns viel geben können. es wäre schwer geworden. wir beide allein. aber wir hätten uns gehabt. warum kommen jetzt diese zweifel? so stark. ich kenne mich zu wenig, um entscheiden zu können, ob wir lebensfähig gewesen wären, ich hasse die umwelt, die uns nicht versteht und glaubt es wäre einfach.

tot. schwärze. leere. gedanken sind geblieben. aber es war meine entscheidung, und sie war richtig und wichtig für mich und für dich. am anfang war meine entscheidung so klar. jetzt, wo du weg bist, sehne ich mich nach dir. die zweifel werden größer, aber ich verdränge sie.

es ist zeit vergangen. lange habe ich nicht mehr an dich gedacht. wo warst du?

ich beginne zu vergessen, such seit langem keine kommunikation mehr mit dir. du bist zu weit weg, bist einfach nicht da, um mit dir zu reden. es war ein versuch.

jetzt bist du mir endgültig entrissen. kein krümel mehr, kein bein, kein fingerchen. nichts. weg. einfach so. ich hab's nicht einmal gemerkt. nur manchmal noch die erinnerung an die maschine und die worte, die gefallen sind.

Zukunftsangst

Susanne J., 19 Jahre, ledig, fester Freund, Abiturientin, keine Kinder, 1 Abtreibung mit 18 Jahren, soziale Indikation.

In meinem Leben gibt es nichts, was mich seelisch irgendwie kaputtgemacht hätte und woraus ein geübter Psychologe eine Entschuldigung für meinen Schwangerschaftsabbruch formen könnte. Es war eine ganz bewußte Entscheidung nach langem Überlegen. Ich wurde von niemandem gedrängt und stand und stehe auch heute noch voll zu dieser Entscheidung. Ich hatte mir genau überlegt, wie ein Baby mein Leben verändern würde, und diese Veränderungen wollte ich nicht auf mich nehmen. Eine egoistische Entscheidung, und wohl kaum verständlich für jemanden, der diese Situation nicht selbst erlebt hat.
Von meiner Schwangerschaft erfuhr ich Ende Juli 1989. Damals war ich mit meinem Freund etwa ein dreiviertel Jahr zusammen, und wir hatten längere Zeit keine Verhütungsmittel genommen. Ich hatte mich auf meine unfruchtbaren Tage verlassen. Als meine Regel fortblieb, ließ ich einen Schwangerschaftstest machen, der negativ ausfiel. Um so größer war der Schock, als ich einen Monat später er-

fuhr, doch schwanger zu sein. Der Arzt meinte lapidar, vor vier Wochen sei die Schwangerschaft eben noch nicht feststellbar gewesen, und ich solle mir einen Mutterschaftspaß besorgen. Er ließ mich zitternd und in Tränen aufgelöst stehen. Und immer noch sah ich das Kind auf dem Ultraschallbildschirm vor mir. Ich glaube, damals habe ich es gehaßt und geliebt zugleich.

Zu Hause weihte ich meine Mutter ein und sagte meinem Freund Bescheid. Wir hatten beide furchtbare Angst vor der Zukunft, aber er dachte keinen Moment daran, mich zu verlassen. Doch zu diesem Zeitpunkt war meine Entscheidung längst gefallen. Ich sah keine Möglichkeit, meinem Kind eine sorglose Zukunft zu bieten. Ich wußte, daß mein damaliger Freund nicht der Mann war, mit dem ich meine Zukunft verbringen wollte. Noch dazu wären erhebliche finanzielle Schwierigkeiten auf uns zugekommen, weil wir beide noch in der Ausbildung waren.

Die Abtreibung selbst ist in meiner Erinnerung furchtbar. Ich lag in einem Krankenhaus mit vier weiteren Frauen in derselben Situation. Den ganzen Tag konnte man die Babys von einem unteren Stockwerk schreien hören, und die Schwestern betrachteten uns mit unverhohlener Verachtung. Außerdem bekamen wir jeden Tag Psychopharmaka, um nicht auszurasten. Es war eine unheimliche Erleichterung, nach vier Tagen diesen Bau zu verlassen. Ein paar Tage nach dem Eingriff fuhr ich mit meinem Freund in Urlaub. Wir verbrachten wundervoll ruhige Tage, die nach der ganzen nervlichen Belastung dringend nötig waren. Ich hatte Zeit, Abstand zu allem zu gewinnen, und nach einer Woche schien es mir, als sei der Eingriff vor Jahrzehnten passiert.

Ich hatte nie Depressionen, weil ich wußte, daß eine Abtreibung der einzig richtige Weg für mich war. Auch wenn ich schwangere Frauen sah oder Babys, empfand ich keine Reue. Ich glaube, für mich war alles so leicht, weil ich immer gewußt habe, daß ich weiterhin Kinder bekommen kann. Und zwar dann, wenn von allen Seiten, also finanziell und von der Liebe zum Vater her, eine Art Absicherung für die Zukunft da ist. Ich möchte einmal Kinder bekommen, aber bewußt, und nicht aufgrund eines »Unfalls«.

Doch eine Angst bleibt auch mir, wie wohl den meisten Frauen, die schon mal abtreiben mußten. Es ist die monatliche Angst, wieder schwanger zu sein, und dann die große Erleichterung, wenn die Regel endlich einsetzt. Ich kann nicht sagen, wie ich mich jetzt entscheiden würde, wenn ich wieder schwanger würde, denn meine Situation ist nun etwas anders. Schon vor längerer Zeit habe ich mich von meinem damaligen Freund getrennt und habe jetzt eine Beziehung, die man als »große Liebe« bezeichnen kann. Wir möchten einmal zusammenleben und auch Kinder haben. Weil ich ihn sehr liebe, würde ich auch für ein gemeinsames Baby große Liebe empfinden. Die letzte Entscheidung bleibt aber immer bei mir, und ich bin mir nicht hundertprozentig sicher, daß ich für so ein kleines Wesen meine gesamten Zukunftsvorstellungen aufgeben würde. Ich hoffe, nie wieder vor einer solchen Entscheidung stehen zu müssen.

10. Rat und Hilfe – wo und wie?

Der Abbruch an sich

Wenn Sie ungewollt schwanger geworden sind, dann suchen Sie
möglicherweise nach Adressen, die Ihnen weiterhelfen können.
Meist genügt ein Anruf beim Rathaus, in der Stadtverwaltung, beim
Gesundheitsamt, um herauszufinden, wer über was informiert. Am
Ende dieses Kapitels finden Sie ein paar der einschlägigen Adressen,
die als anerkannte Beratungsstellen für die Schwangerschaftskon-
fliktberatung zugelassen sind oder Ihnen solche nennen können.
Diese Beratungsstellen informieren Sie auch darüber, welche mate-
riellen Hilfsangebote der Staat anzubieten hat: Mutterschaftsgeld,
Sozialhilfe, Wohngeld, Kindergeld, Erziehungsgeld, Steuervergün-
stigungen… Unter bestimmten Voraussetzungen haben Sie als
Schwangere einen Rechtsanspruch auf solche öffentlichen Hilfen.
Außerdem wissen die Beraterinnen und Berater Bescheid über
Möglichkeiten, die private Hilfen bieten.

Die Pflichtberatung

*»Die Beratung dient dem Schutz des ungeborenen Lebens. Sie hat
sich von dem Bemühen leiten zu lassen, die Frau zur Fortsetzung der
Schwangerschaft zu ermutigen und ihr Perspektiven für ein Leben
mit dem Kind zu eröffnen; sie soll ihr helfen, eine verantwortliche
und gewissenhafte Entscheidung zu treffen.«*

(Paragraph 219 StGB)

Eine Beratung, die durch die Beratungsbescheinigung nachgewiesen werden muß, ist Pflicht nach dem Gesetz, denn ein Schwangerschaftsabbruch gilt als rechtswidrige Handlung, die nur straffrei bleibt, wenn

- die Frau den Abbruch selbst möchte,
- eine Pflichtberatung nachgewiesen werden kann,
- zwischen Beratung und Abbruch mindestens drei Tage liegen,
- der Schwangerschaftsabbruch innerhalb von zwölf Wochen nach der Empfängnis von einer Ärztin oder einem Arzt durchgeführt wird.

Die Beratung soll dem Schutz des Ungeborenen dienen, muß aber gleichzeitig »ergebnisoffen« sein. Das heißt konkret: Die letzte Entscheidung liegt bei Ihnen, niemand darf / will Sie trotz des vorformulierten Beratungsziels Lebensschutz unter Druck setzen.

Die Berater stehen unter Schweigepflicht, Sie können sich ihnen also getrost anvertrauen. Eine Bescheinigung, aus der hervorgeht, daß Sie an der Pflichtberatung teilgenommen haben, steht Ihnen in jedem Fall zu, egal welchen Verlauf das Beratungsgespräch genommen hat. Beraten lassen können Sie sich auch anonym. Damit aber überhaupt eine Beratungsbescheinigung ausgestellt werden kann, müssen Sie kurzfristig Ihre Identität preisgeben – Ihren Namen und Vornamen kann auch ein anderes Mitglied der Beratungsstelle auf der Bescheinigung vermerken, nicht nur Ihre Beraterin.

Die Beratung ist kostenlos. Über die Beratung muß ein (anonymisiertes) Protokoll geführt werden. Sie müssen Gründe für den Abbruch nennen und erkennen lassen, daß Ihnen die rechtliche Bedeutung des Schwangerschaftsabbruchs klar ist. Die Beratung soll zwar dem Schutz des ungeborenen Lebens dienen, doch es darf kein Druck auf Sie ausgeübt werden. Die letzte Entscheidung – Abbruch oder nicht – liegt bei Ihnen. Eine vom Arzt befürwortete Indikation brauchen Sie nicht mehr. Der Abbruch ohne Indikation bleibt straffrei, wird aber in der Regel nicht von der Krankenkasse finanziert.

Die Kosten

Liegt keine Indikation vom Arzt für einen Schwangerschaftsabbruch vor, müssen Sie die Kosten für die Abtreibung selbst tragen. Sind Sie in einer gesetzlichen Krankenkasse versichert, trägt diese aber auf jeden Fall die Kosten für die ärztliche Beratung vor dem Abbruch, für ärztliche Leistungen und Medikamente vor und nach dem Eingriff, die vorrangig dem Schutz der Gesundheit dienen und, falls nötig, für die Behandlung von Komplikationen.

Nur wenn Ihr Einkommen oder Vermögen bestimmte Grenzen nicht überschreitet oder wenn Sie beispielsweise BAFöG-Leistungen erhalten, springt die Kasse auch für die Kosten des Abbruchs ein. Sind Sie nicht in einer gesetzlichen Krankenkasse versichert, können Sie die Übernahme der Kosten für den Eingriff bei einer gesetzlichen Kasse Ihrer Wahl an Ihrem Wohnort beantragen, vorausgesetzt, Ihr Einkommen / Vermögen liegt unter den gesetzlichen Grenzen, Sie beziehen Sozialhilfe oder sind Asylbewerberin.

Ein ambulanter Abbruch kostet Sie (oder die Kasse, das Sozialamt) etwa 400 bis 600 Mark, ein stationärer Abbruch kommt auf etwa 1000 bis 1500 Mark. In der Regel erfolgt der Schwangerschaftsabbruch ambulant.

Schwangerschaftsabbruch mit Indikation

Liegt aus ärztlicher Sicht eine Indikation vor, gilt die Abtreibung als nicht rechtswidrig und kann deshalb auf Krankenschein erfolgen. Der Arzt, der die Indikation feststellt, darf nicht selbst den Schwangerschaftsabbruch vornehmen. Folgende Indikationen sieht das Gesetz vor:

– »medizinische Indikation«: durch die Fortsetzung der Schwangerschaft würde die körperliche oder seelische Gesundheit der Frau gefährdet. Es gibt weder eine Beratungspflicht noch eine Frist für den Abbruch.

Die medizinische schließt die frühere embryopathische Indikation mit ein. Erwartet eine Frau ein mißgebildetes Kind, ist der Schwangerschaftsabbruch medizinisch indiziert, wenn ihre kör-

perliche oder seelische Gesundheit durch die Fortsetzung der Schwangerschaft und das Kind ernstlich gefährdet wird;
– »kriminologische Indikation«: die Schwangerschaft ist die Folge einer Vergewaltigung, von sexueller Nötigung oder Mißbrauch. Eine Beratung ist erforderlich; die Indikation muß ein Vertrauensarzt der Krankenkasse oder ein Amtsarzt stellen. Die Abtreibung ist nur innerhalb von zwölf Wochen nach der Empfängnis legal.

Die einzelnen Methoden

Ob der Schwangerschaftsabbruch ambulant oder stationär, unter örtlicher Betäubung oder unter Vollnarkose vorgenommen wird, hängt im wesentlichen von der jeweiligen Methode und der Praxis oder Einrichtung, die Sie aufsuchen, ab. Wenn ein erhöhtes Risiko besteht (zum Beispiel weil Ihre Schwangerschaft schon weit fortgeschritten ist oder Sie gesundheitliche Probleme haben), ist es möglicherweise besser, die Abtreibung stationär vornehmen zu lassen. Sprechen Sie darüber mit Ihrem Arzt oder dem Arzt in der Beratungsstelle.

Um eine Schwangerschaft abzubrechen, muß zunächst einmal der Gebärmutterhalskanal erweitert werden. Danach kann der Inhalt der Gebärmutter entfernt werden, und zwar entweder durch Absaugung oder Ausschabung.

1. Absaugung

Dies ist diejenige Methode, die heute als die einfachste und schonendste gilt. Die Absaugung ist bis etwa zur zehnten Schwangerschaftswoche möglich und üblich. Zuerst wird der Gebärmutterhals geweitet, danach wird eine Plastik- oder Metallkanüle von der Dicke eines kleinen Fingers in die Gebärmutter eingeführt, die den Inhalt der Gebärmutter unter Unterdruck absaugt.

2. Ausschabung

Hierbei muß der Gebärmutterhalskanal stärker erweitert werden als beim Absaugen, denn die Kürette, ein löffelartiges Instrument, mit dem der Inhalt der Gebärmutter ausgeschabt wird, hat einen größeren Durchmesser als die Absaugkanüle. Die Kürette hat einen scharfen Rand, der eher zu Verletzungen führen kann als das Arbeiten mit der vorn abgerundeten Saugkanüle.

3. Saugkürettage

Die Saugkürettage, eine Kombination aus den ersten beiden Verfahren, wird meist dann bevorzugt, wenn die Schwangerschaft schon fortgeschritten ist, also etwa zwischen der 9. und 12. Woche. Dazu wird erst der Inhalt der Gebärmutter abgesaugt und anschließend mit einer Kürette nachgeprüft, ob Fruchtanlage und Mutterkuchen vollständig entfernt worden sind. Weil die Saugkürette kein scharfes Instrument wie die Kürette ist, ist diese Methode ungefährlicher als die Ausschabung.

4. Chemische Abtreibung

Durch bestimmte Hormone, nämlich Prostaglandine, läßt sich eine Abtreibung chemisch bewerkstelligen. Wenn Prostaglandine gespritzt werden, bewirkt das, daß sich der Gebärmutterhals weitet und Kontraktionen (Zusammenziehungen) der Gebärmutter ausgelöst werden. Das führt zur Ausstoßung der Frucht. Bis der Fötus ausgestoßen ist, können zwischen fünf und 30 Stunden vergehen, wobei die Frau heftige, wehenartige Schmerzen hat, die im Extremfall denen einer Geburt entsprechen können. Nach der Ausstoßung muß auf jeden Fall noch ausgeschabt werden. Der Eingriff wird, besonders bei Abbrüchen nach der 12. Schwangerschaftswoche, durch die Infusion von Prostaglandinen insofern erleichtert, als der Gebärmutterhals nicht mechanisch erweitert werden muß, was die Risikorate senkt. Allerdings ist diese Methode mit starken Nebenwirkungen verbunden, etwa Erbrechen, Kreislaufschwächen, Übelkeit, extremen Blutungen, Durchfall.

Die Betäubung

Da die Erweiterung des Muttermundes eine schmerzhafte Prozedur ist, werden die Eingriffe immer unter örtlicher Betäubung oder Vollnarkose durchgeführt.

1. Örtliche Betäubung

Bei der örtlichen Betäubung bleiben Sie wach. Vorher wird oft ein Beruhigungsmittel gegeben. Das Betäubungsmittel wird von der Scheide aus in die Gebärmutter eingespritzt, was Sie nicht spüren, weil sich dort keine schmerzempfindlichen Nerven befinden. Die örtliche Betäubung wird bei ambulanten Eingriffen bevorzugt. Normalerweise spüren Sie keine oder kaum Schmerzen beim Eingriff.

2. Vollnarkose

Vollnarkosen stellen immer eine starke Belastung des Organismus dar und sollten nur angewendet werden, wenn unbedingt nötig. Sie können aber zum Beispiel sehr hilfreich sein, wenn Sie starke Angst vor Schmerzen haben. Der Narkosearzt spritzt Ihnen dann ein Mittel, das Sie einschlafen läßt. Vom Eingriff selbst spüren Sie nichts.

Die Nachsorge

Um zu vermeiden, daß Sie nach dem Eingriff Komplikationen bekommen, sollten Sie bestimmte Verhaltensregeln beachten. Sie sollten sich körperlich schonen und mindestens 14 Tage keinen Geschlechtsverkehr haben. Wenn Sie zu früh Sport treiben oder sich anderen körperlichen Belastungen aussetzen, erhöhen Sie das Risiko.

Benutzen Sie keine Tampons, sondern Binden, und wechseln Sie diese häufig. Tragen Sie in den ersten zwei Wochen täglich frische, kochbare Baumwollslips oder Einmal-Höschen, keine Synthetikunterwäsche. Schwimmen ist tabu, baden Sie auch nicht, sondern duschen Sie. Versäumen Sie nicht die Nachuntersuchung, und wenden Sie sich an einen Arzt, wenn Sie im Zweifel sind, ob Ihre Genesung normal verläuft.

Gelegentlich kann es zu Entzündungen kommen, denn nach dem Eingriff ist die Gebärmutter von innen wie eine Wundfläche. Leichter als sonst können Bakterien durch den erweiterten Gebärmutterhalskanal aufsteigen. Alarmsignale für eine beginnende Entzündung können anhaltendes Fieber über 38 Grad, besonders in Verbindung mit übelriechendem Ausfluß, und anhaltende Schmerzen sein. Nehmen Sie diese Anzeichen ernst, und wenden Sie sich sofort an einen Arzt, sonst besteht die Gefahr, daß die Entzündung auf das umliegende Gewebe und die Eileiter übergreift. Die Eileiter können verkleben und undurchgängig werden, was in der Folge zu Unfruchtbarkeit oder späteren Eileiterschwangerschaften führen kann.

Alarmiert sein sollten Sie auch, wenn Sie verstärkte und / oder länger anhaltende Blutungen haben. Suchen Sie auch dann Hilfe bei einem Arzt.

Medizinische Risiken

Die medizinischen Risiken eines Schwangerschaftsabbruches sind heute äußerst gering, sofern die Schwangerschaft von erfahrenen Ärzten frühzeitig (bis zur achten Woche) und schonend abgebrochen wird. Üblich sind nach der Abtreibung kurzfristige Blutungen und Schmerzen. Wie nach jeder Operation können aber auch bei der Abtreibung Komplikationen auftreten, am häufigsten Nachblutungen und Entzündungen, die unbedingt ärztlich behandelt werden müssen.

In seltenen Fällen kann es, besonders bei der Ausschabung, zu Verletzungen der Gebärmutter kommen. Gelegentlich muß der Eingriff wiederholt werden, nämlich dann, wenn die Gebärmutter nicht vollständig ausgeleert worden ist.

Vorsorgen statt Abtreiben

Abtreibung ist kein Mittel zur Geburtenregelung! Der Schwangerschaftsabbruch kann und darf kein Ersatz für Prophylaxe sein. Viele ungewollte Schwangerschaften ließen sich durch bessere Vorbeu-

gung vermeiden. Wenn Sie sich das unerfreuliche Erlebnis einer
(weiteren) Abtreibung ersparen möchten, werden Sie nicht umhin-
kommen, sich mit Möglichkeiten der Empfängnisverhütung auseinanderzusetzen. Nicht jede Methode ist für jeden geeignet, nicht jede
sagt jeder Frau (oder ihrem Partner) zu. Es gibt viele Möglichkeiten,
aber fast immer lastet die Verantwortung für die Empfängnisverhütung auf der Frau. Die Methoden können hier nur kurz vorgestellt
werden, ausführlichere Informationen bieten die Broschüren der
Pro Familia (Adresse siehe S. 241).

Verhütungsmethoden für die Frau

1. Die Pille (Ovulationshemmer)

Die Pille gilt als die sicherste Methode zur Empfängnisverhütung.
Die Versagerrate liegt bei 0,5. Das heißt: Wenn zweihundert Frauen
ein Jahr lang die Pille benutzen, wird eine von ihnen schwanger. Die
Pille greift in den Hormonhaushalt der Frau ein. Nimmt eine Frau
regelmäßig die Pille ein, wird damit bewirkt, daß
a) dem Körper Hormone (Östrogen, Gestagen) zugeführt werden,
   die den monatlichen Eisprung (Ovulation) verhindern,
b) die Verflüssigung des Schleims im Gebärmutterhals ausbleibt,
   was das Eindringen der Samenfäden erschwert,
c) die Schleimhaut an der Ausreifung gehindert wird und sich kein
   Ei einnisten kann.

Bei der Mini-Pille wird nicht der Eisprung gehemmt. Sie bewirkt
lediglich, daß die Verflüssigung des Schleims im Gebärmutterhals
um die Zeit des Eisprungs ausbleibt und dadurch die Samenfäden
nicht eindringen können. Die Mini-Pille ist weniger zuverlässig
als die Pille, sie entspricht etwa der Spirale. Sie muß täglich, auch
während der Periode, eingenommen werden, und die übliche Ein-
nahmezeit darf nicht um mehr als drei Stunden überschritten werden. Die Mini-Pille wird besonders Frauen empfohlen, die die Pille
wegen ihres Östrogengehalts nicht vertragen.
Die Pille gibt es als kombinierte Ein-Phasen-Pille, als 2- oder 3-

Stufen-Präparat und als kombinierte 2-Phasen-Pille. Die jeweils geeignete Pille können nur Gynäkologe und Frau gemeinsam, zum Teil durch Ausprobieren, herausfinden.

Vorteile: fast hundertprozentiger Empfängnisschutz, günstiger Einfluß bei Menstruationsproblemen und -unregelmäßigkeiten, gewisser Schutz gegen gutartige Brustknoten und Eierstockzysten, geringere Gefahr gegenüber bösartigen Tumoren in den Eierstöcken und in der Gebärmutterschleimhaut.

Nachteile: diverse mögliche Nebenwirkungen wie Gewichtszunahme, Übelkeit, Kopfschmerzen, Zwischenblutungen, Spannen in der Brust; der selbstgewählte Einnahmerhythmus muß korrekt eingehalten werden.

2. Die Drei-Monats-Spritze

Auch die Drei-Monats-Spritze greift in den weiblichen Hormonhaushalt ein. Ein synthetisches Gestagen hemmt den Eisprung und wirkt außerdem auf Gebärmutterschleimhaut und den Schleimpfropf im Gebärmutterhals.

Vorteile: sehr sicher, kein tägliches Pillenschlucken, günstige Wirkungen bei Knoten in der Brust, bei Endometriose und zyklusabhängiger Migräne.

Nachteile: häufig Schmierblutungen, unregelmäßige Blutungen, nach Absetzen kann die Regel mehrere Monate ausbleiben, für junge Mädchen nicht geeignet.

3. Die Spirale (Intrauterinpessar, IUP)

Die Spirale ist nach der Pille mit etwa 98prozentiger Sicherheit das zweitsicherste Mittel, ungewollte Schwangerschaften zu verhüten. Voraussetzung ist jedoch, daß sie gut angepaßt ist. Eingesetzt wird die Spirale von einer Frauenärztin oder einem Frauenarzt, am besten während der Regelblutung, da dann der Muttermund weiter geöffnet ist als sonst. Der Sitz der Spirale muß regelmäßig, erstmals nach der nächsten Periode, dann jedes halbe Jahr vom Frauenarzt überprüft werden. Die Wirkung der heute am häufigsten verwendeten Spirale, der Kupferspirale, beruht darauf, daß

a) Samenzellen durch das Kupfer, das die Spirale ständig in kleinsten Mengen abgibt, in der Bewegung gebremst werden,
b) der Aufbau der Gebärmutterschleimhaut gestört und damit die Einnistung eines befruchteten Eis verhindert wird.

Bei Hormonspiralen wird durch die ständige Abgabe des Hormons Progestagen nur der Aufbau der Gebärmutterschleimhaut gebremst und dadurch die Einnistung des Eis verhindert.

Die Spirale gibt es in zahlreichen Formen. Am verbreitetsten sind heute die T-Form, die 7-Form und Multiload. Die etwa ein Zentimeter langen Spiralen bestehen aus Plastik und sind entweder am Schaft mit Kupferdraht umwickelt (Kupferspirale) oder enthalten im Schaft einen Silberkern oder ein Hormondepot (Hormonspirale). Am unteren Ende hängen wie beim Tampon ein oder zwei dünne Kontroll-Fädchen. Spiralen haben eine begrenzte Lebensdauer, je nach Modell müssen sie nach zwei bis drei oder fünf Jahren gewechselt werden. Intrauterinpessare können bis zu den Wechseljahren getragen werden, sollten dann aber herausgenommen werden. Die Entfernung der Spirale *nach* der Menopause kann wegen der zunehmenden Schrumpfung der Gebärmutter gelegentlich Schwierigkeiten bereiten.

Fachleute empfehlen, Spiralen nur alle fünf Jahre wechseln zu lassen, weil Untersuchungen ergeben haben, daß die empfängnisverhütende Wirkung der Spirale länger als bisher angenommen dauert.[2] Danach sind die Risiken entzündlicher Erkrankungen, der Ausstoßung der Spirale und von Gebärmutterverletzungen um so geringer, je seltener die Spirale ausgetauscht wird.

Vorteile: unkomplizierter zu handhaben und auf Dauer billiger als die Pille, relativ sichere Alternative zur hormonellen Verhütung.
Nachteile: starke Schmerzen beim Einsetzen bei Frauen, die noch nicht geboren haben; möglicherweise Blutungsstörungen: stärkere, längere und schmerzhaftere Regelblutung als gewöhnlich, Zwi-

schenblutungen, seltener Unterleibsentzündungen, die zu Unfruchtbarkeit führen können; Verrutschen ist möglich (Verhütungsschutz geringer); Bauchhöhlen- und Eileiterschwangerschaften, nicht empfehlenswert für junge Mädchen.

4. Das Diaphragma (Scheidenpessar)

Das Diaphragma ist eine gute Alternative für Frauen, die Pille und Spirale ablehnen oder gesundheitlich nicht vertragen. Es ist fast so sicher wie die Mini-Pille und die Spirale, sofern es zuverlässig und richtig angewendet wird. Das Diaphragma ist eine gewölbte Kappe, die über den Muttermund gestülpt wird. Es besteht aus einer weichen Gummimembran, die wie eine Kuppel über eine elastische Spiral- oder Flachfeder gespannt ist. Ein gut angepaßtes Diaphragma ist nicht zu spüren, es darf weder zu locker noch zu fest sitzen. Das Diaphragma muß immer in Verbindung mit einem spermienabtötenden Mittel verwendet werden, denn seine Wirkung beruht darauf, daß

a) das Diaphragma den Muttermund bedeckt,
b) die Spermien, die bis zum Kappenrand vordringen, durch ein chemisches Mittel abgetötet werden.

Größtmöglichen Schutz bietet das Diaphragma nur dann, wenn bestimmte Anwendungsregeln beachtet werden. Das Diaphragma muß vor dem Geschlechtsverkehr eingesetzt und vorher unbedingt mit Verhütungscreme oder -gel bestrichen werden. Es muß korrekt sitzen. Es darf frühestens sechs Stunden nach dem Verkehr entfernt werden. Bei erneutem Verkehr muß unbedingt noch einmal Verhütungscreme oder -gel in die Scheide eingeführt werden.

Vorteile: ideal für Frauen, die nur gelegentlich Verkehr haben und/oder Pille und Spirale nicht verwenden wollen bzw. nicht vertragen; Empfängnisschutz nach Bedarf; kein Eingriff in den Hormonhaushalt; keine Arztbesuche nötig; im allgemeinen gut verträglich.
Nachteile: erfordert anfangs ein bißchen Übung; gelegentlich Rei-

zungen durch Verhütungscremes oder -gels; viele Manipulationen vor und nach dem Verkehr.

5. Die Portiokappe (Muttermundkappe, Gebärmutterhalskappe)

Die Portiokappe sitzt, anders als das Diaphragma, das die Scheide unterteilt, wie ein Hütchen auf dem Gebärmutterhals. Sie sitzt dann richtig, wenn sie den Muttermund und den Gebärmutterhals vollständig bedeckt und sich fest ansaugt, was etwa zehn bis zwanzig Minuten dauert. Vor dem Einlegen muß eine kleine Menge samentötender Creme in die Kappe gefüllt werden. Zu viel Creme verhindert, daß sich die Kappe optimal festsaugt. Frühestens sechs Stunden nach dem Samenerguß darf die Kappe aus weichem Latex entfernt werden; bei erneutem Verkehr muß wie beim Diaphragma wieder Verhütungscreme in die Scheide eingeführt werden. Es gibt unterschiedliche Kappenformen und -größen, da sich Form und Lage der Portio (Teil des Gebärmutterhalses, der in die Scheide hineinragt) individuell stark unterscheiden. Eine korrekt angepaßte und richtig angewendete Portiokappe ist etwa so sicher wie ein Kondom oder ein Diaphragma.

Vorteile: wie Diaphragma; auch bei Senkung des Beckenbodens möglich; nach sorgfältiger Anleitung einfach bei Bedarf anzuwenden.

Nachteile: nicht für jede Frau gibt es ein geeignetes Kappenmodell; zu viel Verhütungscreme behindert Ansaugeffekt; in seltenen Fällen Reizungen der Muttermundschleimhaut durch Ansaugeffekt oder durch Verhütungscreme; Verkehr nicht sofort möglich; muß von jemandem angepaßt werden, der Erfahrung mit der Portiokappe hat (Arzt, Frauenzentren etc.).

6. »Frauen-Kondom«

1992 kam das »Frauen-Kondom« auf den Markt, zuerst in der Schweiz. Es besteht aus einer hauchdünnen Polyurethanhülle, die sich den inneren Konturen der Vagina anschmiegt. Das Kondom für die Frau ist eine Art Schlauch mit zwei Ringen, von denen der kleinere in die Vagina eingeführt wird, während der größere außerhalb der Scheide bleibt.

Vorteile: keine hormonelle oder chemische Belastung des Körpers; Verhütung bei Bedarf; Sensibilität beim Liebesakt bleibt erhalten[3], Verhütungssicherheit angeblich größer als beim Männerkondom[4].

Nachteile: raschelt; Alleinverantwortlichkeit bei der Frau – keine Verhütung nach dem »Verursacherprinzip«.

7. Chemische Verhütungsmittel

Chemische Verhütungsmittel gibt es in Form von Zäpfchen, Cremes, Gels, Schaumovula und Tabletten. Sie bestehen aus samenabtötenden Stoffen (Spermiziden) und werden vor dem Verkehr in die Scheide eingeführt. Der Empfängnisschutz ist deutlich geringer als bei Pille und Spirale. Deshalb sollten chemische Verhütungsmittel mit anderen Verhütungsmethoden kombiniert werden, zum Beispiel mit Kondom oder Diaphragma. Chemische Verhütungsmittel wirken dadurch, daß

a) sie unter dem Einfluß der Körperwärme eine cremige oder schaumige Masse bilden, die das Eindringen der Spermien in die Gebärmutter verhindert,

b) die Zellhülle der männlichen Samenzellen angegriffen und aufgelöst wird und die Samenzelle dadurch in der Fortbewegungsmöglichkeit gelähmt oder abgetötet wird.

Vorteile: Empfängnisschutz nach Bedarf; einfach anwendbar, leicht beschaffbar; besserer Schutz vor Scheidenentzündungen und sexuell übertragbaren Krankheiten.

Nachteile: leichtes Brennen möglich; chemischer Geruch und Geschmack; Auslaufen aus der Scheide; geringere Sicherheit bei ausschließlichem Einsatz ohne weitere Verhütungsmethode.

8. Alternative und »natürliche« Methoden

Unverträglichkeiten und die Ablehnung konventioneller Methoden, die die Möglichkeit der Fruchtbarkeitswahrnehmung ignorieren, können für die Anwendung alternativer Methoden zur Empfängnisverhütung sprechen. Zu den sogenannten natürlichen Methoden gehören:
- Temperatur-Methode
- Schleimstrukturmethode (Mucus- oder Billingsmethode)
- Temperatur-Schleimstruktur- (symptothermale) Methode
- Knaus-Ogino-Methode.

8.1. Die Temperaturmethode

Sie basiert darauf, daß täglich die Morgentemperatur gemessen wird. Das Ergebnis wird auf speziellen Kurvenblättern eingetragen, von denen sich dann die unfruchtbaren Tage und der Eisprung im nachhinein mehr oder weniger genau ablesen lassen.

Vorteile: bewußtere Körperwahrnehmung und bewußter Umgang mit der eigenen Fruchtbarkeit; greift nicht ins Körpergeschehen ein. Korrekt angewendet etwa so sicher wie Spirale und Minipille.
Nachteile: Die Körpertemperatur muß stets um die gleiche Zeit gemessen werden. Sie kann aber nicht nur vom Progesteron beeinflußt werden, sondern auch von anderen Faktoren. Streß, Krankheiten, kurze Nächte, reichlicher Alkoholgenuß, wechselnde Arbeitszeiten, Sex und sportliche Aktivitäten am Abend verursachen Abweichungen. Ungeschützter Sex nur in bestimmten Zyklusphasen möglich.

8.2. Die Schleimstrukturmethode

Bei dieser Methode beobachtet die Frau die Konsistenz des Schleims, der sich unter dem Einfluß des Östrogens verändert. Die Schleimbeschaffenheit läßt nach einiger Übung Rückschlüsse auf den Eisprung und den Beginn der unfruchtbaren Zeit zu.

Vorteile: Sensibilisierung für die zyklischen Veränderungen, bessere Körper- und Fruchtbarkeitswahrnehmung.
Nachteile: Fehlbeurteilungen der Schleimbeschaffenheit durch Entzündungen der Scheide oder des Gebärmutterhalskanals, sexuelle Erregung, Sperma und samenabtötende Präparate; Sicherheitsspanne von vier Tagen nach dem Schleimhöhepunkt muß eingehalten werden. Versagerrate bei 20 Prozent.

8.3. Die Temperatur-Schleimstruktur-Methode

Sie ist eine Kombination der beiden zuvor beschriebenen Methoden.

Vorteile: s. o.; Doppelbeobachtung ist zuverlässiger. Entspricht in der Sicherheit etwa Mini-Pille und Spirale.
Nachteile: s. o.; geringfügig mehr Aufwand.

8.4. Die Knaus-Ogino-Methode

Bei der Methode nach Knaus-Ogino wird die Anzahl der wahrscheinlich fruchtbaren und unfruchtbaren Tage innerhalb des Zyklus rein rechnerisch bestimmt. Voraussetzung ist, daß die Frau zunächst einmal etwa ein Jahr lang die Tage zwischen den einzelnen Monatsblutungen zählt. Anhand von zwölf Zyklen wird nach einer Formel ein Durchschnittswert für die wahrscheinlich fruchtbaren Tage errechnet.

Vorteil: kein allzu großer Aufwand.
Nachteile: Der weibliche Organismus funktioniert nicht mit mathematischer Präzision, Verschiebungen des Eisprungs innerhalb des Zyklus sind selbst bei sehr regelmäßiger Periode möglich; unsichere Methode zur Empfängnisverhütung: Versagerrate wie bei Schleimstrukturmethode 20 Prozent.

Verhütungsmethoden für den Mann

1. Das Kondom

Kondome sind etwa seit dem 17. Jahrhundert bekannt. Zunächst wurden sie aus Blinddärmen von Schafen und Ziegen gefertigt, dann aus Kautschuk hergestellt. Heute nimmt man(n) Latex-Kondome, die reißfest, sehr elastisch sind und ungefähr sechsmal dünner als die menschliche Haut (0,03–0,06 mm).
Das Kondom wird vor dem Geschlechtsverkehr über das erigierte Glied des Mannes gerollt. Am oberen Ende enthält es ein Reservoir für die Samenflüssigkeit. Kondome dürfen nur einmal benutzt werden. Wenn das Glied nach dem Samenerguß aus der Scheide gezogen wird, muß das Kondom unbedingt am Rand festgehalten werden. Das Glied sollte unbedingt vor dem Erschlaffen herausgezogen werden, damit das Kondom nicht abrutscht.
Es gibt neben den trockenen oder feuchten reinen »Zweckkondomen« Kondome für jeden Geschmack: bunt, mit Noppen, mit verschiedenen Aromata. Größtmögliche Sicherheit bieten nur Kondome mit dem Gütesiegel der Deutschen Latex-Forschungs- und Entwicklungsgemeinschaft (DLF) beziehungsweise elektronisch geprüfte Markenkondome.

Vorteile: Große Sicherheit bei korrekter Anwendung (praktisch so sicher wie Mini-Pille oder Spirale); einziges sicheres Empfängnisverhütungsmittel für den Mann; keine Nebenwirkungen; Schutz vor Aids, Geschlechtskrankheiten und Mykosen.
Nachteile: wird wegen des »Trennwandgefühls« nicht von allen akzeptiert; Verminderung des sexuellen Empfindungsvermögens.

2. Coitus interruptus

Darunter versteht man den Rückzug des Mannes kurz vor dessen sexuellem Höhepunkt. Der Coitus interruptus ist die unsicherste Methode, ungewollte Empfängnis zu verhüten, denn dadurch gelangt nur *der größte Teil* des Samenergusses nicht in die Scheide.
Vorteil: Bequemlichkeit; Unschädlichkeit; Verantwortung beim Mann.
Nachteile: riskante Methode, Versagerrate bei 25 Prozent.

3. Die Pille für den Mann

Die Pille für den Mann, genauer: die Männerspritze, ist erfolgreich getestet worden und wäre marktreif. Sie könnte bei uns schon 1996 auf den Markt kommen. Voraussetzung ist, daß die pharmazeutische Industrie mitspielt. Doch die hält sich eher bedeckt...
Die Drei-Monats-Spritze für den Mann unterdrückt die Produktion von Spermien. Wird sie abgesetzt, kommt die Produktion jedoch wieder voll in Gang (Näheres unter »Männer, Frauen und das Thema Verhütung« im 3. Kapitel).

Vorteile: Sichere Verhütung durch den Mann; Entlastung der Frau; kaum Nebenwirkungen.
Nachteile: Gelegentlich wie bei der Frauenpille Gewichtszunahme oder Neigung zu Hautunreinheiten, möglicherweise erhöhtes Krebsrisiko.

Die endgültige Lösung

Wenn für ein Paar mit absoluter Sicherheit feststeht, daß beide kein Kind (mehr) wollen, bleibt als sicherstes Mittel der Empfängnisverhütung die Sterilisation. Der Entschluß zur Sterilisation will aber wohlüberlegt sein, denn eine Sterilisation ist in der Regel kaum oder nur schwer wieder rückgängig zu machen. Wie groß der Erfolg einer weiteren Operation ist, hängt davon ab, nach welcher Methode sterilisiert wurde. Die Sterilisation beim Mann ist in der Regel leichter durchzuführen und risikoärmer als die der Frau.

1. Sterilisation bei der Frau

Bei der Sterilisation der Frau werden durch einen operativen Eingriff die Eileiter durch Hitze, Elektrizität oder kleine Kunststoff-Clips verschlossen, damit sich Ei- und Samenzelle nicht vereinigen können. Der Eingriff erfolgt unter Vollnarkose. Bei der einen Methode wird durch einen kleinen Schnitt in der Hinterwand der Scheide ein Instrument eingeführt, dann werden die Eileiter aufgesucht und verschlossen. Bei der anderen Methode werden durch ein daumendickes Instrument (Laparoskop), das durch die Nabelgrube eingeführt wird, die Eileiter aufgesucht und verschlossen.

Vorteil: »Versager« sind extrem selten.
Nachteile: gelegentlich Zyklusstörungen, vorzeitiger Eintritt von Klimakteriumsbeschwerden.

2. Sterilisation beim Mann

Beim Mann werden in der Regel unter örtlicher Betäubung die beiden Samenleiter durch zwei Schnitte durchgetrennt. Der Mann ist nach der Sterilisation nicht mehr zeugungsfähig, aber die Unfruchtbarkeit tritt nicht unmittelbar nach dem Eingriff ein, denn in der Vorsteher- und in der Bläschendrüse sind immer Samenzellen gespeichert, die dort wochen- und monatelang bleiben können. Nachuntersuchungen durch den Arzt sind deshalb in den ersten Monaten notwendig.

Vorteile: keine Auswirkungen auf die sexuelle Erlebnisfähigkeit; keine Nebenwirkungen oder Spätfolgen.
Nachteil: In sehr seltenen Fällen können sich in den ersten Wochen und bis zu zehn Monaten nach der Sterilisation die Samenleiter wieder spontan verbinden: Nachkontrollen sind unerläßlich.

»Nachträgliche« Verhütung

Wenn trotz allem bei der Verhütung einmal etwas schiefgegangen ist (Durchfall, Erbrechen, Kondom gerissen, Pille vergessen, Diaphragma verrutscht, Rechenfehler, nicht verhütet), gibt es noch die »Pille danach« oder die »Spirale danach«. Beide verhindern, daß sich das Ei in die Gebärmutter einnistet.

1. Die »Pille danach«

Die »Pille danach«, das sind zweimal zwei Pillen mit einer Östrogen/Gestagen-Kombination. Die ersten beiden Hormondragees müssen innerhalb von 48 Stunden »danach« eingenommen werden, die anderen beiden spätestens zwölf Stunden später. Die »Pille danach« verhindert die Einnistung der Eizelle in die Gebärmutter. Sie wirkt mit einer Sicherheit bis zu 99 Prozent, wenn sie richtig angewendet wird. Sie ist verschreibungspflichtig, kann also nicht schnell rezeptfrei besorgt werden. Es können Nebenwirkungen wie Übelkeit und Erbrechen auftreten.

2. Die »Spirale danach«

Die »Spirale danach« ist eine normale Kupferspirale, die das Einnisten der Eizelle in der Gebärmutter verhindert. Sie kann bis zu drei bis vier Tagen »danach« vom Gynäkologen eingelegt werden, falls nicht schon eine Schwangerschaft besteht, und für die nächsten Jahre gleich zum Empfängnisschutz weiterverwendet werden. Die »Spirale danach« wirkt mit 99prozentiger Sicherheit, verursacht aber öfter Nebenwirkungen (siehe auch »Die Spirale«).

Die aufgeführten Informationen beruhen auf Themen-Broschüren der Pro Familia, die bei der Bundesgeschäftsstelle (Adresse s. u.) angefordert werden können beziehungsweise bei allen Pro-Familia-Beratungsstellen vorrätig sind.

Diese Stellen helfen weiter

Pro Familia
Deutsche Gesellschaft für
Sexualberatung und Familien-
planung e. V.
– Bundesverband –
Stresemannallee 3

60596 Frankfurt / Main
Tel. 0 69 / 63 90 02

Deutscher Caritasverband
– Referat Familienhilfe –
Karlstraße 40

79104 Freiburg
Tel. 07 61 / 200-451

Arbeiterwohlfahrt
Bundesverband e. V.
– Frauenreferat –
Oppelner Straße 130

53119 Bonn
Tel. 02 28 / 66 85-0

**Sozialdienst Katholischer
Frauen**
Agnes-Neuhaus-Straße 5

44135 Dortmund
Tel. 02 31 / 52 81 26, 52 81 27

Diakonisches Werk
der Evangelischen Kirche
Deutschlands
– Referat Familienhilfe –
Stafflenbergstraße 76

70184 Stuttgart
Tel. 07 11 / 21 59-276

**Katholische Bundesarbeits-
gemeinschaft für Beratung**
Kaiserstraße 163

53113 Bonn
Tel. 02 28 / 10 31

Deutsche Arbeitsgemeinschaft
Selbsthilfegruppen
Albrecht-Achilles-Straße 65

10709 Berlin
Tel. 0 30 / 89 26 60 02

SHIA e. V.
Selbsthilfegruppen
Alleinerziehender
Hauptverband
M. Deutscher
Greifswalder Str. 50

10405 Berlin

*Die Anschriften und Telefonnummern der Landesverbände und re-
gionalen Beratungszentren finden Sie entweder im Telefonbuch,
oder Sie können sie über die genannten Stellen erfragen. Diese können Ihnen auch mitteilen, ob es in Ihrer Nähe Selbsthilfe- oder The-
rapiegruppen für Frauen nach einem Schwangerschaftsabbruch gibt.*

Nachwort

In diesem Buch stecken drei Jahre Arbeit. Immer wieder hat mich der Mut verlassen, es zu schreiben, und dazu trug auch der Umstand bei, daß sich nur etwa hundert Frauen bei mir gemeldet hatten, die bereit waren, über ihre Erfahrungen zu berichten. Um ein annähernd rundes Bild der Problematik nachzeichnen zu können, habe ich deshalb meine eigenen Recherchen ergänzt durch Erkenntnisse, die in Form von deutschen und ausländischen Studien vorliegen.

Um persönliche Kontakte zu betroffenen Frauen zu gewinnen, habe ich Anzeigen in verschiedensten Printmedien geschaltet: in der Wochenzeitung »Die Zeit«, in der Fachzeitschrift »Psychologie heute«, in den Frauenmagazinen »Brigitte«, »Frau im Spiegel«, »Emma« und »Bravo Mädchen«. Außerdem habe ich Flugblätter in Pro-Familia-Beratungsstellen, Gleichstellungsstellen, Frauenläden, Frauencafés, Frauentreffs und Praxen von Frauenärzten ausgelegt.

Die Reaktionen auf diese Aktionen waren sehr unterschiedlich. Ohne Resonanz blieb die Anzeige in »Bravo Mädchen«, auf die Anzeige in »Frau im Spiegel« schrieb mir nur eine Frau. Die meisten Zuschriften erhielt ich auf Kleinanzeigen in »Brigitte« (21 Prozent) und »Emma« (15 Prozent). Auf Inserate in »Die Zeit« und »Psychologie heute« meldeten sich immerhin jeweils 14 Prozent. Die restlichen Kontakte kamen größtenteils über Frauenläden und -treffs zustande – nur wenige Frauen, die bei Pro Familia oder ihrem Gynäkologen meinen Aufruf gelesen hatten, nahmen mit mir Kontakt auf.

Meine Untersuchungen bestätigten die Vermutung, daß zumindest in der »heißen« Phase eine sehr starke Tendenz da ist, das unschöne

Erlebnis des Schwangerschaftsabbruchs zu verdrängen. Frauen, die zum Arzt oder zur Beratungsstelle gehen, stecken gewissermaßen noch »mitten drin«. Ein Abbruch ist immer ein emotional belastendes Erlebnis – was nicht heißt, daß er mit seelischen Folgeschäden verbunden sein muß. Die meisten Frauen sind erst bereit, über ihre Erfahrungen zu sprechen, wenn sie einen gewissen Abstand gewonnen haben und innerlich wieder zur Ruhe gekommen sind. Mal genügen dafür zwei Wochen, mal dauert es ein Jahr oder länger, bis die notwendige Distanz gewonnen ist.

Mit den Frauen, die sich bei mir gemeldet hatten, stand ich in schriftlichem, telefonischem und teilweise auch persönlichem Kontakt. Meine Daten erhob ich auf der Basis selbst erarbeiteter, umfangreicher Fragebögen und durch Nachfragen. Das größte Mitteilungsbedürfnis zeigten Frauen, deren Abbruch traumatisch verlaufen war. Frauen, die keine Entscheidungskonflikte oder Probleme mit der Verarbeitung erlebt hatten, äußerten sich nur selten ausführlich über die Geschehnisse rund um ihre Abtreibung. Sie schienen das Erlebte aber nicht etwa verdrängt, sondern als eine Erfahrung in ihre persönliche Biographie integriert zu haben, die wenig erfreulich, aber nicht so belastend war, daß sie noch viele Gedanken daran verschwendet hätten.

Meine Recherchen lassen den Schluß zu, daß zwei Faktoren die Gesprächsbereitschaft fördern: zum einen ein enges, moralisierendes, schuldzuweisendes und unaufgeklärtes Umfeld (wie etwa in Dörfern, wo jeder jeden kennt), zum anderen die Anonymität der Großstädte. In beiden Fällen haben Frauen oft im Vorfeld und nach einer Abtreibung kaum oder wenig Gelegenheit, sich zu öffnen und auszusprechen, im ersten Fall, weil sie gesellschaftliche Restriktionen fürchten müssen, im zweiten Fall, weil sie sich entweder des Schutzes der Anonymität sicher sein können – sie werden nicht erkannt – oder aber durch den Mangel an Kommunikationsmöglichkeiten unter einem gewissen Leidensdruck stehen.

Die Frauen, mit denen ich in Kontakt stand, waren zwischen 19 und 65 Jahre alt. Sie waren zwischen 13 und 23 Jahren, im Durchschnitt 17, als sie das erste Mal mit einem Mann geschlafen hatten. Ihr Schwangerschaftsabbruch lag zum Zeitpunkt der Kontaktaufnahme mit mir zwischen zweieinhalb Wochen und bis zu 37 Jahren zurück.

Beim Gros der Frauen waren seit der (letzten) Abtreibung bis zu fünf Jahre vergangen.

Für etwa drei Viertel dieser Frauen war es der erste und einzige Schwangerschaftsabbruch. Mehr als die Hälfte der Frauen bejahte meine Frage, ob zu ihrem Lebensplan grundsätzlich auch Kinder gehörten. Immerhin ein Drittel von ihnen gab an, daß sie keine Kinder wollten, die restlichen wollten sich nicht festlegen. Etwa zwei Drittel der Frauen waren ledig und kinderlos. Ebenso viele reagierten uneingeschränkt negativ darauf, als sie erfuhren oder bemerkten, ungewollt schwanger geworden zu sein.

Daß Sexualität in ihrem Leben eine wichtige Rolle spielt, gaben sechs von zehn der von mir befragten Frauen an. Sie nennen Sexualität als »eine Quelle für Kraft und Kreativität« oder empfinden sie als »Ausdruck einer intakten emotionalen Beziehung«. Statistisch nicht einmal eine von zehn Frauen (7,8 Prozent) mißt Sexualität keine Bedeutung bei – oder verbindet mit Sexualität automatisch den Fortpflanzungsgedanken. Mir ist aufgefallen, daß gerade Frauen, die so empfinden, sich wesentlich häufiger schwertun, ihre Abtreibung emotional zu verkraften, denn für sie ist Sexualität untrennbar verbunden mit dem Wunsch oder der Möglichkeit, Kinder gebären zu können.

Noch eine Schlußbemerkung: Das Buch spiegelt überwiegend die Erfahrungen von Frauen aus den alten Bundesländern wider, denn ihre Ausgangslage im Falle einer unerwünschten Schwangerschaft war lange Jahre deutlich schlechter als die der Frauen in der ehemaligen DDR. Dort konnten die Frauen innerhalb einer Frist von zwölf Wochen ohne Angabe von Gründen ihre Schwangerschaft beenden lassen, waren also nie so starkem moralischen, gesellschaftlichen oder juristischen Druck ausgesetzt. Darüber hinaus war es für sie einfacher, sich im Zweifel für ein Kind zu entscheiden, denn es gab nicht nur das Anrecht auf einen Kindergartenplatz, sondern viele wirkliche Vergünstigungen für Mütter und Familien.

Durch die Wiedervereinigung und die Kolonialisierung der DDR haben die Frauen der neuen Länder eine ihrer größten Errungenschaften eingebüßt: das Selbstbestimmungsrecht beim Schwangerschaftsabbruch. Es wird mit von der zukünftigen Praxis bei der Auslegung des Paragraphen 218 abhängen, wie viele Frauen in

Deutschland seelische Blessuren nach einer Abtreibung davontragen werden. Leider ist nicht anzunehmen, daß Zwang und Beeinflussungspflicht einen günstigen Einfluß auf das Verarbeitungsgeschehen haben werden.

Anhang

Zu den Autorinnen der Fremdbeiträge in diesem Buch

An diesem Buch haben sich zwei Frauen mit Beiträgen zu Themen beteiligt, auf die sie sich spezialisiert haben. Ich möchte ihnen an dieser Stelle herzlich für ihre Mitarbeit danken und sie kurz vorstellen:

Birgit Schwarz, Jahrgang 1956, lebt in Hamburg. Studium der Anglistik und Romanistik, Abschlußarbeit über kanadische Frauen. Redakteurin des Westdeutschen Rundfunks in Köln, Korrespondentin der Deutschen Presseagentur (dpa) in Südkorea, Redakteurin beim Dossier der Wochenzeitung »Die Zeit«, spezialisiert u. a. auf sozialpolitische und Frauenthemen. Sie ist heute Redakteurin beim Nachrichtenmagazin »Der Spiegel«.

Gisela Vogler, Jahrgang 1953, lebt in Pforzheim-Hohenwart. Nach Ausbildung und Tätigkeit als MTA Weiterbildung über den zweiten Bildungsweg zur Fachhochschulreife. Studium der Sozialarbeit und Sozialpädagogik (Diplom) in Freiburg und Düsseldorf. Fortbildung in Gesprächs- und Familientherapie. Seit 1984 Beraterin für Schwangerschaftskonflikte (Diakonie) im Beratungszentrum Leonberg und § 218-Fachbereichsleitung. Fortbildung zur Ehe- und Lebensberaterin (Diplom). Seit 1993 auch in freier Praxis tätig.

Literaturhinweise und Leseempfehlungen

Die Literaturhinweise sind Empfehlungen für eine Auswahl von Büchern zum Themenbereich Schwangerschaft, Verhütung und Abtreibung. Die Liste erhebt keinen Anspruch auf Vollständigkeit.

Gerhard Amendt/Michael Schwarz: Das Leben unerwünschter Kinder, Frankfurt/Main 1990.

Angelika Blume: Sterilisation. Entscheidungshilfen für Männer und Frauen, Reinbek 1991.

Hermann Bullinger: Wenn Männer Väter werden, Reinbek 1983.

Frauen gegen § 218/Bundesweite Koordination: Vorsicht Lebensschützer. Die Macht der organisierten Abtreibungsgegner, Hamburg 1991.

Wolfgang Friederich/Dieter Schnack/Melitta Walter: Schwangerer Mann – was nun? Eine Gratwanderung, Braunschweig 1985.

Gisela Friedrichsen: Abtreibung. Der Kreuzzug von Memmingen, Frankfurt/Main 1991.

Gisela Staupe/Lisa Vieth (Hg.): Unter anderen Umständen. Zur Geschichte der Abtreibung, Berlin 1993.

Gabriele M. Grafenhorst: Abtreibung. Erfahrungsberichte zu einem Tabu, München 1992.

Werner Gross: Was erlebt das Kind im Mutterleib? Ergebnisse und Folgerungen der pränatalen Psychologie, Freiburg 1982.

Gert Henning: Wieder § 218? Erfahrungen eines Frauenarztes, Berlin 1990.

Renate Klein/Janice G. Raymond/Lynette J. Dumble: Die Abtreibungspille RU 486. Wundermittel oder Gefahr? Hamburg 1992.

Marina Knopf/Elfie Mayer/Elsbeth Meyer: Traurig und befreit zugleich. Psychische Folgen des Schwangerschaftsabbruchs, Reinbek 1995.

Verena Krieger: Entscheiden. Was Frauen (und Männer) über den § 218 wissen sollten, Hamburg 1987.

Elsbeth Meyer/Susanne von Paczensky/Renate Sadrozinski: »Das hätte nicht noch mal passieren dürfen!« Wiederholte Schwangerschaftsabbrüche und was dahintersteckt, Frankfurt/Main 1990.

Monika Nehr: Schwangerschaft und Geburt: Erfahrungen, Risiken, Probleme, Weinheim 1989.

Susanne von Paczensky: Gemischte Gefühle von Frauen, die ungewollt schwanger sind, München 1987.

Susanne von Paczensky/Renate Sadrozinski (Hg.): § 218: Zu Lasten der Frauen, Reinbek 1988.

Pro Familia/Komitee für Grundrechte und Demokratie: Memmingen: Abtreibung vor Gericht, Braunschweig 1989.

Pro Familia Bremen (Hg.): Wir wollen nicht mehr nach Holland fahren. Nach der Reform des § 218 – Betroffene Frauen ziehen Bilanz, Reinbek 1978.

Schering-Aktions-Netzwerk/Henry Mathews: Die Pille macht Macht. Berichte über die Geschäfte von Schering, Stuttgart 1992.

Christine Swientek: Die abgebende Mutter im Adoptionsverfahren, Bielefeld 1986.

Barbara Vogt-Hägerbäumer: Ein bißchen schwanger gibt es nicht. Das Buch zum Thema Abtreibung, Reinbek 1987.

Ingrid Zwerenz: Frauen. Die Geschichte des § 218. Frankfurt/Main 1980.

Anmerkungen

Vorwort

1 Verena Krieger: Entscheiden. Was Frauen (und Männer) über den § 218 wissen sollten, Hamburg 1987, S. 14.

Kapitel 1

1 Franz Alt, in: Natur, 4/1989, S. 10.
2 Franz Alt, in: Südwestpresse Ulm, 17.3.1988.
3 Aus einem Leserbrief der Tübinger Paragraph-218-Gruppe, in: Südwestpresse Ulm, 4.3.1988.
4 Franz Alt, in: Natur, 4/1989, S. 12.
5 Vgl. Medical Tribune, 9/1983.
6 Nancy E. Adler u. a.: Psychological Responses after Abortion, in: Science, 6.4.1990, S. 41 ff.
7 Zitat aus einem Infofaltblatt des Karlsruher Vereins Helferkreis für Mütter in Not.
8 Hanna Wolff: Krank machende Abtreibung, in: Europäische Ärzteaktion, Alarm um die Abtreibung, Neuhausen–Stuttgart 1980, S. 124.
9 Ungeborenes *Kind*: Sprachregelung, zu der die CDU auf ihrem 36. Parteitag im Juni 1988 in Wiesbaden fand, bei dem es um die Verschärfung des Abtreibungsparagraphen ging. Zuvor war von ungeborenem *Leben* die Rede gewesen.
10 Siehe auch: Brigitte, 11/1987, S. 164.
11 Jutta Ditfurth, in: Natur, 4/1989, S. 11.

Kapitel 2

1 Gerhard Amendt, in: Psychologie heute, 6/1979, S. 41.
2 Aus: Grundgesetz für die Bundesrepublik Deutschland, Artikel 2, Absatz 1.
3 Barbara Rüther: Wenn Frauen keine Kinder wollen, in: Stuttgarter Nachrichten, 27.8.1988.
4 Brigitte Holzhauer: Schwangerschaftsabbruch: Eine empirische Untersuchung zur Implementation des reformierten § 218 StGB; Teilprojekt: Einstellungs- und Entscheidungsmuster betroffener Frauen (Zwischenbericht). Studie im Rahmen eines Forschungsprojekts am Max-Planck-Institut für ausländisches und internationales Strafrecht, Freiburg 1986.
5 Siehe auch: Gert Henning: Wieder § 218?, Berlin 1990, S. 27.
6 Quelle: Drastische Zunahme von Sterilisationen, dpa-Meldung, aus: Stuttgarter Zeitung, 9.11.1992.

7 Quelle: Abtreibungen im Osten gehen drastisch zurück, AP-Meldung, aus: Stuttgarter Zeitung, 8. 4. 1994.
8 Gert Henning, a. a. O., S. 31.

Kapitel 3

1 Elsbeth Meyer/Susanne von Paczensky/Renate Sadrozinski: »Das hätte nicht noch mal passieren dürfen!« Wiederholte Schwangerschaftsabbrüche und was dahinter steckt, Frankfurt/Main 1990, S. 18.
2 Siehe auch: Joni Seager/Ann Olson: Der Frauenatlas. Daten, Fakten und Informationen zur Lage der Frauen auf unserer Erde, Frankfurt/Main 1986, Punkt 8.
3 Susanne von Paczensky: Gemischte Gefühle von Frauen, die ungewollt schwanger sind, München 1987, S. 18.
4 Quelle: Bundesverband der Frauenärzte, zitiert nach: Silvia Haiman: Familienplanung läuft meist per Pille, in: Stuttgarter Nachrichten, 15. 8. 1995.
5 Quelle: 30 Jahre Pille, Gesundheitsmagazin Praxis, ZDF, Juli 1991.
6 Bundeszentrale für gesundheitliche Aufklärung, zitiert nach: Silvia Haiman, a. a. O.
7 Siehe auch: Öko-Test-Magazin, 9/1993, S. 78.
8 Ergebnis einer Studie des Emnid-Instituts Bielefeld zum Familienplanungsverhalten in der Bundesrepublik Deutschland, 1989.
9 Vgl. Emnid-Studie von 1989.
10 Siehe auch: Gert Henning, a. a. O., S. 37.
11 Hans Molinski: Kontrazeption und konflikthaftes Erleben der Schwangerschaft, in: Pro Familia Informationen, 2/1972.
12 Thea Bauriedl: Ein Paragraph ist keine Lösung, in: Natur, 3/1989, S. 56.
13 David Griffin, zitiert nach: Focus, 4/1993, S. 94.
14 Friedmund Neumann, zitiert nach: Stern, 24/1991, S. 35.
15 Eberhard Barth/Bernhard Strauß: Männer und Verhütung. Ergebnisse einer Untersuchung, Braunschweig 1986.
16 Quelle: Umfrage der Forsa, Gesellschaft für Sozialforschung und statistische Analysen, Dortmund, im Auftrag des Stern, in: Stern, 24/1991, S. 36.
17 Siehe auch: Hermann Bullinger: Wenn Männer Väter werden, Reinbek 1983, S. 35.
18 Elsbeth Meyer/Susanne von Paczensky/Renate Sadrozinski, a. a. O., S. 31. Die Autorin bezieht sich auf Gerd Döring u. a.: Ergebnisse einer repräsentativen Umfrage zum Familienplanungsverhalten in der Bundesrepublik Deutschland, in: Geburtshilfe und Frauenheilkunde, 46, 1986.
19 Thea Bauriedl, a. a. O., S. 56.

Kapitel 4

1 Nancy E. Adler u. a., a. a. O., S. 43.

2 Siehe auch: Ursula Höntsch: Adoption statt Abtreibung! Shylock-Paragraph?, Rösrath 1991.

3 Susanne von Paczensky, a. a. O., S. 80.

4 Dr. Christopher Tietze in einem Interview mit der Stern-Redakteurin Uta König, zitiert nach: Barbara Vogt-Hägerbäumer: Ein bißchen schwanger gibt es nicht, Reinbek 1982, S. 158.

5 Evert Ketting/Philip van Praag: Schwangerschaftsabbruch. Gesetz und Praxis im internationalen Vergleich, Tübingen 1985, S. 200, zitiert nach: Verena Krieger, a. a. O., S. 113.

6 Siehe auch: H. H. Bräutigam/D. A. Grimes: Ärztliche Aspekte des legalen Schwangerschaftsabbruchs in der Bundesrepublik Deutschland und in den USA, Stuttgart 1984, S. 41.

7 Vgl. Barbara Ritzert: Der Streit um ›Mifepriston‹ bewegt die ganze Welt, in: Stuttgarter Zeitung, 12. 11. 1988, S. 52.

8 Petra Thorbrietz/Barbara Wendt: Abtreibung – falsche Fronten, in: Natur, 3/1989, S. 53.

9 Louise Silvestre/Catherine Dubois/Maguy Renault/Yvonne Rezvani/Etienne-Emile Baulieu/André Ulmann: Voluntary Interruption of Pregnancy with Mifepristone (RU 486) and a Prostaglandin Analogue: A Large-Scale French Experience, in: New England Journal of Medicine, Band 322, Heft 10, S. 645–648.

10 André Ulmann/Georges Teutsch/Danile Philibert: RU 486: die Abtreibungspille, in: Spektrum der Wissenschaft, 8/1990, S. 51.

11 Rita Waschbüsch, zitiert nach: Focus, 6/1993, S. 44.

12 Rita Süssmuth, zitiert nach: Focus, 6/1993, S. 44.

13 Herbert Kreibich/Joachim Rothe: Berichte über die Ergebnisse einer Pilotstudie zur Frage der Frühkomplikationen nach legaler Schwangerschaftsunterbrechung, in: DDR-Medizin-Report, Berlin, 12/1977, S. 1116.

14 Evert Ketting/Philipp van Praag, a. a. O., S. 205, zitiert nach: Verena Krieger, a. a. O., S. 113.

15 C. J. R. Hogue et al.: The Effects of Induced Abortion On Subsequent Reproductions, in: Epidemiologic Reviews, 1982, 4, S. 66.

16 Siehe auch: No Increased Risk of Spontaneous Abortion Found Among Women with a Previous Induced Abortion, in: Family Planning Perspectives, 1981, 13, S. 238.

17 M. Mall-Haefeli/Th. Pfund/U. Rauchfleisch/R. Battegay: Eine Prospektivstudie des Sozialmedizinischen Dienstes der Universitäts-Frauenklinik Basel über den Schwangerschaftsabbruch, in: Herwig Poettgen (Hg.): Die ungewollte Schwangerschaft, Köln 1982, S. 98.

18 Thea Bauriedl, a. a. O., S. 59.

19 Lindy Ziebell/Christiane Schmerl/Hannelore Queisser: Lebensplanung ohne Kinder, Frankfurt/Main 1992, S. 148.

20 Vgl. § 219 (1), in: Bundesgesetzblatt Nr. 37 vom 4.8.1992, Teil I.

21 Pro Familia Bremen (Hg.): Wir wollen nicht mehr nach Holland fahren. Nach der Reform des § 218 – Betroffene Frauen ziehen Bilanz, Reinbek 1978, S. 76.

22 Uta Klein: Abtreibung, in: Psychologie heute, 8/1983, S. 51.

23 W. Barnett/N. Freudenberg/R. Wille: Eine regionale Prospektivstudie psychischer Folgeerscheinungen der Notlagenabruptio, Sexualmedizinische Forschungs- und Beratungsstelle der Christian-Albrechts-Universität Kiel, in: Neurologie, Psychiatrie, 4/1989, S. 106.

24 Ebd., S. 117.

25 Vgl. Nancy E. Adler u. a., a. a. O., S. 41 ff.

Kapitel 5

1 Martin Koschorke: Immer muß die Frau die Kosten der Entscheidung tragen, in: Stuttgarter Zeitung, 11.3.1988.

2 Susanne von Paczensky, a. a. O., S. 67 u. 69.

3 Der Große Brockhaus, Kompaktausgabe, Wiesbaden 1983, Band 19, S. 303.

4 Vgl. Elsbeth Meyer/Susanne von Paczensky/Renate Sadrozinski, a. a. O., S. 14.

5 Dieter Schnack: Der Bauch meiner Freundin gehört mir, in: Susanne von Paczensky/Renate Sadrozinski (Hg.): § 218: Zu Lasten der Frauen, Reinbek 1988, S. 103 ff.

6 Vgl. Wolfgang Friederich/Dieter Schnack/Melitta Walter: Schwangerer Mann – was nun?, Braunschweig 1985, S. 9.

7 Susanne von Paczensky: Von der Unsichtbarkeit der Männer, in: Wolfgang Friederich/Dieter Schnack/Melitta Walter, a. a. O., S. 130 f.

8 Siehe auch: Helga Roeder: Die Rolle der Männer. Partnerschaft und Schwangerschaftskonflikt, in: TUM Mitteilungen, 5–91/92, München, S. 36 ff.

9 Siehe auch: Dieter Schnack, a. a. O., S. 108.

10 Helga Roeder, a. a. O., S. 38.

11 Herb Goldberg: Der verunsicherte Mann. Wege zu einer neuen Identität aus psychotherapeutischer Sicht, Reinbek 1979, S. 124.

12 Dieter Schnack, a. a. O., S. 105.

Kapitel 6

1 Manfred A. Max-Neef, zitiert nach: Friedrich Schmidt-Bleek: Wieviel Umwelt braucht der Mensch?, Basel 1994, S. 177.

2 Gisela Ossig: Furcht vor einer Bevölkerungsexplosion, in: Stuttgarter Nachrichten, 11.7.90.

3 Siehe auch: Birgit Schwarz: Verschärfen oder streichen?, in: Die Zeit, 16.2.1990, S. 14.

4 Heiko Ernst, in: Psychologie heute, 5/1989, S. 3.

5 Rita Süssmuth, zitiert nach: Kinder nicht vernachlässigen, in: Stuttgarter Nachrichten, 3.2.88.

6 Brigitte Unger-Soyka, zitiert nach: Keiner kann Frauen das Entscheidungsrecht streitig machen, in: Stuttgarter Zeitung, 19.3.1994, S. 51.

7 Quelle: Statistisches Bundesamt Wiesbaden.

8 Christine Jokisch in einem Leserbrief an den Stern, 23.2.89, S. 9.

9 Siehe auch: Bundesfamilienministerin Rita Süssmuth legt ›Bericht über die Entwicklung der Adoptionsvermittlung‹ vor, in: Pressedienst des Bundesministers für Jugend, Familie, Frauen und Gesundheit, 8.6.1988, S. 26.

10 Siehe auch: Bundestagsdrucksache Nr. 7/2042 vom 24.4.1974.

11 Stellungnahme des Bayerischen Ministeriums der Justiz, zitiert nach: Argumente, aus der öffentlichen Anhörung der Grünen für die Streichung des § 218, in: Dokument und Analyse, 6/1989, S. 50.

12 Helmut Kohl, zitiert nach: Erika Wisselinck/Florentine Hoffmann: § 218. Die ewige Not der Frauen, in: Brigitte, 9/1983, S. 128 f.

13 Quelle: Statistisches Bundesamt Wiesbaden, Adoptionen 1991, in: Wirtschaft und Statistik, 7/1993.

14 Anton Notz: Nicht nur leibliche Eltern können Kinder großziehen, in: Stuttgarter Nachrichten, 4.3.1988.

15 Quelle: Statistisches Bundesamt Wiesbaden, a.a.O., S. 510.

16 Ebd., S. 506.

17 Gerhard Amendt/Michael Schwarz: Das Leben unerwünschter Kinder, Studie der Universität Bremen, 1990.

18 Ulla Schmidt: Gehört zu einem Fötus nicht auch eine lebende Mutter?, in: Frankfurter Rundschau, 28.10.1992, S. 18.

19 Siehe auch: Bericht der interministeriellen Arbeitsgruppe Schutz des ungeborenen Lebens, 1983, S. 46, zitiert nach: Bundesfamilienministerin Rita Süssmuth legt ›Bericht über die Entwicklung der Adoptionsvermittlung‹ vor, a.a.O., S. 21.

20 Vgl. Christine Swientek: Die ›abgebende Mutter‹ im Adoptionsverfahren. Eine Untersuchung zu den sozioökonomischen Bedingungen der Adoptionsfreigabe, zum Vermittlungsprozeß und den psychosozialen Verarbeitungsstrategien, Bielefeld 1986, S. 29.

21 Ebd., S. 118.

22 Ebd., S. 337.

23 Siehe auch: ebd., S. 319 ff. und 337 ff.

24 Vgl. Kann Adoption tatsächlich eine Perspektive im Schwangerschaftskonflikt sein?, Gesamthochschule Essen, 1990, zitiert nach: Ute Diehl-Günther, in: Frankfurter Rundschau, 20.2.1993, S. M 16.

25 Gerhard Amendt/Michael Schwarz, a.a.O.

26 Werner Gross: Was erlebt das Kind im Mutterleib?, Ergebnisse und Folgerungen der pränatalen Psychologie, Freiburg 1982, S. 69.
27 Gerhard Amendt/Michael Schwarz: Forschungsergebnisse zum ›Leben unerwünschter Kinder‹, Zusammenfassung, Studie der Bremer Universität, 1990, S. 3.
28 Vgl. Gerhard Amendt/Michael Schwarz: Das Leben unerwünschter Kinder, a.a.O., S. 78.
29 Gerhard Amendt/Michael Schwarz: Forschungsergebnisse zum ›Leben unerwünschter Kinder‹, a.a.O., S. 6.
30 Gerhard Amendt/Michael Schwarz, ebd., S. 7.
31 Werner Gross, a.a.O., S. 70.
32 Gerhard Amendt/Michael Schwarz: Das Leben unerwünschter Kinder, a.a.O., S. 162.

Kapitel 7

1 Herta Riese: Die gegenwärtige Not, in: J. W. Haver (Hg.): § 218. Eine sachliche Aussprache, Leipzig 1931, S. 21.
2 Siehe auch: Raymond Stark: Aphrodisiaka und ihre Wirkung. Geheime Wundermittel und Rezepte für ein aktives Liebesleben, München 1984, S. 142ff.
3 Lothar Wierschowski im Oldenburger Universitätsmagazin Einblicke, zitiert nach: Eckart Spoo: In der Antike war die Abtreibung gang und gäbe, in: Frankfurter Rundschau, 26.10.1993.
4 Siehe auch: Verena Krieger, a.a.O., S. 19ff.
5 Siehe auch: Paul Werner: Leben und Liebe im alten Rom, Fribourg 1977, S. 26.
6 Siehe auch: Verena Krieger, a.a.O., S. 20.
7 Rupert von Deutz, zitiert nach: Eduard Fuchs: Illustrierte Sittengeschichte, Band 1, München 1909, S. 362/363.
8 Heinrich vom Mendicanten-Orden, zitiert nach: Eduard Fuchs, a.a.O., S. 366.
9 Johann Fischart, zitiert nach: Eduard Fuchs, a.a.O., S. 368.
10 Ebd., S. 375.
11 Gunnar Heinsohn/Otto Steiger: Die Vernichtung der weisen Frauen. Hexenverfolgung, Kinderwelten, Menschenproduktion, Bevölkerungswissenschaft, München 1985.
12 Zitiert nach: Eduard Fuchs, a.a.O., S. 494.
13 Zitiert nach: Gunnar Heinsohn/Otto Steiger, a.a.O., S. 129.
14 Vgl. Hans-Werner Goetz: Leben im Mittelalter, München 1986, S. 60.
15 Eduard Fuchs, a.a.O., S. 373.
16 Gunnar Heinsohn/Otto Steiger, a.a.O., S. 120.
17 Siehe auch: Gunnar Heinsohn/Otto Steiger, a.a.O., S. 167.

18 Siehe auch: Ingrid Zwerenz: Frauen. Die Geschichte des § 218, Frankfurt/ Main 1980, S. 35.

19 Siehe auch: Gerhard Kraiker: § 218, Zwei Schritte vorwärts, einen zurück, Frankfurt/Main 1983, S. 12.

20 Leo Klauber: Die Abtreibung, in: Der Arzt im Hause, hg. von Ludwig Levy-Lenz, Leipzig 1927, zitiert nach: Ingrid Zwerenz, a. a. O., S. 36.

21 Siehe auch: Friedrich Wolf: Cyankali, Vorwort zur ersten Auflage 1929, zitiert nach: Ingrid Zwerenz, a. a. O., S. 186.

22 Uta König: Gewalt über Frauen. Berichte, Reportagen, Protokolle zur Diskussion über den § 218, Hamburg 1980, zitiert nach: Verena Krieger, a. a. O., S. 28.

23 Leo Klauber, a. a. O., zitiert nach: Ingrid Zwerenz, a. a. O., S. 90.

24 Siehe auch: Gert Henning, a. a. O., S. 10 f.

25 Gisela Mauermayer-Schmidt: Unwägbare Folgen, in: J. W. Haver (Hg.), a. a. O., S. 63 f.

26 Adolf Hitler, zitiert nach: Ursula Aumüller-Roske: Weibliche Elite für die Diktatur? Zur Rolle der Nationalpolitischen Erziehungsanstalten für Mädchen im Dritten Reich, in: Dies. (Hg.): Frauenleben, Frauenbilder, Frauengeschichte, Pfaffenweiler 1988, S. 20.

27 Siehe auch: Verena Krieger, a. a. O., S. 38.

28 Detlef Hensche: Politische Justiz in Memmingen, in: Kontrapunkt, Organ der IG Druck und Papier, 10/1989, S. 5.

29 Charima Reinhardt: Frau hat das Nachsehen, in: Frankfurter Rundschau, 29.6.1995.

30 Burkhard von Pappenheim: 218, zum vierten, in: Stuttgarter Zeitung, 3.2.1994, S. 1.

31 Siehe auch: Wolfgang Friederich/Dieter Schnack/Melitta Walter, a. a. O., S. 7.

32 Quelle: Fertilität, 1/1994, S. 54–59.

33 Renate Sadrozinski: Kinder oder keine – entscheiden wir alleine? Zum Zusammenhang von § 218 und Embryonenschutz, in: Susanne von Paczensky/ Renate Sadrozinski (Hg.), a. a. O., S. 32.

34 Barbara Duden: Die Geschichte vom öffentlichen Fötus, in: Susanne von Paczensky/Renate Sadrozinski (Hg.), a. a. O., S. 51.

Kapitel 8

1 Siehe auch: Stavros Mentzos: Neurotische Konfliktverarbeitung, Frankfurt/ Main 1984.

2 Vgl. Verena Kast: Der schöpferische Sprung, München 1989.

Kapitel 10

1 Albert Schweitzer: Die Ehrfurcht vor dem Leben, Berlin 1986, S. 52, zitiert nach: Gert Henning, a. a. O., S. 43 f.

2 Empfehlung der Britischen Gesellschaft für Familienplanung, siehe auch: Spirale erst nach fünf Jahren wechseln, in: Gong 33 / 1990, S. 93.

3 Herstellerangabe, vgl.: Sensibilität beim Liebesakt, in: Stuttgarter Nachrichten, 18. 12. 1991.

4 Herstellerangabe, vgl. Raschelnder Sack, in: Der Spiegel, 41 / 1991, S. 150.